本译丛获教育部人文社科重点研究基地项目“本土媒体全球化发展历程及问题研究”、“新媒体使用及其影响研究”和教育部“多媒体时代记者型主持人培养模式创新实验区”资助



# Selling Television:

## British Television in the Global Marketplace

·当代电视研究前沿译丛·

总主编 王瀚东 张卓

# Selling Television: British Television in the Global Marketplace

# 营销电视——全球市场中的英国电视

[美] 珍妮特·斯蒂莫丝(Jeanette Steemers)/著

王虹光 /译

華中科技大學出版社
http://www.hustp.com
中国·武汉

**图书在版编目(CIP)数据**

营销电视:全球市场中的英国电视/[英]珍妮特·斯蒂莫丝(Jeanette Steemers)著,王虹光译.—武汉:华中科技大学出版社,2016.4
ISBN 978-7-5609-9452-9

Ⅰ.①营… Ⅱ.①珍… ②王… Ⅲ.①电视节目-国际营销-研究-英国 Ⅳ.①G229.561

中国版本图书馆CIP数据核字(2013)第244860号

**湖北省版权局著作权合同登记 图字:17-2014-320号**



**营销电视——全球市场中的英国电视** [英]珍妮特·斯蒂莫丝(Jeanette Steemers)著
Yingxiao Dianshi——Quanqiu Shichang zhong de Yingguo Dianshi 王虹光 译

策划编辑:钱 坤
责任编辑:肖细明
封面设计:原色设计
责任校对:曾 婷
责任监印:周治超
出版发行:华中科技大学出版社(中国·武汉)
武昌喻家山 邮编:430074 电话:(027)81321915
录 排:华中科技大学惠友文印中心
印 刷:湖北新华印务有限公司
开 本:710mm×1000mm 1/16
印 张:15.5 插页:2
字 数:272千字
版 次:2016年4月第1版第1次印刷
定 价:45.00元

# 代 序

## 迈向电视研究3.0的新时期

如果从《电视研究》(1985)或《中国广播电视学刊》(1987)创刊之日前后推算,中国电视研究大约经历了30年的历程,这一历程又可以标志为两个阶段,简言之,它们研究的问题分别是:电视是什么?如何理解电视?大学本科课堂的"广播电视概论"大致反映了第一阶段,即"电视研究1.0"的研究问题、思路与成果。而20世纪90年代以来深化、拓展的所谓电视理论的研究,则基本是围绕"理解电视"而展开的。以西方传播学研究,尤其是以文化研究与受众研究为参照,正在进行中的中国"电视研究2.0"将电视研究拓展到政治、经济、文化、社会的各个层面,对电视规制、文本、观众的关注,对人类学、叙事学、阐释学、政治经济学方法的运用等等,逐渐成为中国电视研究的"显学"。随着新媒体的崛起,全球化与媒介融合时代的来临,我们业已开始面对着"电视研究3.0"的阶段。随着传统电视重要性的消解,电视研究1.0和2.0时代的经典问题也将削弱以致消解。我们不仅将面临新媒体时代、数字时代的电视新问题,在一定意义上,也将面临重新认识与理解什么是电视的问题。

就电视研究而言,"电视是什么"的问题与理解电视的方法实际上相互关联。"电视研究"(television study)≠"研究电视"(studying television),虽然从电视技术诞生之日起,就一直伴随着研究电视的存在,然而,"电视研究"成为一个在学术领域被频频提及的术语,在世界范围内是20世纪80年代以来的事情,其主要意义并非术语上的创新,而更多体现于"机构建制"层面。例如,在学科的归属上,它平行于"电影研究",从属于"传播研究",常常被界定为"社会科学"、"大众传播学"或文化研究,这样为研究电视的学者们安身立命,贴上了身份标签,找到了专业归宿。2000 年，第一个以“电视研究”命名的英文学术期刊开始发行。[①] 虽然到目前为止并没有一所大学建立“电视研究系”(Department of Television Studies)，但不可否认，这一术语的提出的确隐约表明了一个“学术领域”(academic field)，甚至一个“学科”(discipline)的出现。在英美大学中，这是继“电影研究”机构化之后的又一新的学术安排，完成了从“研究电视”到“电视研究”的体制化转身。

但是体制化的电视研究同样存在问题，就如同它的研究对象电视本身既具有高度的体制化特征：一方面，它可以被理解成一个 20 世纪以来的、与遗产和文化相关的文化附加品，提供一个和疆域、语言、历史、教育等传统议题相并列的现代议题。另一方面，作为文化工业的一个分支，它表现出国家和资本联姻的特征，完全服从寻租实践，并毋庸置疑地充当其象征。因此，学术体制将不可避免地重复提出诸如“电影研究”、“电视研究”或“新媒体研究”这样的学科名称。西方学者警觉地发现，不管电视研究的学术渊源于何处，必须避免肤浅的、恒定的、一元化的研究定式，防止以一成不变的电视研究语境一如既往地面向层出不穷的新的电视文本。[②]

在中国，就总体水平而言，今天的电视研究仍需要在思想、理论和学术上深化，或者说需要有哲学层面的分析。刘纲纪先生在讨论什么是对艺术的哲学分析时说过，“所谓哲学的分析有两层意思：第一是指对艺术中那些和哲学所研究的各个根本问题直接相关的问题的分析。……第二是指对艺术中各个重大问题的分析上升到了哲学的高度”[③]。也就是说，哲学分析使审美问题的讨论上升到美学研究的高度。在美学研究的观照下考察电视研究的基本构成，将有助于发现和哲学的“各个根本问题直接相关的”电视问题。

美学研究作为哲学研究的一个分支，具有悠久的研究历史和深厚的学术积累。先秦和古希腊哲学先贤有关艺术、审美的讨论可以追溯到 2000 多年前，即使以鲍姆加登《美学》一书的出版作为标志，美学作为一门独立学科诞生亦有 200 多

---

① Critical Studies in Television：An International Journal of Television Studies，ISSN 1749—6020，Online ISSN：1749-6039. 在中国，中央电视台编撰出版的期刊《电视研究》，创刊于 1985 年，定位是“指导和实用性电视理论性刊物”，辟有电视与法、新闻广角、电视剧论坛、文艺星空、环球新视野、管理透视、创作手记、收视纵横等栏目，显然不属于学术类电视研究期刊。

② Toby Miller，Politics and Culture，2002：1.

③ 刘纲纪：《艺术哲学》，湖北人民出版社，1986 年版，第 6 页。

年。而与美学研究相比，电视研究是一个相对年轻甚至“语焉不详”的研究领域。20 世纪 40 年代末开始发展壮大的广播电视业，以及由此产生的可以作为研究对象的种种电视社会现象，至今也就 60 多年的历史。而以电视为对象的所谓“电视研究”，长期以来，或者囿于电视技术、电视运营、电视节目制作等“实务型”研究的范畴，或者围绕着电视社会影响，尤其是电视不良内容对儿童的负面效果的讨论而成为大众（通过政府、政党、团体、媒介等）的社会伦理话题。电视研究进入大学的学术殿堂之后，也并没有形成如美学研究一样清晰的学术身份。虽然在大众传播和媒介研究的机构内，电视研究作为新闻学和传播学研究的子项目获得了长期发展的一席之地，但是从属和依赖的地位使其从来没有树立起独立而深刻的学术传统。相反，以思想和批判的名义建立起的所谓“学术型”电视研究，却纷纷纳入文学、哲学、社会学、政治学、心理学、艺术学等传统人文社会科学的麾下。

在一定程度上，当代美学研究已经不再具有它黄金时代的辉煌，已经逐渐脱离纯粹的、先验的、思辨的古典美学精神，而逐渐成为对美感经验、审美心理的一种描述性科学，体现出“下行”的学术兴趣和理论趋势，在 20 世纪末正经历所谓后现代性的学术蜕变和理论解构。尽管如此，美学研究的种种思潮呈现和理论演变，却不断拓展了研究的外延，深化和丰富了研究的内涵。不幸的是，电视研究同美学研究相比，不仅缺失一个“古典主义”的黄金时代，而且在它即将学术成熟之际，正遭遇到后现代主义的解构风暴。原本便没有统一标识的电视研究就此走进一个分崩离析的学术年代。实际上，作为术语的“电视研究”在历史进程中呈现出不同的层面。

首先，它属于对电视技术吟唱的赞歌系列。在对现代科学技术持有乐观主义的人看来，和人类一切的科学技术发明一样，电视是 20 世纪上帝的最大馈赠之一，它使影像的即时呈现和远距传播成为可能，并极大地影响了人类社会的方方面面。在此认识上形成一种可称为“礼物观”指导下的电视研究。以电视技术重要发明者之一德佛莱斯特为例，他相信“广播电视所带来的这种新的休闲方式，这种备受欢迎、倍加智慧运用的娱乐、文化和教育的礼物，最终将使生活焕然一新，将对生活形成新的理解、新的态度。”[①]德佛莱斯特 1942 年的言论表明，在一批很

① Lee De Forest, Television: Today and Tomorrow, New York: Dial Press, 1942:356.

早便看好电视的科技、文化、政治、商业的精英之中，不乏有人在冥思电视的社会文化地位，冥思与电视相关的诸多可能性和问题。到20世纪60年代，麦克卢汉在考察电子媒介，主要是广播电视传播现象的基础上，形成“媒介是人的延伸”的传播显学。“媒介即讯息”的理解风靡一时，麦克卢汉成为电视研究、媒介研究的“先知哲人”，不过他的主要思想仍然没有脱离德佛莱斯特的基本观点，即媒介对个体和社会的影响源于新的尺度的产生，任何一种新的媒介都在人们的交往中引进一种新的尺度、模式和变化，一种新媒介的出现总是意味着人的能力获得一次新的延伸。[①] 但不幸的是，以麦克卢汉“媒介技术决定论”的视野，既无法形成“形而上”的古典美学形态般的研究风范，也不能像当代美学那样多元而深入地“下行”至日常生活和人的本真，开拓全面而丰富的美学命题。相反，早期的“科技赞歌”和“礼物观”深深扎根于电视研究，并成为它的痼疾或——中性地说——基因，以至于当代电视研究似乎难以摆脱科学宏大叙事的空洞和技术喋喋不休的重复。麦克卢汉“决定”的那些命题和隐喻，一有风吹草动便改头换面、卷土重来。比如，一旦卫星技术开创了电视“直播新纪元”，“同时性”便成为电视传播的本质属性和崭新审美体验；再如，麦克卢汉关于电视延伸人的眼睛的论说，在网络、微博时代更进一步“延伸”到了“口的延伸”。今天的电视研究已经离不开对于数字电视技术的发展及其社会互动的迷恋。电视研究正不断形成同数字化技术时代“平行”发展、变化的学术兴趣和研究趋势。对相当多的媒介专家而言，电视研究既难得“上升”，也不齿“下行”。

其次，电视研究是大众媒介频繁使用的一个批评性词汇，电视研究者往往也是电视的社会批评者，主要由社会的“卫道士”群体组成，它背后支撑的动机是对电视这个“坏媒体”所带来的种种社会弊端的深刻担忧、强烈恐惧和广泛抵制。20世纪70年代左右，西方社会围绕商业电视节目大量呈现的暴力内容及其产生的负面社会效果，尤其是对儿童和青少年的恶劣影响，构成了电视研究新一轮的浪潮。总体上这是一个基于“社会问题观”的电视研究聚焦。电视对个人行为态度的呈现效果被当成社会问题来研究。电视既具有它自身的特质，也是重要的社会问题。而社会学和心理学的知识为我们研究电视提供了不少帮助，“电视研究”中

① 马歇尔·麦克卢汉：《理解媒介：论人的延伸》，何道宽译，商务印书馆，2000年版。

很多著名的实验和名词术语都是得益于这个大的根基。这一时期的研究继承了20世纪20年代出现的关于电影对少年儿童影响的经验主义调查方式。“社会问题观”的电视研究,一方面仍然是单一视角的、以社会影响为切入点,聚集了政治的、宗教的、教育的、民间团体的、媒体的等各界社会力量人士,因而也非纯粹意义上的电视研究甚或学术研究。另一方面,许多心理学家、社会学家、经济学家、政治学家,例如施拉姆、霍夫兰、拉扎斯菲尔德等人①,都为理解和研究电视提供信息、数据和研究方法,使电视不再简单的是一个物体、一个话题或一个学术性的素材,而是一个研究的焦点,吸引了各个领域学者的注意力。针对各种电视现象的诸多专门性课题,或是从一种“填补空白”的需要开始,或是以斩获新的分析视角而收工。但令人遗憾的是,如果以人文学科为研究基础的批判学者把关注点转移到电视节目时,通常都是本着“补充”社会心理学早期分析的心态,而社会心理学的自身“拓展”,则可能仅仅把具体细微的电视效果研究“扩大”到对更广泛的电视社会效应的关注。

再次,电视研究的术语需要找到自己的根基。像美学研究那样,只有在方法论层面上和与学科领域基础性问题的交集中,当代电视研究才能发现新的前沿阵地,从而形成20世纪80年代以来电视研究那些颇具影响力的转折。一个有影响力的转折是与“通俗文化研究”的课题相关。流行或通俗文化研究在某种程度上是一场学术“运动”,旨在打破围绕社会品位和公民模范教育目标而导致的文化科层主义。从19世纪60年代后期以来,在美国高等教育系统内,研究流行文化的表现形式,如通俗文学、喜剧、体育和流行音乐的人,都需要努力争夺自己的学术位置。归纳在流行文化之下的电视文化则在此文化科层中处在合法性的最低位置上,因此,在一些英美学者看来,去考察电视那些“低级的”、“不被欣赏的”文化形式的研究更具挑战性。从哲学意义上说,通俗文化研究运动中的学者经常觉得,比之以往那种被精心挑选、保存、教导并作为传统人文价值体现的“精英”作品,作为一种考察的对象,对电视通俗文化的偏好更有指标性,能够表达作品和观众之间一种更加“民主”的关系。作为流行文化的电视研究背后,有着某种审美“意识

① 施拉姆、霍夫兰、拉扎斯菲尔德在被尊奉为“传播学大师”之前,其学术头衔分别为“英语文学博士”、“实验心理学家”、“实证社会学家”。

形态”和“政治”动机：一旦把通俗流行的电视作品排除在经典之外，也就意味着把千万电视观众排除在文化的合法性之外，对最大数量的公民武断做出最低层次的知识和美学判断。① 于是，英国文化研究视野下的电视研究，带着对意识形态批判的责任感，开始更加详尽地研究电视媒介。研究的理论来源是马克思主义的社会和文化理论，以及欧洲大陆哲学的众多思潮，由此和当代美学研究形成关联。虽然马克思政治经济学者认为文化研究在那个时代是“远视”的，忽略了电视工业的所有权和控制问题，但是，作为文化研究的电视研究依然产生了巨大的影响，并“进口”成为当下中国电视研究的显学之一。如霍尔就电视文化意义的“编码解码”所做的理论阐释，是对接受美学、符号学、葛兰西意识形态等学说的一种创造性的理论链接。当文化研究与批判社会学结合而形成电视研究新的社会文化分析眼光时，在一些学者看来，将有助于克服文化研究的一个中心缺陷，即它有时太多依赖“自由多元主义”的幼稚概念。

最终，当我们迈向“电视研究 3.0”的新时期时，电视研究仍亟待更深厚的学科积累，更宽广的理论观照，更独特的学术建树。一方面，面对层出不穷的新技术和花样翻新的“技术决定论”时，保持“形而上”的学术坚持；另一方面，当陷入理论“八股”之窠臼时，恪守“形而下”的问题意识，对当代电视的各种“生活现象”始终有着敏锐而清新的感知。如果说，互联网时代的电视呈现出更多的交互性和多元界面特征，新的电视研究也相应地更趋向于开放以及理论的交集。

**王瀚东**

**2015 年 4 月于武昌南湖**

---

① 参见 Newcomb, The Development of Television Studies," in Blackwell Companion to Television, ed. Janet Wasko, Blackwell: Oxford, 2005。

# 译者前言

作为世界文化产业的一个创意之邦，英国曾经推出了一些风靡全球的影视节目和节目模式。英国威斯敏斯特大学媒体与传播学教授珍妮特·斯蒂莫丝在其著作《营销电视——全球市场中的英国电视》中，将英国电视置于全球化和世界电视市场大变革的背景下，从市场运行、出口政策、海外贸易伙伴等角度对英国的电视营销做了全方位的阐释，对我们研究中国电视节目的制作、营销以及提升中国文化的影响力，具有一定的理论和实践的借鉴意义。

原著所涉及的电视节目营销区域非常广泛，所提及的公司名称、机构名称和影视节目名称众多，许多名称尚无现成的译法可以参照。承蒙武汉大学新闻与传播学院的王瀚东教授委托翻译该书，感觉任务颇具挑战性。在翻译的过程中，对这些名称的处理，只能在查阅大量相关资料的基础上，根据自己的理解进行大胆翻译，不当之处，敬请读者谅解并不吝赐教。

作者治学严谨，书里的文中注随处可见。对文献的处理也是个令人难以取舍的问题。保留原著的风格，必定会影响读者的阅读和版面的美观；去掉文献，又会影响该书的学术价值。最后，考虑到该书的读者多为广播电视、跨文化传播和国际传播领域的研究人员、教师和学生，与华中科技大学出版社相关编辑共同商榷后，决定保留文中注，便于读者查找引文的出处，希望能对读者的学习和研究有所帮助。

另有一点需要说明的是，作者在原著的致谢部分中列出了一百多位协助她完成该项研究的个人的名字，鉴于篇幅有限，译著中将该部分略去。在此对原著作者及其致谢对象表示深深的歉意。

2013 年 12 月于武汉

# 前言

英国的广播电视被广泛认为是世界上最好的广播电视，赋予它这一地位的不是私有市场，按照经济学家们的说法，是公有市场和私有市场的明智结合。英国成功地为自己赢得了广播电视界的“相对优势”，如果现在抛弃它，将是愚蠢之举。(Graham and Davies, 1997, p. 9)

这番评论是安德鲁·格雷厄姆和加文·戴维斯针对英国的广播电视业采用纯粹商业化经营的做法不可取的观点而发表的，它为我们提供了关于英国电视及其在国际市场中的地位的独特视角。首先，英国电视被认为是“世界上最好的电视”，这种观点隐含着一种假设:英国电视对国内观众和国际观众都有吸引力。其次，“最好”是基于公共服务理念的混合广播电视生态所产生的直接结果，这种公私并存的体制赋予了英国相对于其他国家的“优势地位”。

即便有人认为英国电视是“最好的”，事实证明这种地位也很难保持二十多年，在这期间，全世界包括英国的电视文化发生了翻天覆地的变化。技术的进步、管制的放松和所有权的合并，跨越了国界和媒体，加强了电视的商业化模式，却牺牲了国内的公有电视及国家垄断企业和英国所偏爱的受到严格管制的公私并存双元制。尽管这些变化影响深远，英国仍然是电视节目的重要输出国，虽然和美国相比尚有一定的距离。然而，英国政府和电视业都很关注节目出口的不佳表现。

在全球化和世界电视市场变革的大背景下，本书试图探讨英国电视的国际地位以及哪些因素促成或抑制了英国在主要电视节目出口市场中的地位。除了考察近年来有关电视节目出口的政策辩论之外，本研究还利用了业界访谈和对主要海外市场的电视文化的考察以明确和评估影响人们对进口节目尤其是英国节目接受度的文化因素。

技术的革新和管制哲学的变化带来了世界范围内频道数量的激增，也为电视节目和节目模式的交易创造了更多的机会。在电视节目输出国的排名中，英国占据着第二的位置，但其电视节目输出量远远落后于美国(Tunstall and Machin，1999)[①]。然而，大多数新频道优先考虑商业利益，需要的节目与传统上公私合营频道所需的内容广泛的节目大相径庭。公私合营频道受到严格的管制，秉承服务于“公共利益”的公共服务理念。英国的免费电视台包括一个公有且公共资助的电视台(如英国广播公司 BBC)、一个公有却是商业资助的电视台(如第四频道 Channel Four)和两个私有的且商业资助的电视台(如英国独立电视台 ITV 和第五频道 Channel Five)。这四家电视台负责绝大部分的英国原创节目制作，它们都履行过公共服务义务，利用公共资金和公共所有权来支撑 BBC 和第四频道做出的承诺——在节目范围和多样性方面提供高水平的公共服务。

然而，商业电视要求节目通过收视率来吸引广告商和赞助人，或是把付费节目直接卖给消费者来获得最大的收益。对少数观众群有吸引力的节目有国际市场，特别是专业频道是个非常有利可图的领域。主流频道(包括一些公有频道)的商业成功是由于它们能播放受人欢迎的剧情片和娱乐节目，而不是传统上公共服务性质的公私合营频道播出的多样化节目。值得注意的是，英国自 20 世纪 90 年代以来最显著的商业电视输出成就集中在益智类节目(《谁想成为百万富翁》[②]和《智者为王》[③])、儿童节目(《巴布工程师》和《天线宝宝》)和纪实节目(《与恐龙同行》)上，这些节目分别通过本土制作、制作技巧和题材的选择等手段隐藏了其英国渊源。在此背景下，作为公共广电组织的 BBC，因其节目《智者为王》打入美国的全国广播公司(NBC)电视网而获得喝彩，但英国的节目出口商们也因销售反映英国生活的电视剧而遭到批评，因为那些电视剧过于“写实”，色调“灰暗”(DCMS，1999a，p. 24)。

由于本书讲述的是英国电视节目国际流通的情况，从政策层面来讲，它也是关于英国电视在国内未来的发展方向的探究，以及英国公司是否有能力进军日益

---

① 有关电视节目的交易量亦可参见 Nordenstreng 和 Varis(1974)，Varis(1985) 和 DCMS(1999a)；交易价值可参见 ITC(2002a，p. 30)。鉴于巴西和墨西哥向欧洲、美国和拉丁美洲内部销售了许多小时的长篇电视连续剧，加拿大向美国有线频道成功输出了许多剧情片，向全世界输出了许多动画节目，从交易量方面来讲，这种说法还有待商榷。

② 《谁想成为百万富翁》源自英国独立电视台。参赛者需要正确回答连续 15 个四选一的多项选择题，如果能全部答对，将可以获得一笔巨额奖金，通常是 100 万英镑。该节目于 1998 年在英国首播，播出后大受欢迎，被世界各地的电视台购下制作权播映。——译者注

③ 《智者为王》于 2000 年 BBC 二台首播，其后大受欢迎，世界各地的电视台纷纷购买其制作权播映。游戏节目中，各个参赛者要一个接一个地连续正确地解答问题，才能获得最高奖金，犹如锁链中一环扣一环。每个回合结束后，节目鼓励参赛者互相投票选出该回合的“最弱一环”，主持人会对各参赛者冷嘲热讽，批评参赛者智力低下，并以口头禅“你是最弱一环，再见”(You are the weakest link，goodbye)来催促参赛者离场。——译者注

被美国少数几个跨国传媒集团控制(时代华纳、华特·迪士尼、新闻集团、维亚康姆、自由传媒集团)的全球通信经济领域的分析。在这个层面上,本书思考的是人们正在考虑采用什么策略来巩固英国电视的国际地位,以及这些策略将如何影响英国未来电视的节目制作和出口。本研究隐含这样一种观点:英国电视需要满足国内市场对于文化特殊性的要求,同时,也需要制作具有国际吸引力、能迎合更广泛的跨文化兴趣和环境的节目与节目模式,这两者之间存在基本的冲突。

关于跨文化交流的影响,以及一些国家特别是美国对这个交流过程的操控程度的学术辩论,众说纷纭。在第一章,我们试将英国电视的国际地位置于有关文化帝国主义、全球化和电视节目的国际贸易的辩论中进行分析。我们会考察关于跨文化交流的讨论如何从文化帝国主义话语的狭义范围转向与全球化的过程和影响有关的更多样化的观点。这样做的目的是为英国电视节目的国际地位提供一个解释框架,超越文化帝国主义和全球化的框架。结果表明,英国电视的国际地位实际上受到各种全球和地方因素的影响,包括技术更新、业内合并、政府政策、本土制作水平、主要公司的国际策略,或许最重要的是,有显著民族特色的电视生态的差异化需求。

第一章为有关跨文化交流和全球化的辩论提供了背景,而第二章解释电视节目出口的实际运营情况、英国电视节目出口的价值和数量、影响电视节目贸易的经济因素和电视节目贸易是如何并为何变得举足轻重。它为电视节目贸易的背景、形式和运行惯例提供了一个概貌,也考察了市场的运行规律、购片商的角色、所售节目的类型以及各种销售和资助具有国际潜力的节目的途径。

前两章从理论和实践两个方面强调了电视节目贸易的国际维度,第三章是从政府的政策方面思考国内环境对节目贸易的影响。在20世纪90年代末期,人们越来越担忧英国和美国在电视节目贸易上不断扩大的距离。第三章考察了围绕这些担忧和英国是一个失败的电视节目输出国这一广受质疑的观点而展开的政策辩论,也解释了电视节目出口为何在1999年登上政府的政策议程,却又很快淡出视野,取而代之的是工党政府更宏伟的目标——把海外尤其是美国的投资吸引到免费商业电视和独立制作领域以增强英国电视的国际竞争力。本章还考察了2003年英国政府颁布的《通信法》对电视节目出口的潜在影响,该法案放宽了对免费商业电视(独立电视台和第五频道)的外国所有权管制,同时也限制了广播电视公司对委托独立制片商所制作的节目二级开发权的能力。

在勾勒出电视节目贸易的政策和实际运营情况之后,第四章对英国电视的发行部门进行了详细分析,介绍了许多英国电视节目出口商及其出口活动和采用的策略。作为英国迄今为止最大的电视节目输出公司和英国唯一的对海外频道有浓厚兴趣的公司,BBC旗下的商业分支机构——BBC环球公司成为我们关注的焦点。之所以选择这个公司,是因为它既是英国电视的领跑者,又是BBC国际品牌的推手，这两种身份存在一定的矛盾；同时还因为有人认为它的统治地位不仅与BBC的公共服务精神背道而驰，也阻碍了其他公司的发展。此外，第四章还考察了其他广播电视公司的发行部门(格拉纳达、卡尔顿、第四频道)和几个在国际市场上有影响力的利基型公司①(HIT娱乐公司、RDF传媒集团、沃特沃电视集团)。

第五章、第六章和第七章介绍了英国电视节目和节目模式在西欧(德国、法国、意大利、西班牙、瑞典和荷兰)、美国和亚太地区(澳大利亚、新西兰、日本、韩国、中国、中国香港等)主要市场流通的概况。每一章都虑及英国节目的挑选和评估过程所涉人士的观点。研究的结果是基于2001年6月至2003年6月期间对电视购片商和管理人员的访谈。这些访谈提供了一个独一无二的关注点——英国电视的海外地位，因为购片商是把关人，对自己所负责的市场具有专业性的认识，对海外节目的适合性具有特殊的见解。这三章也一一概述了这些市场的情况及一些行业的、管理的与文化方面的因素，这些因素影响了人们对最有市场前景的英国出口节目的态度和投入程度，如剧情片、纪实节目、儿童节目和节目模式。

本研究恰逢其时，因为工党政府重视电视节目的输出，并明确声明要在日益全球化的市场"打造世界上最有活力和竞争力的通信业"(DTI/DCMS, 2002a, p. 3)。然而，尽管英国的电视节目输出情况曾经是人们热衷调查的对象，研究也富有成效，但近年来学术界却少有分析②。与之形成鲜明对比的是对澳大利亚电视节目输出情况的研究(Cunningham and Jacka, 1996)，以及对一些"边缘"国家或地区(如拉丁美洲、印度、中东、中国、澳大利亚、加拿大)之间的节目贸易所进行的研究(Sinclair, Jacka and Cunningham, 1996)。另外，有学者对电视节目的国际贸易做过一些普遍性研究(Hoskins, McFadyen and Finn, 1997)，对节目模式的国际贸易做过一些具体性研究(Moran, 1998)，还有一些对英美传媒之间的关系所做的研究(Miller, 2000; Tunstall and Machin, 1999)。而大多数其他关于国际电视和销售的研究往往把美国当作世界上最大的电视节目和电影出口国——尤其注重美国节目内容对本土制作和文化的潜在负面影响。本书关注的是英国电视节目和节目模式是如何销售的，以及海外购片商是如何根据国内观众、频道要求和媒体现状来做出决定并扮演把关人角色的。

至此，我们已勾勒出本书的大致内容，这里有必要说说它没有涵盖的内容。本书的首要关注点是电视节目和节目模式的销售，用事例和案例分析促进或阻碍

① 利基型公司是指利基市场的参与者。国内对利基市场的翻译五花八门：缝隙市场、壁龛市场、针尖市场。目前较为流行的是音译加意译：利基市场，指那些被市场中的统治者或有绝对优势的企业忽略的某些细分市场，也指那些高度专门化的需求市场。——译者注

② 20世纪80年代中期，有人担忧欧洲或英国电视将被美国电视"淹没"，因而也有一些关于英国电视节目进出口的研究(Schelesinger, 1986; Collins, 1986)。

英国节目在国际上的接受度的因素，而非详细记录每一个公司在市场上的销售情况。电视片断的销售，包括在其他国家被用来制作原创节目的大量的新闻镜头的销售，没有囊括进来。当然，一些主要机构和广播电视公司发行的新闻镜头量确实引发了有关英美优势地位的争论，但由于时间和空间的关系，本研究没有讨论这些问题。本研究也重点关注专门为电视而创作的节目和节目模式而非卖给电视台的英国剧情片。与利用电影帮助推广电视节目的美国不同的是，英国电视节目出口商的业务主要围绕着电视节目和节目模式的推广和销售而展开，因为英国电视业很少参与电影制作和国际开发。鉴于本研究的性质，我们有必要引入一个分界点，研究时间截止到 2003 年 9 月①。英国电视的国际发展构成了本书的中心焦点，这是一个值得进行详尽分析的课题，因为电视节目国际开发的重要性及其对国内观众的意义正与日俱增。

① 也考虑过把这个分界点延伸到 2003 年 11 月末，届时会有更多的活动发生，读者或能获得更多的信息。

# 目录

# 第1章

# 电视的全球化——理论关联

欲了解英国电视在全球市场中所扮演的角色及其在国际上流通的情况，有必要思考以往人们对电视节目贸易模式的理解。本章首先回顾了与全球化概念相关的文化帝国主义话语和理论，并以此路径去理解国际贸易，同时也去理解关于电视节目及节目模式跨文化交流的性质与影响的理论视角，而这些理论视角一直处于变化发展之中。这为考察英国在国际电视市场中的地位提供了一个起点。在有关电视节目贸易的理论辩论中，英国电视的地位在主导和依附之间游移不定。然而，任何对英国电视节目和节目模式在国际上流通的考察最终都需要对其在特色鲜明的民族市场被接受的情况做实证分析，因为正是在这些市场中，电视节目被营销、出售并得到播放。这一点支撑着本章的最后一部分，它解释并概括出本研究为查明英国电视节目在海外的地位以及影响这一地位的因素而采用的种种方法。

## 文化帝国主义——从国际统治到跨国公司

当电视在20世纪50年代作为一种大众媒介出现时，世界各国对进口节目的需求量都很大，因为新电视台面临着节目和大量制作节目的资源的短缺。与自己制作相比，进口节目更便宜，可以从更成熟的电视市场（如美国的电视市场）中获得（Tunstall，1977，p. 17）[①]。然而，60年代美国电视节目出口量和在海外投资的增长又引起了人们对美国影响力的担忧，尽管从美国进口节目的高潮到60年代时已逐渐消退。那时，一些国家开始制作更多的本土节目，在伊锡尔·德·索拉·普尔[②]所认为的依赖外购节目和改造节目的自然商业周期中，规模更大的国

---

① 美国电视节目的出口活动20世纪50年代才兴盛起来，因为此前的节目不是录制的（Tunstall，1977，p. 105）。

② 伊锡尔·德·索拉·普尔是著名的传播学专家，曾任美国国家科学院院士。——译者注

内制作活动继而兴起(1977,pp. 142-143)。

美国电视节目出口商在20世纪60年代所获得的成功是建立在创新、经验及早期美国电影和电台的成功基础上的。简而言之,美国人拥有大量的节目,正好国际上对节目的需求也在增长,双方一拍即合。然而,美国政府立法允许美国电影出口协会(MPEAA)[①]的成员可以对美国在海外活动中的反垄断规则不予理睬,从而加强了美国维护其在音像贸易中霸主地位的能力。因此,美国各公司能够在价格制定和海外销售的协调上通力合作(Guback and Varis,1982,p. 29; Hoskins,McFadyen and Finn,1997,pp. 46-7;Renaud and Litman,1985,pp. 247-248)。[②]

从一开始,美国在国际电视和电影贸易中的统治地位就没有引起多少争议。然而,对美国文化的重要性,以及美国在大众媒介领域中的主导地位是否会自动转化为文化统治,并继而转化为对经济和政治秩序的统治,还是存在一些争议的(Tomlinson,1997a,p. 135)。

对美国霸权的关注表现在文化帝国主义的话语之中,这些话语以主流意识形态为基础,与美国在生产和销售文化商品及服务方面的优势相关联。媒介帝国主义,是文化帝国主义的一种变体,其关注焦点更为集中,涉及媒体所有权、媒体结构、节目发行和节目内容容易遭受海外媒介所造成的外部压力却不能获得相称的影响力的过程(Boyd-Barrett,1977,p. 117)。

文化帝国主义意味着西方国家尤其是美国在传媒和大众文化方面具有优势,这种优势使得它能够传播为全球资本主义的主宰地位及为其侧重的消费主义提供意识形态支持的文化价值观、理念和惯例。20世纪70年代的研究试图量化国际电视节目贸易的情况,结果却显示出美国在电视节目出口市场中的优势(Nordenstreng and Varis,1974;Varis,1984)。有学者曾认为美国在文化贸易中的统治地位和西方文化商品的传播使得全球文化呈现同质化倾向,对本土文化构成威胁,并进一步巩固了美国的霸权地位。70年代的研究发现恰恰佐证了这些观点(Dorfman and Mattelart,1975;Guback,1969;Hamelink,1983;Schiller,1969,1976,1991;Wells,1972)。

赫伯特·席勒是率先探讨文化帝国主义及其对美国资本主义的经济目标所

---

① MPEAA 现称为 MPAA,全称是 The Motion Picture Association of America,即"美国电影协会",总部设在加利福尼亚州,成立于1922年,最初是作为电影工业的一个交易组织而出现的。主要成员有华特迪士尼公司、索尼影视公司、20世纪福克斯公司、环球电影、派拉蒙、华纳兄弟、梦工厂。——译者注

② 反垄断法1977年被解除(Renaud and Litman,1985,p. 248)。

发挥的支持作用的学者之一。他于1969年出版了著作《大众传播与美利坚帝国》①，认为美国的电视节目、设备和广告的出口是美国政府、军队和工业界通力合作的结果，目的是要在意识形态上征服世界并获得经济利益。席勒在1991年重申并进一步强调了他的观点，他指出，文化统治虽然由于卫星传输系统的建立削弱了领土控制而呈现出不同的形式，但它在20世纪90年代依然存在(1991,pp. 15-16)。席勒还强调了全球资本主义的系统性和融合性以及着眼于国际利益的少数传媒公司的文化统治。它们仍然带有明显的美国印记，为通信、传媒和休闲消费确立了世界标准，却以牺牲公民性和公共领域为代价(Ibid.,p. 15,pp. 21-22)。在此情况下，电视只不过是一个包罗万象的同质化文化包里面的一个因子，帮助促进自由市场的形成和跨国公司商品的销售(Ibid.,p. 15)。要达到这个目的，甚至都不需要美国电视节目，因为要传递跨国公司的信息，国内电视已经"克里奥尔化"(creolised)了(Ibid.,p. 22)。②

文化帝国主义是最古老的理解文化交流的理论模式之一，它包含着与媒介帝国主义、民族身份、全球资本主义和现代性相关的各种相互矛盾的视角，而不是一套连贯严整的观点(Tomlinson,1991,pp. 19-28)。把这些不同的视角联系在一起的观点认为文化传播是"单向道"。然而，自20世纪80年代以来，这种观点有所变化，因为现实比这个"总体"解释所描述的景象更为复杂。在这个"总体"解释中，媒介被假想为一个具有重要影响力的大机构。戈尔丁和哈里斯利用围绕文化帝国主义的辩论和媒介在维护霸权中所起的中心作用的观点，将文化帝国主义话语的缺陷总结如下：

> 首先，它夸大了外部因素而贬低了内部动力，尤其是依附性社会中的抵抗力量；其次，它将经济实力和文化影响力混为一谈；第三，它假定受众是被动的，本土的和对抗性的创造力毫无意义；最后，它常常有种向发展中国家施惠的臆断，认为发展中国家的"真实"文化和有机文化有遭到人为合成的非真实的西方文化攻击的危险。(1997,p. 5)

如果我们单个地审视这些缺陷，就会发现文化帝国主义的"大图景"方式并没有充分考虑到本土的文化生产和除美国之外的其他国家之间的文化交流。根据费耶斯的观点，文化帝国主义理论忽略了在民族和本土层面发挥作用的因素，这些因素在协助或对抗外部力量的同时，创造出融合本土影响和全球影响的新文化

---

① 英文书名为 Mass Communications and American Empire。——译者注

② 克里奥尔(Creole)在英语和法语中都是"混杂"的意思。克里奥尔化意为一种相互混合、融合、混杂、杂糅的过程。在这一过程中，消费者并非被动接受日常生活中全球性的产品，而是根据自己的需要进行调整，结合本土和他国的消费模式。同时，克里奥尔化不同于本土化，它是"本土与全球意义的混合"。——译者注

身份(Fejes,1981,p. 286;Hall,1997,p. 211)。特蕾西等几位评论家指出,尽管早期对电视节目贸易的研究显示了美国的霸权地位(Nordenstreng and Varis,1974;Varis,1985),但是也揭示了某些国家之间的区域性交流意义非凡(Tracey,1988;Tunstall,1977,p. 40;Varis,1984,p. 151)。特蕾西因而认为"电视贸易并非单向道的,而是由许多主要干道和许多不乏重要性的小路组成的"(1985,p. 23)。

在试图确定电视领域多方向的贸易流动时,辛克莱、扎卡和坎宁安撰文探讨了地缘语言区域以及具有文化、语言和历史关联的国家与社会之间的节目交流,这些联系不一定由国家边界线或地理接近性所决定(1996,pp. 12-13)。在每一个地区都有一些主导性的节目生产中心,例如,墨西哥和巴西向其他拉丁美洲市场、欧洲南部以及为美国西班牙语社区提供服务的频道出口长篇电视连续剧。埃及、香港地区和印度通过卫星和录像分别向同属中东和亚洲的地区提供节目,同时也向离散世界的社群提供节目(Sinclair and Cunningham,2000)。美国、英国、澳大利亚和加拿大向其他共享大英帝国文化纽带和遗产的英语国家出口节目。赫斯姆德哈尔格和史特巴哈用一个经过改进的术语——"地缘文化市场"——来强调文化而非语言的联系,强调在这个见证大规模移民潮的世界里个体所具有的多元文化身份(Hesmondhalgh,2002,p. 180;Straubhaar,1997,p. 291)。然而,对边缘地区节目的"反向流动"的研究也很重要,虽然这种反向流动在巴西和墨西哥的出口案例中被描述成"逆媒介帝国主义"(Rogers and Antola,1985,p. 33),因为从价值上来说,美国仍然占据了全球电视贸易的四分之三(ITC,2002a)。

史特巴哈用不对称的相互依存关系而非统治与被统治的关系来表示国家之间的各种跨文化关系(1991)。同样,博伊德-巴莱特的泛媒介帝国主义模式也承认统治和依附关系会在不同国家、不同媒体之间发生变化,也会在传媒业各部门的所有权、结构、销售或内容方面发生变化(Boyd-Barrett,1998,p. 159,p. 166)。

其次,如果文化/媒介帝国主义低估了本土的抵抗趋势和不同形式的跨文化交流的意义,那么它也不能表明文化统治转化为政治和经济统治的程度。当然,确有证据表明媒介的集权事实和美国对电视节目贸易流量的控制(Herman and McChesney,1997)。但在文化帝国主义理论中,由于对制度问题、文本和"公司报告而非个人现实生活"的关注(Tracey,1985,p. 45),因此产生了"对'文化瞬间'概念问题的确切理解被永远延迟的倾向"(Tomlinson,1991,p. 40)。

媒介帝国主义认为西方国家特别是美国的媒介对受众有负面影响,但没有足够的证据说明消费外国电视节目是如何影响本土文化并传播服务于美国霸权的西方消费主义价值观的(Lealand,1984,p. 6;Thompson,1995,pp. 170-171;Tracey,1985)。人们只是简单地认为进口美国电视节目会有影响,而且这种影响总是负面的,却很少考虑意义的主宰、抵制和协商在节目的传播和消费过程中是如何起作用的(Sinclair,Jacka and Cunningham,1996,p. 15)。根据文化帝国主义理论，对节目的接受过程仅仅是被灌输了消费主义价值观的媒介产品倒入其中的“黑匣子”，从中诞生了以个人消费为导向的消费个体(Thompson，1995，p. 172)。

其他研究表明，受众远非电视节目的被动接受者，而是积极地从自己本土的特殊文化角度来理解节目，这些理解也因年龄、阶级、性别、民族和社会经历的不同而千差万别(Ang，1985；Fiske，1987；Hobson，1982；Liebes and Katz，1993；Straughaar，2000)。昂对美国连续剧《达拉斯》的研究发现荷兰女性观众的观看角度各式各样，并从这个被官方嘲笑为“不良的”大众文化节目中获得了乐趣(1985)。利比斯和凯茨对《达拉斯》的研究引入跨文化维度，从以色列不同的亚文化受众和美国与日本的受众那里发现了各种“参照式”① 和“批判式”的解读(1993)。米勒对美国肥皂剧《不安分的青春》②在特立尼达岛③播放情况的研究说明了观看电视的本土语境的重要性，也展现了一个进口节目如何被受众“本土化”，使得节目意义与本土传统、文化惯例和文化身份产生联系的过程(1995)。

然而，这些人类学的研究视野比较狭窄，主要关注一些小众群体对美国节目的接受情况，因而很难概括电视节目在全球范围内跨文化传播的影响。再者，观众对节目的反应受到文本固有的语码和传统及观看行为所处的文化和社会语境的影响和限制，这些都会导致“偏向性”的解读(Hall，1980)。另外，这些研究也不大关注影响节目接受的其他因素，包括节目的选择、推广和播放时间表的编排。即便人们对媒体的反应千差万别，辛克莱、扎卡和坎宁安仍提醒我们：媒体也在积极地寻求受众，“在商业和意识形态上把他们塑造成传媒集团提供的节目形态和类型所需要的受众”(2000，p. 15)。

最后，那些发现文化帝国主义的人也忽略了一个事实：绝大部分的电视节目仍然天生是本土的，而且一旦有机会选择，大部分人更喜欢观看国产的娱乐节目(Morley and Robins，1989，p. 28；O' Regan，1993，p. 87；Sinclair，Jacka and Cunningham，1996，p. 10)。美国或许控制了电视节目贸易，但即便是最早期的研究也表明近三分之二的广播节目是本土的(Varis，1984，p. 147；Sepstrup，1990，p. 55)。另外，由于经济和政治的阻隔，美国节目的国际流通并没有延伸到中东、非洲、拉丁美洲和亚洲的许多地区。

毋庸置疑，对许多国家来说，美国是剧情片的来源国，但是各国的电视节目仍

---

① 即 referential reading，指受众把电视故事与现实生活联系在了一起，意味着更多的情感卷入。——译者注

② 1973年3月26日开播，剧集最初主要围绕一个富裕家族和一个工人家庭之间的恩怨展开，经过几次重拍，剧情有个很大的变化，增加了更多家庭的故事。——译者注

③ 特立尼达岛是西印度群岛中的岛屿之一，原为印第安人阿拉瓦克族和加勒比族的居住地，现为英联邦成员国。——译者注

然主要由国内市场制作,同时也是为了满足国内市场的需求而制作的。这些节目有自己的播放系统、播放规则、政治倾向、阶级结构和文化价值观(Cantor and Cantor,1986,p. 510)。20 世纪 80 年代建立泛欧洲的电视格局举措的失败(Collins,1989)及 90 年代为了吸引更多的观众将诸如星空卫视之类的泛亚洲服务本土化的决定(Chadha and Kavoori,2000,p. 424),更凸显了民族文化、语言和传统的强大力量。即便是本土化,这些频道也不总是最受欢迎的,只会得到精英阶层的青睐,因为他们拥有经济和文化资本,能优先享受这些服务(Bourdieu,1984①; Chadha and Kavoori,2000,p. 425;Sparks,1998,pp. 115-116;Straubhaar,2000;Thussu,2000,p. 196)。美国的节目也不总是最受欢迎的,相反,它们常常是推广不力的对象,节目播放时间的安排也不尽人意。② 当国内电视业没有制作具有同等娱乐价值的节目时,美国节目才开始受到青睐(Mills,1985,p. 493)。在这样的背景下,史特巴哈引入了"文化接近性"的概念,他提出这样的假设:尽管美国将继续主宰高预算的剧情片、动画片和动作冒险系列的供应,本土受众却会更喜欢那些与他们的文化更接近或更亲近的节目,即本国的节目,如果当地经济能支持制作的话。同样的偏好似乎也使许多国家的观众更喜欢一些在语言文化上相近的国家和地区制作的节目,这些节目小国家自己无力制作。(Straubhaar,2000,p. 202)

这种观点其实与霍斯金斯和米卢斯的"文化折扣"概念相关联。文化折扣是指与风格、价值观、信仰、制度和行为模式相关的文化差异会限制外国节目的吸引力(1988,p. 500)。观众对国内制作的节目的偏好使得电视行业和广告商优先考虑国内制作的节目或优先选择来自同一地区、同样的语言群体和文化的节目(Straubhaar,1991,p. 39)。③

① 在发展中国家,经济资本使一些人能收看卫星频道。文化资本指的是使精英阶层能有优先观看海外的教育、语言、就业和旅游节目的机会。(Bourdieu,1984,引自 Straubhaar,2000,p. 200)

② 例如,Silj,1988,pp. 36-38;亦可见 Rogers and Antola,1985,p. 30。说到《达拉斯》在秘鲁播出失败,是因为遭遇了本土节目的激烈竞争。而在阿尔及利亚的成功播出不仅是由于缺少本土竞争,还因为阿尔及利亚的观众发现该连续剧对生活在同一屋檐下的大家族家庭生活的描写在许多方面都与他们自己的文化经验相吻合。

③ 然而,对欧洲进口剧情片的调查发现,各频道依赖的不是国产的就是从美国进口的剧情片,欧洲内部各国之间的节目交流很有限(De Bens and De Smaele,2001)。这说明在欧洲,文化和语言差异所起的作用更大,该地区包含许多地理上接近的单语言市场,而非一个统一的文化语言市场。

# 全球化与混杂化

全球化正发生在每一个行业中。然而问题在于，你能使电视节目进行全球化生产，再让节目本土化吗？你拥有许多节目模式，你在不同国家生产节目，再把节目从一个国家带到另一个国家。(Greg Dyke，引自 Freedman，2000，p. 321)

研究文化帝国主义和媒介帝国主义的另一种方法体现在全球化及其必然结果——全球文化概念所涵盖的复杂融合过程中。然而，关于全球化的观点多得令人眼花缭乱，关于它的内涵的阐释也千差万别。正如文化帝国主义一样，关于全球化对本土文化的影响以及是否存在"全球文化"也众说纷纭。然而，和文化帝国主义不同的是，全球化涉及的变化过程更难以预测且不太受文化的指引(Tomlinson，1991，p. 175)。

全球化的过程包含世界体系(电视、资本主义、工业主义)以及经济文化惯例在时间和空间上的压缩(Barker，1999，p. 34)。由于现代媒介和通信的即时性特点，全球化的过程也已经加速了，所以"我们不能再完全生活在'本土'文化环境中"(Tomlinson，1997a，p. 118)。近年来，新的通信技术促进了全球化，因为它创造了全球经济所必需的全球信息基础设施。全球经济由少数几个进行商品和服务的全球生产及销售的大型集团公司所主宰。

如果人们认为全球化的趋势势不可当，就意味着在技术革新和突破时空障碍并偏爱跨国公司和一体化国际市场的全球资本流动面前，国家政府(包括那些最强大的)也无能为力(Freedman，2000，p. 313)。在媒体和电视方面，如果人们认为民族国家的管理遭到全球化的破坏，政府就有大量的机会来证明放松管制的合理性。他们可能以允许国内行业参与政府管制及被认为几乎没有甚至完全没有控制权的全球经济为借口而放松对节目内容和所有权的管制(DTI/DCMS，2002a p. 3)。然而，有充分的理由认为，宣称民族国家在电视系统经济、技术和管理框架中所拥有的决定权的终结，或许为时尚早，因为付费电视的节目内容、发行、管制和用户管理仍旧以国内观众为指向，更重要的是，以国家为基础开发市场比单笔全球交易获得的利润更丰厚(Sparks，1998，p. 114)。

随着20世纪80年代卫星传输平台的出现，节目传输不再囿于国家疆界，全球电视成为可能。全球电视的表现包括在跨国公司持续的推动下，取消了贸易壁垒和在节目所有权和内容上的法律限制。除此之外还有电视节目的全球发行以及节目单的编排、节目模式、资金和管理等方面的商业惯例在世界范围的传播。而且这些进程似乎随着新技术所提供的机会而加快，于是公有性质的电视巨头在20世纪80年代迅速衰落，更多的商业电视频道应运而生。全球电视因而不再仅仅关乎进口和出口，而是关乎地方和国家媒体如何适应一个相互联系、相互依赖的全球传媒体系。

一方面，对全球化和全球文化有了一种“乌托邦式”的认识，其中民族之间的显著差异随着媒介有利于民主观念在全球公共领域内的推广而变得不再那么引人注目(McLuhan，1962；Volkmer，1999)。然而，费瑟斯通认为根本不存在与民族国家文化类似、侧重文化同质和融合的全球文化(1990，p. 1)。相反，他把全球化描述成一组在不同层面发生、呈现各种形式并超越“全球”和“本土”的复杂过程。对史密斯来说，全球文化是不真实的，因为它“基本无记忆力”，也不能吸收利用对民族文化来说很常见的集体历史和经验。正因为如此，全球文化不可能取代民族文化(Smith，1990，pp. 179-180)。弗格森质疑所有对暗藏于全球化“神话”下的意义、证据和评估的设想，并指出全球化既缺乏统一性、一致性，也无甚益处(Ferguson，1992，p. 88)。同样，昂指出世界的特征不是全球性的理解和统一，而是“地区分裂和重组，民族和种族分裂主义”(1994，p. 325)，其中，全球文化不是关于文化差异的消灭和同化，而是涉及“一个系统的消灭种族隔离的多变过程，在此过程中，本土文化失去它们自主独立的存在而变得完全相互依赖、相互联系了”(Ang，1996，p. 153)。阿帕杜莱摒弃了中心-边缘模式和线性思维，从而确定了全球文化不均衡流动的五个维度：族群图景、科技图景、金融图景、媒体图景、意识形态图景(1990，p. 301)，全球文化的流动发生并贯穿于这五个图景相互交织分离的地带。人们在本地或国内都能体验到文化流动，它与国家机构同时运行，表现出文化流动和当代全球复杂、交错和“混乱”的多样性特点(Barker，1999，p. 41)。从这个意义上来说，全球文化完全不是统一的，它“存在于文化之间而非文化内部”，“其基本特点是混杂化”(Tomlinson，1997a，p. 138)。

其他学者把全球化看作文化帝国主义和文化同质化的延伸，因为跨国公司现在能够跨国追求自己的商业目标，而不再受到国家控制、国家边界或是技术限制的阻碍(Schiller，1991)，这就导致了由企业价值观和目标塑造出的统一的全球文化，文化帝国主义的话语重出江湖。例如，赫曼和麦克切斯尼描述了由致力于传播娱乐文化的集团公司促成的全球通信市场化的图景，而市场化的结果却破坏了民主(1997)。这种全球化式的文化帝国主义表现为所有权的集中，通过跨媒体，所有权和战略联盟扩张到新的活动领域。这是一个既关注媒体的分销和如何争取消费者也关注内容生产或出口的全球媒介市场。根据麦克切斯尼的观点，这个市场由不少于十个总部设在美国的跨国公司控制，另有四五十个来自美国、欧洲和日本的公司服务区域市场和利基市场(McChesney，1998，p. 28，p. 31；Garnham，1990，pp. 161-162)。

然而，全球传媒的影响完全不是自动产生或始终如一的。为了获得成功，全球传媒公司要求各地政府放宽对它们在地方市场上运营的限制。要让全球战略取得成效，这些公司必须努力使它们的产品和形象归化和本土化，把本土文化、社会形式及哲学态度考虑在内(Hall and Jacques，1997，pp. 35-36)。因此，全球化及其与本土文化的联系方式既具有同质性、依赖性和一致性的特点，也愈加具有异质性、相互依存性、用户化、分众化和混杂化的特征(Ang，1996，p. 153；Barker，1999，p. 38；Pieterse，1995，p. 62；Sinclair，Jacka and Cunningham，1996，p. 13)。全球和本土的这种互动导致了一种混杂文化，在这种文化中，现代文化和传统文化、高雅文化和低俗文化、民族文化和全球文化之间的区别日益模糊了(Thussu，2000，p. 197)。

在电视领域，全球公司依照顾客的具体要求而设计它们的节目模式、频道和产品以吸引差异化的本地市场，并获得最大收益。同样，本地制作公司“利用受全球欢迎的节目的宝典和惯例来把它们自己的产品、频道和销售网络贴上‘专业的’、‘有竞争力的’并能够吸引受众，更重要的是吸引销售跨国产品的广告商的标签”(Boyd-Barrett，1997，p. 16)。这种全球化、区域化和本土化力量的交叠被罗伯森定义为“全球本土化”①，亦即在一个既包含同质化也包含异质化力量的过程中，本土产品的全球生产和全球产品的本土生产，它把特殊性和普遍性融合在一起(Robertson，1995，p. 40；1994，p. 38)。

例如，本土节目的模式常常源自美国的小报式新闻、警匪片、情景喜剧、肥皂剧、游戏节目、谈话节目、动作片。对那些怀有国际开发梦想的制片公司来讲，节目模式的改造显得尤为重要。汤斯顿提醒我们注意这样一个现象：严重依赖美国节目的进口商也已经崛起为实力强大的地区出口商了(1977，p. 62)。这说明美国的节目模式被本土化、被模仿而成为混合型节目，这类节目在区域市场甚至更大范围的市场或许具有更大的国际吸引力(Sinclair，Jacka and Cunningham，1996，p. 13；Tunstall，1977，p. 129)。于是，融合了各种美国惯例的拉丁美洲的长篇电视剧、欧洲的游戏节目模式、澳大利亚的肥皂剧和香港的动作片不仅振兴了本地的节目制作业和文化，也提供了更广阔的国际开发机会，原因正是它们和美国的节目具有相似点，含有美国形式的本土化元素，在某些情况下可以替代美国节目(Ang，1996，pp. 154-155)。

这样，除了更传统的本地和民族特色，各国的电视文化也受到外部因素的影响，创造出一种经过重新制作和混杂化的多样性，电视形态和内容包含着全球和本地特色的相互作用(Barker，1999，p. 43；Straubhaar，1997，p. 288)。这是一个复杂过程，但比起文化帝国主义的集权学说，它为混杂文化提供的解释更细致入微。然而，即便权力是分散的，或者诞生了混杂化的文化形式，这并不意味着我们没有必要探讨经济、政治和文化权力问题以及经济发展和“通信领域的殖民化”(Boyd-

① 全球本土化亦被译为“球土化”。——译者注

Barrett,1998,p.157)所带来的文化后果,因为一些国家或公司拥有更多的权力来发起文化交流,并在节目制作和销售设施上进行投资,而其他国家或公司缺少资源去制作更昂贵的多样化的以及像剧情片之类的本地节目。所以我们需要回到文化及媒介帝国主义话语提出的一些问题中,包括所有权和控制权、多样化和多元化。

## 英国电视——游离于美国电视的替补与从属之间

英国与关于文化帝国主义或全球化的辩论有什么联系呢?无论从哪个角度看,英国和它主要的音像贸易伙伴美国之间的关系在任何有关英国电视国际流通的讨论中都至关重要。英国是美国的一个主要的出口市场,同时美国也是英国的一个主要出口市场,占据了英国电视节目出口价值的三分之一(BTDA,2002)。这种关系建立在一定程度上的文化交叠、共同的文化遗产和相同的语言基础上,它们支撑着英国在富有的“地缘”英语国家市场中的成员国身份。

在聚焦于电视节目贸易的纷纭众说中,我们可能把英国归属于各种地位,从统治到依附,以及介于两者之间的许多位置。奥里根著书讨论了一种“互补”关系,英国和美国的电视体系运转“相近相连”,电视模式并非不可调和(O'Regan,2000,p.309)。米勒在巴赫金的研究基础上,对输出至美国的英国电视节目进行了考察,他著书讨论了美英之间多重线性和意义暧昧的关系,这种关系更多的是一种“同化”、对话和美国受众的意义协商,而不是依附(2000)。柯林斯、加纳姆和洛克斯雷认为,没有人超越范式来解释贸易,但是国家之间的贸易关系依赖不同的背景,取决于市场结构,而市场结构也会因新的技术和意识形态而发生根本的变化(1988,p.59)。

首先,有观点认为英国是美国霸权的牺牲品,受制于来自美国的大量电视节目的资本控制。美国电视伤害了英国的民族身份,同化了英国的文化,鼓励消费主义和社会现状维持不变。事实上,英国的免费电视(BBC、独立电视台、第四频道和第五频道)并没有受到美国出口节目的压制,但又异常抵制非美国进口的节目。BBC一台和独立电视台,这两个收视率最高的频道,除了剧情片之外,很少在黄金时段播放北美剧情片;而收视率较低的第四频道(播放《老友记》、《欢乐一家亲》、《急诊室的故事》)和第五频道(播放《犯罪现场调查》①、《法律与秩序》)并非如此。英国的地面频道传统上一直坚持进口节目占14%的做法,远远低于欧盟的《电视

① 《犯罪现场调查》是加拿大联盟亚特兰蒂斯娱乐集团为美国的哥伦比亚广播公司制作的电视剧。

无国界指令》的规定，该指令要求大部分节目应来自欧盟内部（Seymour-Ure，1991，p. 143；EC，2002）。[①] 然而，英国电视（无论是商业服务性质还是公共服务性质）受到美国商业模式、节目形态和政策走向的影响，这个事实表明，为达到商业目的，英国节目内容存在一定程度上的"混杂化和中立化"（Biltereyst and Meers，2000，p. 397）。2003年出台的《通信法》放宽了对商业免费电视的所有权的管制，允许美国拥有英国的免费商业频道：独立电视台和第五频道。这就意味着英国会进一步效法美国商业模式，观众和管理层都期望看到更美国化或更国际化的节目（Joint Committee，2002）。然而，尽管五个地面频道达到了欧盟规定的份额，2000年所有英国的频道仅有53%达到了定额（EC，2002，p. 21），这是因为卫星和有线电视市场非常依赖美国进口节目，从而导致了英国和美国贸易中的巨大赤字（见第二章）。

另一种依附视角并不把英国视为美国媒介帝国主义的牺牲者，而是"美国代理人"、美国的"传媒小伙伴"或"低调的同盟者"（O'Regan，2000，p. 312；Tunstall，1977；Machin，1999，p. 15）。这种观点的产生是因为英国构成了以英语为母语的文化的一部分，人们认为英语文化主宰着媒介和通信。英国相当于美国国际频道打入欧洲市场的发射台，这或许会对其本国文化的输出造成不利影响。它是一个重要通道，首先为美国媒体提供进入有利可图的英国前殖民地和英联邦的英语市场的机会，然后作为欧盟成员国帮助美国媒体进入日益扩大的欧洲商业电视市场（Tunstall and Machin，1999，p. 259）。因此，英国通常处于欧洲利益与被认为是"帝国主义"的美国音像利益之间的尴尬境地，尤其是法国总是担忧在盎格鲁-撒克逊商业标准模式面前会失去其文化独立性（Machill，1997，pp. 494-495；Mattelart et al.，1984）。

把英国视为美国的一个"传媒小伙伴"的观点在汤斯顿1977年的著作《媒体是美国的：世界上的英美传媒》中得到了进一步阐述。他认为英国和盎格鲁帝国主义在美国媒体的全球传播与英美的统治地位中起着关键作用。他指出，英语媒体的输出和影响在时序上先于美国崛起为一支主要的海外经济力量。早在19世纪，凭借对能巩固其霸权的世界电报和电缆的控制，大英帝国就已经成为首要的传媒力量（Tunstall，1977，p. 95），也确保英语成为国际商业和通信的工作语言。随着帝国地位的衰落，20世纪早期，英国在通信领域的领先地位就让渡于美国。从此以后，美国从电影业开始，成功地在之后每一次的媒体创新中打上了它的大众文化印记。

---

① 欧盟在1999年和2000年对《电视无国界指令》实施的报告确定，2001年BBC一台和二台、独立电视台、第四频道和第五频道播出的节目中有68.8%是欧洲的（不包括新闻、体育、游戏、广告、图文电视和电视购物）（EC，2002，p. 21），这些频道在2000年的收视率是83.5%。

还有一种观点不是把英国看作美国在霸权活动中的“小辈”(Collins,1986,p.77),而是一个能满足公共服务需求的候补选择,一个纪录片、创新“古怪”喜剧、复杂恐怖片和历史剧等高雅文化的细分市场供应商。这种高雅文化是那些享有教育、经济和文化资本的精英阶层可以接受的,对他们具有吸引力(Bourdieu,1984;Miller,2000,p.178)。它“代表英国电视内容的一种国际品牌形象:为中等阶层提供精神食粮,以各种方式保护和传承文学文化遗产”(O'Regan,2000,p.304)。根据柯林斯的观点,在国际上的恒久成功既取决于制作符合当前国际套路的节目,也取决于制作能吸引国际口味的节目:

英国电视呈现给世界的是一个古板却和谐的等级社会的盛装形象:《故园风雨后》、《亨利八世的六位妻子》、《楼上》、《楼下》;日本是幕府时代的将军和武士形象;意大利是波吉亚家族①时代的形象;《达拉斯》、《都铎王朝》、《大饭店》和《手足英雄》给国际电视观众再现的是当代情节剧中的美国,剧中呈现的资本主义商业价值观和家庭价值观正负面兼而有之。(1990,p.158)

出口这些“高雅”节目的全盛期可以追溯到英国电视或许比较孤立、不那么受到外界影响的年代。作为一种“内向型文化”(Pieterse,1995,p.62),英国电视提供的东西与众不同。然而,与更具广泛吸引力的美国娱乐节目和剧情片相比,这种具有典型英伦特色的电视,虽然可以起到补充作用,却不得不沦落到边缘位置。英国节目只能流通到那些受到英国广播电视系统特别是BBC的影响并具有同样公共服务精神的频道。这类频道的例证有:具有地缘文化和机构接近性的美国内部吸引少数观众群的公共广播电视系统(Public Broadcasting System),英联邦内部的英语国家的公共服务频道,以及具有机构接近性的日本(如日本放送协会)和西欧的公共服务频道。但是,公共服务型广播电视公司在过去的二十年遭遇激烈竞争,多数失去了市场主导地位。另外,也许一些人认为英国电视是享有盛誉并乐于创新的,但是也同样会有人把它描述成一个“拘谨的、压抑的、文艺的、有阶级意识的、家长制的系统”(O'Regan,2000,p.317)。例如,汤斯顿和梅钦认为英国的监管制度把公共服务性质的节目作为抵抗进口节目的堡垒,实际上却阻碍了本国电视节目的出口,因为英国电视没有充分利用英语的国际优势(1999,p.8)。“内向型的、眼界狭小的,而且只关注可爱的有那么一点漫画风格的英伦古怪气质”的英国电视不可能获得大规模出口(Ibid.,p.8)。

最后,英国在供应具有普遍吸引力的节目方面也占有一席之地,但节目的英

---

① 波吉亚家族(Borgia)堪称最早的黑手党家族,是15、16世纪影响整个欧洲的西班牙裔意大利贵族家庭,先后出过三位教皇。因为被财富、阴谋、毒药、乱伦的阴影所笼罩,该家族恶名远扬。但同时,波吉亚家族对艺术的支持,也使得文艺复兴在那个时代得以迅速发展。——译者注

国身份和公共服务性质被掩盖了，在全球和本土的相互作用下，“节目在制作初始就经历了国际整合”（O’Regan，2000，p. 319）。在某种层次上，混杂化就发生在英国内部，产生了新颖的但在海外市场也能辨识产地的节目。例如，《谁想成为百万富翁》和《智者为王》就给黄金时段的观众提供了益智类节目形态的新花样（Moran，1998，pp. 171-173）。在另一个层次上，节目也有机会获得本土化改造和演绎，从而创造出新的东西。这当然是指为本土市场生产的娱乐节目、电视剧和纪实节目模式，但也包括一些连续销售的儿童节目（《巴布工程师》①、《天线宝宝》）和纪实节目（《蓝色星球》、《与恐龙同行》），它们不具有典型的英伦风格，还可以重新配音。所有这些都是可以本土化和被改造的节目。在“普遍”吸引力方面，它们和那些曾在国际上获得成功的英国历史剧或改编自文学作品的电视剧迥然不同，后者的英国身份是可以辨识的（Alvarado，2000）。

然而，我们也要明白，电视的跨文化影响远不止电视节目的出口。辛克莱、杰卡和坎宁安正确指出，美国给世界电视带来的不是人们所认为的其节目附带的意识形态影响，而更多的是商业模式和商业资金的移植（1996，p. 9）。对商业电视来说，从美国引进节目往往很重要，但随着市场的成熟和更多国产节目的产生，商业模式的续存并不总是需要美国节目。昂认为美国商业电视一直是各种电视节目形态（情景喜剧、肥皂剧、游戏节目、谈话节目）和节目单编排的效仿对象，例如，把同一部电视连续剧拆开于每天固定时间播放，这已被认为是节目播放的常识了（1996，p. 154）。同样地，汤斯顿和梅钦强调了美国在“节目类型、节目模式、时尚潮流和媒体政策”方面的领先地位（1999，p. 2），使得美国可以设定国际上电视制作、流通和消费的条款，即便其他国家后来都形成了自己“本土特色”的规定（Ibid.，p. 23）。

与此同理，英国电视的影响不仅仅涉及电视节目进口和出口的问题，它还涉及海外制作的投资和国际频道（BBC 美国频道、BBC 国际频道）与合资企业的建立（动物星球②、人与艺术），并且还包括对英国节目模式和制作惯例的效仿与本土化；改造在公私并存体制下管理和经营电视的英国政策模式；对英国创新人才的利用（O’Regan，2000，p. 304）。英国和美国电视影响的区别关键在于公共服务与商业模式的差异。但实践证明，商业模式在世界市场中方兴未艾，它影响着节目的制作和出口。这个问题本身又涉及身份认同问题，以及英国节目的出口与特定

---

① 《巴布工程师》是英国 BBC 于 1999 年开始播出的著名卡通节目，在英国的学前教育节目评级中获得最高的级别，巴布被认为是学龄前儿童最喜欢的的角色。现已在世界上 140 多个国家播出，在许多国家都获得了最高的收视率。——译者注

② 动物星球（Animal Planet）创立于 1996 年，是一家由探索通信出资 80%及 BBC 环球公司出资 20%所创立的动物纪录片频道。——译者注

的英国概念的关联度问题。

## 民族文化和身份认同

正如我们所见，一方面，出口节目展现的是人们想象中的英国刻板形象，特别是剧情片所呈现的“或许与真正的英国不大相关，而更与外国对它的想象有关”(Ibid.,p. 318)；另一方面，有一些节目和模式源于英国，但观众却毫无察觉，它们是制片方出于各种意图和目的在当地制作的节目。其余绝大多数没有多大国际吸引力的英国节目，例如纪实节目和当代剧情片，触及英国广泛的社会、政治和文化问题，满足各种不同的兴趣。

因此，政策制定者们就有压力了。一方面，在经济上要通过增加出口和吸引投资把“英国”电视品牌作为部分“创意工业”进行推广；另一方面，在文化上要打造具有鲜明特色的国家广播电视系统，使它以一种文化认同的忠诚方式，服务于各个社会阶层和多元文化的英国受众。然而，由于传统的民族认同方式和历史的“担保”已经混乱，取而代之的是局部和全球的人口流动带来的各种新的民族忠诚方式，因此这些相互矛盾的目标变得更加复杂了(Hall,1992,p. 274;O'Sullivan et al.,1998,p. 282)。

从历史意义上来讲，电视的起源本身就是具有民族性的，从频谱的分配开始，发展到早期广播组织的建立。在英国，民族与民族认同的概念从一开始就与公共服务广播相关。BBC，作为最早的公共广播电台，一直都强调它对民族文化的贡献。有了语言这个统一因素，电台和后来的电视通过播放数百万人能同时收听观看的国家事件、新闻和节目，以符号形式表达了身为英国人的意义。然而，作为能保障对某个特定领土主权的历史和文化组织的民族国家的概念相对较新。根据安德森的观点，民族是基于有限的疆域、主权和共有的社群意识而“被想象出来的”概念(1983,pp. 15-16)。但民族国家不是同质的文化实体。

本土或民族文化作为一种集体性文化认同的具体形式并不是完全本地的、同质的或真实的，因为它总是流露出已经“归化了的”他文化的迹象(Tomlinson,1991,p. 91;Morley and Robins,1995,p. 130;Schlesinger,1987,p. 261)。例如，施莱辛格告诉我们，随着时空的改变，民族身份在“‘传统’和‘社会记忆’的不断选择性重构”中受到挑战并构建(1987,p. 261)。昂也认为民族身份并不是固定不变的，而是涉及“民族内部各文化群体和利益的激烈斗争”，从而使民族身份成为一个“动态的、冲突的、不稳固的和不纯净的现象”(Ang,1996,p. 144;Hall,1992,p. 297)。文化身份与民族身份并不完全同义，它包含基于性别、年龄、阶级、种族、宗教、政治立场和国籍等因素的多种身份认同，这些因素自身是不稳定的，并可能跨越民族界限，所以文化身份随着人与人之间的差异而不断变化(Barker,1997,

p. 194)。英国人的身份也不是固定的，而是多元和变化多端的，它融合了不同的态度、信仰和各种促进混杂化身份形成的影响因素(Barker，1999，p. 85；Sinclair and Cunningham，2000，p. 17)。

地域间的差异以及之后产生的多元文化的差异反映了这种多样性，这些差异在英国广播电视节目中有不同程度的涉及，说明英国已经发生了变化。地方主义随着1995年区域性的独立电视台的建立而获得认可，但也因为独立电视台从十五个区域公司合并成一个由两个公司控制的大公司而受到影响，这两个公司分别是格拉纳达和卡尔顿，它们在2002年宣布合并。第四频道自1982年创立以来就被要求为那些没有得到其他广播公司充分服务的少数观众服务。然而，自20世纪90年代早期公有性质的公司开始出售广告播出时间以来，这一目标就显得不那么重要了，而商业利益变得更加重要。同时，各种卫星和有线频道建立起来，满足了特定小众群体的兴趣爱好，包括电影、新闻、音乐、体育、儿童节目、生活方式节目、家庭购物、纪录片、宗教、成人节目以及一些迎合女性和少数族裔的频道。

然而，这种受众细分和节目内容的多样化证明公司在结构层面上的合并是错误的举措。尽管大多数电视仍然定位于本国范围内的受众，但在所有权上，它日益超越了国界，对文化和政治将产生深刻的影响。这样的跨国公司有新闻集团、RTL集团、美国国家广播环球公司、维亚康姆和迪斯尼。

例如，行业整合以及为了英国商业地面电视的利益而取消外国所有权规定的做法提出了未来为各色英国受众制作什么样的节目的问题。正如上文所说，全球化意味着本土节目的全球性生产和全球性节目的本土化制作。英国电视通过所有权形式融入更商业化的全球电视经济中，这预示着英国市场将引进更多的海外节目和节目模式，电视将进一步地混杂化。为了创造更大的经济效益，英国也会投入更大的力量创作能受到更多国际观众欢迎的剧情片和娱乐性节目模式，当然或许会牺牲那些有本土倾向而利润较低的节目。因此，英国电视面临一个两难境地：一方面是国内要优先考虑的目标和满足多样化的国内受众的需求，另一方面要满足跨国公司的经济需要和经营策略。在这个十字路口，身份认同问题变得模糊了。

## 中观方法和民族市场

在受众研究领域，尚没有人研究外国受众对英国电视节目的反应，或许是因为英国节目在大多数市场并未发挥显著作用，不像《达拉斯》(Ang，1985；Liebes and Katz, 1993）或澳大利亚肥皂剧《左邻右舍》[①]在英国市场那样受欢迎(Gillespie, 1995)。即便存在这样的研究，因其涉及面小，且只关注特定节目，也很难做出范围更广的推断和归纳(Schiller, 1991, p. 24)。要明了英国电视节目的影响，我们得看看那些受众分析没有涵盖的因素(Cunningham and Jacka, 1996, p. 24)。收集有关节目购买量和像美国甚或英国电视剧类的影响力方面的统计数据倒是有用，但这种分析通常局限于历时一两周的样本(Buonanno, 2000, p. 22; De Bens and De Smaele, 2001; Varis, 1984)。这类统计信息也可能脱离当地的实际和文化特殊性，而这两者恰恰有助于解释为何要购买特定节目以及那些节目如何融入特定的电视系统。

把电视的全球成就归功于如美国剧情片之类节目的普遍吸引力的观点忽略了节目的位置也受到节目在市场上是否存在以及节目推广措施的影响(Cunningham and Jacka, 1997, p. 300; Tomlinson, 1991, p. 53)。[②] 英国作为电视出口国的地位介于边缘和中心之间，这个成就一部分归功于市场上可以获得英国片源，一部分归功于英国节目可以替代美国节目。但它也受到其他本地传统和国内惯例的影响，如日常生活的节奏、节目单的编排、节目的推广或推广的缺位，而不仅仅是它的普遍吸引力。这就是莫兰所说的民族电视文化(1998, p. 8)。

荧屏上节目、广告、频道宣传片和宣传预告片源源不断，英国电视节目和其他进口节目穿插其中，服务于当地特定的观众群(Williams, 1974)。尽管人们认为全球化的过程削减了文化间的差异，各国电视文化之间的差异确实依然存在。尽管美国电视对节目模式和编排惯例有一定的影响，但在播出节目的类型、所播节目的组合、节目长度、进口节目的改造(是配音还是提供字幕)、节目在时间表上的位置方面仍旧存在地区差异，甚至在黄金时段的这种重要板块的时间确定上也有不同。这些传统变化缓慢，并常常反映了不同的文化惯例。除了节目编排和推广方面的现实差异之外，还有具有鲜明文化特色且令人熟知的讲故事方式和套路，它

---

① 《左邻右舍》，也被译为《邻居们》、《家有芳邻》，是澳大利亚最长寿的电视连续剧，自1985年3月18日上映以来已经播出了6 000多集，主要讲述邻里间发生的家庭琐事。——译者注

② 汤姆林森就此举例说，查理·卓别林之所以世界闻名是因为他的电影在全球发行，而不仅仅是因为他具有普遍吸引力。同样地，辛克莱、扎卡和坎宁安也提醒我们注意这样一个事实：美国电视连续剧《达拉斯》在不同市场所获得的成功或失利既可归因于其内容的普遍性或原初性，也归因于播出时间的安排。

们提供了"本体安全"[①]和理解新的陌生节目的框架(Silverstome,1994;Tomlinson,1991,p. 85)。因此,每个区域所特有的行业、制度和文化条件、人们的生活方式以及电视呈现给观众的方式,在观众对节目的接受和观众的构成等问题得到考虑之前,就在影响着海外节目的流通。

那么,应该把英国电视的国际流通置于何种位置呢?文化帝国主义和全球化理论都不能充分阐释英国电视的国际流通。前者过于强调经济维度,很容易把英国和傲慢的美国"混为一谈",却不能充分解释两者之间的关系,后者又会低估民族国家作为政治形式和文化经济实体及电视节目的主要市场的存留价值(Golding and Harris,1997,p. 8)。

在对澳大利亚电视输出情况的研究中,坎宁安和扎卡介绍了一种"中端研究"方法,它介于对政治经济或制度分析的"总体"阐释与人类学意义上的狭隘的"微观情景"受众研究法之间(1996,p. 22)。这就是通过电视系统和单个区域文化把行业和文化分析与节目的接受分析结合起来。这种方法不仅考虑到形成不同电视文化的复杂因素及对外国节目的接受度,也考虑到职业习惯以及购片商与电视管理人员的把关人角色,他们根据对国内观众、频道要求、节目编排惯例和现行电视环境的了解来制定决策。转向中观分析使我们能够考察不同国家的不同国情,而不再试图根据普遍吸引力来找到普遍的解释(Sinclair,1996,pp. 53-54)。

## 关于方法论的说明

对英国电视节目进行分析,按区域逐个分析的中观方法是有效的,因为这种方法可以更深入地了解每个国家对英国电视节目的不同看法——这些看法随着每一种电视体系特定的历史、结构、文化和管理背景而迥然不同。按国家进行逐个分析也有必要,因为电视节目和节目模式仍然主要是销往各国市场。在各国市场的语境里,我们可以采用中观分析法考察节目和节目模式的选择过程,谁参与选择过程,哪些文化和管理因素对选择过程产生有利或不利的影响,电视管理人员的"主要受众"如何评价引进的节目。

关于这项研究,首先进行的是与英国公司职员面对面的半结构式访谈,以确定购片商、节目交易的背景、对英国节目出口业绩的看法及其和政府政策的关联。

---

① "本体安全"这一概念是社会学家安东尼·吉登斯在其 1991 年出版的《现代性与自我认同——现代晚期的自我与社会》一书中首次提出的,该书系统阐述了本体安全对于减弱个人存在性焦虑、构成自我认同以及个体形成对他者和社会环境的基本信任的意义。这里指的是观众在观看电视节目时的感受。——译者注

对高级主管的访谈主要集中在战略问题上。此外，对低阶销售主管也进行了简短的电话访谈，他们提供了更多的有关一些地区和其他海外客户的背景信息。我们也分析了政策文件，政府和行业声明，节目进口和出口的统计数据，公司报告、贸易出版物和业内网站上的二手信息。英国的受访者大多是英国电视发行商协会的成员，体现了英国在电视剧、纪实节目、儿童节目和节目模式方面的优势。受访的管理人员来自大型广播电视公司旗下的销售组织，如 BBC 环球公司、格拉纳达国际公司、卡尔顿国际传媒公司、第四频道国际公司，以及独立发行商和制作公司，如蝶蛹发行公司、塞拉多制片公司、恩德莫尔英国娱乐公司、娱乐权利、HIT 娱乐公司、RDF 传媒集团、沃特沃电视集团。

根据英国受访者提供的客户和背景信息，在 2001 年 9 月至 2002 年 9 月期间，我们对英国在美国和西欧最重要市场中的客户进行了面对面的访谈和少数电话采访，并做了访谈记录，其中在美国有 19 次访谈，在德国、法国、意大利、西班牙、荷兰、瑞典共 62 次访谈。在不讲英语的亚太地区(中国、日本、韩国和中国香港地区)，电话访谈行不通，因为节目主要靠当地的代理人销售。不过，我在 2002 年 11 月和 12 月参加了由英国电视发行商协会举办的关于东南亚和日本的两场学术会议。另外，我们在 2003 年 3 月至 8 月期间电话采访了负责向这些国家推广节目的销售主管。

调查对象既有公共广播电视公司的人士，也有商业广播电视公司的人士；既有主流频道的，也有专业频道的。关于节目模式的一些访谈，我们找到了购买节目模式的制作公司。当发现就节目模式采访美国电视网显然行不通时，我们对美国威廉·莫里斯经纪公司驻伦敦的代表进行了一次访谈，该公司负责代表英国将最新的节目模式推销给美国电视网。我们还采访了英国一些公司驻美国的代表，他们来自 BBC 销售公司、BBC 美国频道、格拉纳达美国娱乐公司和卡尔顿美国公司。

在设计购片商的访谈时，我们尽量保证基本主题一致，但问题有意设计成开放式的，以便调查对象按自己的思路回答。除了关于各个频道和市场的背景信息之外，访谈试图了解购片的过程，外购节目的类型和数量、购片原因以及节目是如何推广和安排播出的。购片商需要回答的问题有：哪些因素影响了他们买与不买的决定，英国电视节目在何种程度上达到或未达到他们的要求。我们还请他们比较了所购的英国节目和其他国家的节目，并从国内节目制作水平和节目模式的日益重要性方面探讨了节目购买的趋势。在每一次访谈中，问题都进行了调整，以充分了解英国节目交易在类型、成品购买、模式、预售和联合制作方面的特点。尽管以这种方法收集的数据会因受访者个人经历的差异而影响调查的客观性，但它也有带来了一些好处，因为新的主题和观点会在访谈过程中不断浮现，便于我们获得书面证据并进行跟踪访谈。在考察政策的同时，也可以对影响进口节目接受情况的文化因素进行评估，以了解英国电视在国际上的重要性以及促成或阻止其国际地位形成的诸多因素。

# 第 2 章

# 过程与结果——电视节目的全球贸易

第一章讨论了英国电视国际地位的相关背景——贸易流动及和文化帝国主义与全球化辩论相关的跨文化交流。然而，电视节目贸易在实践中是如何运作的呢？主要趋势是什么？在节目成品的销售不再重要，而利用各种渠道资助节目制作的能力日趋重要的市场中，英国电视的地位如何？本章首先将简要阐述电视节目贸易区别于其他产品贸易的特征，接着探讨电视节目贸易随着技术的进步和电视市场的开放而发生的变化，然后考察市场的运作方式、购片商的角色、售出节目的类型和国际上资助或销售节目的不同途径。前一章讨论了各种与美国对电视节目贸易的主宰相关的问题，本章将简要讨论美国成功背后的经济原因，然后分析英国电视发行商协会在 1998 年和 2003 年期间收集的关于英国电视节目输出的数据所反映的趋势。

## 电视节目贸易的特点

与其他产品不同，电视节目和电影具有独特的文化维度。霍斯金斯、麦克法迪恩和芬提出了电视节目和电影与众不同的三个特点(1997，p. 4)。首先，享受电视和电影不会减少他人享受它们的乐趣。这个特点会影响节目的价格，因为尽管制作一个节目最初的成本很高(或许首播执照费都弥补不了)，但是为其他市场复制一个节目的成本很低。根据购片商的支付能力，在不同地区、为不同的电视台所确定的价格也不相同，这个价格通常低于原来的制作费(Wildman and Siwek，1988，pp. 3-4)。同制作节目相比，购买节目的费用更低，经济上更划算，这就使电视台能够集中财力去资助更昂贵的国内制作，以较低代价留住观众群。例如，2001 年，五个英国地面频道制作的电视剧平均每小时费用是 344 000 英镑(ITC，2002a，app. 1，p. 8)，而购买成品每小时费用是 2 万～10 万美元(*C*21，2003)。

然而，购买海外节目的吸引力和价格也受到霍斯金斯和米卢斯所说的“文化折扣”的影响，这也是电视节目贸易的第二个特征。它指的是“如果受众很难认同某节目所反映的风格、价值观、信仰、制度和行为模式”，这个“植根于一种文化”的节目就不会在另一个地方产生吸引力(1988，p. 500)。语言差异还会加重文化折扣。例如，英国、澳大利亚和美国市场高度抵制带有字幕或配音的节目，因为观众已经“习惯了”引进的英语节目和国内制作的节目。在其他非英语地区，有字幕或配音的节目能够让人接受，但通常也没有本土节目受欢迎。其他加重文化折扣现象的因素还有节奏、服装、演员的外国相貌与肢体语言、幽默、场景和陌生的叙事方式。

最后，霍斯金斯、麦克法迪恩和芬提到了电视节目的“外部利益”，它们像文化折扣一样阻碍了节目的进口(1997)。从理论上讲，相对较小的和不太富裕的国家的所有电视节目都从那些能够投资制作高“品质”的节目并低于成本出售的大国和富国低价购买，这样做很有经济意义。但实际上这种情况并没有发生，因为电视的“外部利益”，包括它在当地的重要问题、文化和制度方面对公众的告知、娱乐和教育作用，妨碍了对进口节目的完全依赖。利用补贴和定额策略推进国内节目制作或限制节目引进的做法对民族文化的保护做出了贡献，获得了各国政府和欧盟这样的超国家机构的认可(Hoskins，Mirus and Rozeboom，1989，pp. 71-72)。

## 音像格局的变化和电视节目贸易的增长

电视节目贸易是如何形成的呢？第一个重要阶段发轫于20世纪50年代，当时主要是美国的出口商将录好的节目卖给世界各地涌现的电视系统。60年代对进口节目的需求增长，因为各国都引进了电视并且投入很大，需要节目来填满它们的播放时间表(Tunstall，1977)，这就为美国制作公司提供了机会。70年代美国的电视业发展较为成熟，据估计，1973年，美国输出了10万到20万小时的节目，娱乐节目占大多数，三分之二的收入来自加拿大、澳大利亚、日本和英国(Nordenstreng and Varis，1974，p. 32)。同年，BBC输出了3万小时的节目，仅次于美国(Ibid.，p. 33)。到1983年，大多数国家和地区建立了电视系统，据估计，全球有三分之一的节目时间播放进口节目(Varis，1984，p. 147)。然而，到80年代中期，一些国家的市场日渐成熟，减少了对美国节目的依赖，外国节目的比例因此降低了(Varis，1984；Varis，1985，p. 53)。

电视节目贸易的第二次重要发展发生在20世纪80年代中期以后。在有线电视和卫星电视的广泛分布、市场化的趋势和管制的取消等因素的共同作用下，一些以前受到严格管制的电视市场，特别是西欧和亚洲，逐渐放开了。这就导致了一些商业性的新频道的流入，它们需要大量节目来填满全天候的时间表。从1987

年至 1991 年，在上百个最大的市场中，能覆盖全国的频道的平均数量从 3.54 个上升到 5.21 个（增长了 47%）（Hoskins，McFadyen and Finn，1997，p.13）。这样的发展势头一直持续着，到 2002 年，据估计仅在西欧就有 1 500 个频道，而 1989 年只有 47 个（Reding，2002，p.5）。

卫星预示着更丰富的电视节目，它们克服了免费播放的技术限制，允许开播更多的频道。它们也为跨国市场的创立提供了契机，因为卫星的覆盖面不受国家边界的限制，节目可以大量传输到国外。但事实证明，跨国频道，例如在 20 世纪 80 年代用英语播放节目的超级频道（SuperChannel），并不如那些定位国内受众的新商业频道成功，因为商业频道能满足特定国内观众的需求和期待（Collins，1989；Tracey，1988，p.16）。但是，卫星电视的诞生使我们很难证明那些支持少数国内公共或国有广播电视公司的严格管理体制的合理性。如瑞典和德国等国家立法允许建立国内商业电视，而不是迫于境外卫星电视的压力勉强为之，以免造成失业、广告收入的减少和控制的降低。在亚洲，各国政府采用将限制措施（禁卖卫星设备、审查制度、节目定额）和积极支持本土制作相结合的策略，努力降低西方频道的影响（Chadha and Kavoori，2000）。有望带来更丰富节目的电视技术却渐渐破坏了建立在频率短缺、严格的内容规定和所有权限制之上的管制政策。

技术障碍的消失使得频道数量的增加成为可能，同时也带来了意识形态的变化。电视的管制问题可以交给市场去解决，国家对电视服务公众利益的要求也放松了（Dahlgren，2000，p.25；Murdock and Golding，2001，pp.113-114）。在西欧，20 世纪 80 年代市场的开放不仅打破了陈旧的公共服务至上的观念，也把商业原则和商业资金置于重要地位，同时放宽了对节目内容和商业频道所有权的管制。在亚洲，许多国家的媒体都受到政府的严格控制，但争取观众和获得最大利润的商业驱动逐渐打破了服务有限、审查严格的电视体系（Cunningham and Jacka，1996，p.29）。这种思想观念的转变与更大范围的社会变化息息相关，社会开始重视个人的需求和消费，而较少关注一直支撑着英国和西欧公共服务广播理念的社群和社会导向原则（Dahlgren，2000）。

新的商业电视台不太关注那些反映公众利益的节目或是服务政治和政府目标的素材，而是更关注如何吸引更多的用户或观众，从而能吸引更多的广告商。这些电视台的诞生自然而然带来了进口节目数量的增长，因为国内尚不能制作足够的高成本的电视剧、故事片和娱乐节目来迅速吸引新的观众并创造利润（Wildman and Siwek，1987，p.73）。公共电视台和商业电视台播放时间的增加提高了对节目的需求。据估计，到 1992 年，75 个国家的频道数量的增长使每周节目播出的小时数增加了 40%（Hoskins，McFadyen and Finn，1997，p.14）。

然而，新的商业频道盈利不多。和那些国有或公共服务性质的前辈不一样，它们缺少大的内部制作基础设施或支持手段。而且，许多国家的独立制作部门通常小而分散，因为电视制作一直是由垂直整合的公共或国有广播公司控制着。新的电视台不得不把目光投向境外，从北美、英国、澳大利亚、中国香港和拉丁美洲的供应商那里获得大量的节目以填满它们的节目单并节约成本。拉丁美洲的制作公司在南欧和东欧为它们长期上演的电视连续剧找到了市场(Biltereyst and Meers,2000)。澳大利亚的制作公司在一些西欧国家，尤其是英国，为它们的电视连续剧(《左邻右舍》、《空中医生》、《聚散离合》)找到了市场(Cunningham and Jacka,1996)。电视传输的扩张也使英国的电视节目出口商受益。尽管外购节目在节目单上并非总是最受欢迎，但它们有成本效益，能在节目成本和来自广告与用户付费的收益中取得平衡。

然而，正如第一章所指出，随着电视体制的成熟，国产节目内容有望增加，因为它们能引起当地观众更大的共鸣，并有助于把各电视台及其竞争对手区分开来。1977 年，伊锡尔·德·索拉·普尔谈到了电视贸易的变化过程，认为进口节目的高峰出现在电视发展的最初阶段。从较大的节目生产国(美国、英国和日本)引进制作昂贵的节目数量一直居于高位，因为一些地区自己无力大量制作，特别是剧情片、动画片、一些长篇电视剧和最贵的纪实节目。然而，随着时间的推移，进口节目逐渐流落到出价最高的主流频道的边缘地带，或是蜷缩在出价较低的二级有线和卫星电视的小众频道(Kapner,2003;Morley and Robins,1989;Rouse,2001;Tracey,1988)。

我们在 1988 年和 1997 年分别进行了两次历时两周的调查，尽管调查面不大，结果却表明随着播放时间的增加，在西欧六个国家 36 个主流频道上，美国连续剧和电影的比例是如何以牺牲国产剧情片为代价而增加的。美国系列剧和连续剧的份额从 1988 年的 36%上升到 1997 年的 64%，而国内系列剧和连续剧的份额从 1988 年的 37%降到了 1997 年的 20%。然而，尽管总体说来，美国系列剧和连续剧在 1997 年的份额是 64%，占据大半江山，但在黄金时段，国产系列剧和电视剧却占了 44%，而从美国输入的节目只占 39%(De Bens and De Smaele,2001,pp.61-64)。欧洲剧情片项目组进行的为时一周的类似调查也表明，在黄金时段，国产剧情片的份额高居榜首。2000 年 3 月 12 日至 18 日进行的对主流频道的欧洲剧情片的调查发现，英国播放的国产剧情片占 47%，德国的占 36%，法国的占 25%，意大利的占 19%，西班牙的占 20%。在黄金时段，这些比例分别增长到：英国 51%，德国 56%，法国 75%，意大利 43%，西班牙 51%(EAQ,2001a)。在其他地方，也发现了美国输出节目量的下降。对 101 个欧洲电视台的抽样调查表明，自 1994 年以来，从美国进口的剧情片(包括电影和重播)的播放时间首次下降，从 1999 年的 222 884 小时降到了 2000 年的 213 928 小时(占所有进口剧情片的 68.7%)(EAQ,2002)。

从对进口节目的依赖到国内制作水平的增长，这个循环变化说明，在供应过剩的市场中，节目输出国需要采取其他策略以及本土制作和低价进行竞争，而不仅仅是出售会经历“文化折扣”的节目成品。走出这种窘境的途径之一便是出售节目模式并在海外市场本土制作。例如，20世纪90年代初期，澳大利亚节目制作公司格伦迪（现为富曼传媒的一部分）为荷兰的商业频道RTL4和德国的RTL频道重新制作了澳大利亚肥皂剧的本土版本，当时这些国家尚缺乏制作长篇系列片的经验（Moran，1998）。这一策略被称为“狭隘的国际主义”策略（Cunningham and Jacka，1996，p. 82）。然而，与当地市场相比，出售节目模式和海外本土制作的方式并没有让节目输出国的制作部门获得多少经济效益。而其他国际合作形式——特别是联合制作融资和节目预售——却给节目输出国的国内制作公司带来了更直接的经济影响。当国内市场的节目融资困难重重的时候，联合制作和节目预售方式的重要性日益凸显。

## 节目是如何交易的？

### 市场

我们发现了一个营销环境，说得好听一点儿，也只能说它是混乱的、没有规则和不可预测的，没有真正的管理者，也没有人懂得为何一些节目卖了一年，第二年也不下架。（Cantor and Cantor，1986，p. 514）

这个交易过程的描述反映了常规国际市场的紧张气氛，因为新的节目和模式不断投入市场。对于英国的发行商来说，主要的交易市场是3月至4月举办的MIPTV和10月举办的MIPCOM。① 两次活动都在法国的戛纳举办。MIPTV创办于1963年，在2002年吸引了10 217家公司参与。MIPDOC是1997年作为纪实节目的专场交易活动创办的，2002年先于MIPTV举办，吸引了577家参与者。2003年，MIPTV与MILIA同时举办，后者专门针对数字节目和互动性娱乐节目。MIPCOM是在1984年为迎合不断涌现的录像、有线和卫星市场而创办，但现在吸引了和MIPTV同类的公司，2002年有10 294家公司慕名而来。在它之前还举办了MIPCOM JUNIOR，展播了一系列的儿童节目和青年节目，2001年吸引了689家公司。

① 法国戛纳电视节是目前世界电视和音像行业公认的规模最大也最具影响力的国际视听产品交易市场，由世界知名的专业会展机构法国瑞得集团（Reed Midem）举办，包括戛纳春季电视片交易会（MIPTV）、戛纳春季纪录片交易会（MIPDOC）、戛纳秋季影视片交易会（MIPCOM）、戛纳秋季青少年节目交易会（MIPCOM JUNIOR）。——译者注

这些市场仅仅代表了节目购买和合作活动的一个方面。它们为购片商提供了筛选节目的机会,也给销售主管提供了会见购片商的机会,此前他们一直通过电话和电子邮件保持联系。这些市场也是一个增进联系的良好时机,尤其是在联合制作领域。然而,详细的洽谈通常远离大型活动的"嘈杂"环境。除了这些主要的市场,也有一些为纪录片(杰克逊霍尔野生生物电影节、阳光那面纪录片节)、儿童节目(昂西国际动画节、卡通产业论坛)和节目模式(折扣节目市场①)举办的专场活动。它们的主要目的不是销售成品节目,而是为新的项目募集资金。

然而,有迹象表明,在20世纪90年代涌现的市场呈泛滥之势。NATPE②,每年1月在美国举办,起初只是面向美国的购片商,到了80年代,随着海外发行商设法进入迅速扩张的美国有线市场,它就开始面向国际了(Schlesinger,1986,p. 284)。但广告收入的全球低迷和美国市场的合并浪潮导致了2002年NATPE的低参与度。相反,一些英国出口商发现直接通过专门的销售旅行、利用人才中介和在美国成立办事处等途径寻求与美国的合作机会更有成效(Winstome,2003,pp. 16-17)。随着远东市场的日益繁荣,亚洲电视节在1994年12月举办,但是到2002年就销声匿迹了,取而代之的是低调的亚洲影视节目论坛。伦敦影视节目展最后一次举办活动是在1999年11月,80年代独立电视公司举办的专业展播也停止了。市场日渐萧条,唯一例外的是每年1月为BBC环球公司最重视的400多个合作伙伴和购片商举办的BBC节目展。

## 购片商的角色

对于那些想把节目销售到海外的人来说,与购片商建立良好的关系至关重要。销售的过程严重依赖与购片商的频繁接触、个人关系和相互信任,销售主管会定期访问欧洲、北美和澳大利亚的主要地区。他们一般负责几个地区,根据节目目录的多少和范围,可能主攻几个节目类型——剧情片、纪实节目或儿童节目——的销售。在诸如中东、非洲、远东和拉丁美洲这样的小型的、遥远的和经济回报不高的市场,除了最大的发行商,许多公司雇佣当地代理人来降低成本。有时,公司认为有些地区,如法国(Howton,2001),适合长期销售,也可能使用代理人;有些地区的广播组织内部政治复杂、人事更替快,如意大利的公共电视网RAI,也需要代理人(Maraschi,2002)。规模更大的广播电视公司发行部门,如

---

① 英文名称为Discop,是由Discounted和Programs两个单词拼缀而来。该市场的创立初衷是让东欧各国能以符合当地经济实力的价格买到节目版权。——译者注

② NATPE是全美电视节目专业协会的年会及电视节目展,是世界电视节目最大的交易场所之一。其主办方美国全国电视节目专业协会是世界领先的非盈利性电视节目和软件组织,致力于提高媒体产品的数量和质量。——译者注

BBC 环球公司、卡尔顿国际和格拉纳达公司，通过驻美国的办事处寻求在北美的销售和合作。BBC 环球公司拥有最广泛的国际网络，在香港、悉尼、纽约、洛杉矶、华盛顿、巴黎、多伦多、柏林、东京、新加坡、新德里和迪拜等地都设有办事处。纪实节目联合制作和在美国的直接委托制作活动的增加迫使少数独立制作公司在东海岸设立办事处，以保持与美国纪实节目频道、探索电视网、国家地理频道和公共电视网的直接联系。

在大型的广播电视公司里，节目采购部门通常处于较低的边缘位置，因为公司的声望来自于原创节目而非在节目单上不起眼的进口节目(Huisman，2002；Mulder，2002；Tunstall，1977，p. 275)。如果购买的是非黄金时段播放的成片，那么观众的需求就不是首要考虑的问题。如果节目是联合制作的，或预售的节目知名时，关系就变得复杂难测了，购片商没有看见最后的作品，对该节目在其他市场上的行情也一无所知，投入资金就要冒风险了。在这种情况下，购片的决定一般建立在双方的信任关系、对脚本或情节大纲的评估、演员阵容、制片人的声望、编剧和导演或者简短预告片(若是动画片的话)等因素的基础上(Poussier，2002)。然而，对于那些在更好的时段播放的节目和推介有力的节目，购片商通常需要冒较大的风险，投入更多的资金，因为这样的节目会带来录像和消费品(儿童节目的)销售的额外收入。

在美国，决定购买节目成品和参与联合制作融资的主管通常是同一个人，他们掌控着大的预算并在很大程度上参与脚本、剧本、演员阵容和制作团队的确定。世界其他地方的购片活动不大可能涉及买方的创作意见，因为它们通常直接销售成片。在地域更广的欧洲，不同的部门会联合制作而不是购买剧情片。一些购片商只参与购买节目，而另一些购片商承担更多的责任，会参与一些节目的编辑，或为特定档期委托制作节目。而且，一些购片商密切参与采购的商业事务，另一些则仅仅做调查、筛选和挑选节目，把讨价还价的任务留给专门的商业事务部门或采购部门。荷兰(NOS)[①]、德国(ZDF，WDR)[②]和瑞典(SVT)[③]的公共广播电视公司就是这样运作的。在意大利的公共广播电视公司 RAI[④]，有一个中心采购部门——RAI 影院，负责为所有 RAI 的三个频道购买剧情片和动画片。RAI 影院起着过滤器的作用，做初步的节目甄选和代表频道议价的工作(Pugnetti，2002)。但电视剧的联合制作任务是通过一个单独的部门——RAI Fiction 来完成的，纪实

---

① 在荷兰国家电视台(NOS)，有一个中心采购部门采用统一的报销制度，防止其下属的各公司之间相互竞争，抬高价格。——译者注

② ZDF 指德国电视二台，WDR 指德国西北广播。——译者注

③ SVT 指瑞典国家电视台。——译者注

④ RAI 指意大利国家电视台。——译者注

节目的采购和预售由各个频道直接进行。在德国的公共广播电视公司 ARD,有一个单独的子公司 Degeto 集中购买大量的剧情片(通常来自美国),但 ARD 旗下的区域公司主要为全国卫星和有线电视台的地方性频道采购少量的纪实节目、儿童节目和剧情片。实际上,要联系到合适的人,频道之间甚至在频道内部都存在较大差异。打通关系、接近有决定权的人就是销售主管的责任了。

宣传册子、行业报刊、试播录像和网站可以介绍一些节目的信息,但销售主管的任务是通过频繁接触和交流即将制作的节目的信息来培养关系,这样购片商就可以提前做计划。有时,他们不经过筛选就购买大量的尤其是来自美国的节目,目的是获得少数最炙手可热的系列片和剧情片。但是欧洲主流频道开始青睐国内制作的节目,这迫使购片商挑选节目时更加谨慎,美国供应商的出口量也开始下滑(Jenkinson,2002;Pugnetti,2002;Ramos,2002)。其他空档时段较少的广播公司对待每一个可能的购买意向会慎之又慎,没有事先过目,决不会购买节目。例如,荷兰国家电视台 NOS 的采购部门因勤于调查而闻名,甚至在决定委托制作之前就会寻求即将制作的英国节目的信息。NOS 旗下的九个公司都有单独的采购部门为 NOS 的三个频道服务,有几家公司(包括 NPS、VPRO、Vara 和 KRO)在英国雇佣侦探,抢在其商业竞争对手以及 NOS 内部的竞争对手之前就查明英国正在制作什么节目。相比之下,荷兰 HMG 集团(由三个商业频道 RTL4、RTL5 和 Yorin 组成)通过一家总部设在伦敦的咨询公司筛选节目。

对英国出口商来说,最大的经济回报来自于把节目销售给拥有最多观众、收入最高的老牌国家电视台。然而,正如我们所见,这些电视台更关注国内节目,这意味着在收视率高的时段空档更少。有线和卫星电视的综合频道和专业频道形成了二级市场,除了播放英国很少拍摄的高端电影之外,它们可以提供另外一个窗口。但是这些频道没有多大的吸引力,因为它们拥有的观众量小,资金也少。对于严重依赖来自产品许可的辅助收入的儿童动画片来说,进入拥有重要观众群的频道至关重要,这就使得一些二级电视台毫无吸引力。然而,当一些节目类型在主流频道几乎不见踪影时,卫星频道或许成为唯一的买家。例如,儿童节目和纪实节目主要被美国有线频道而不是主流电视台所独揽。在德国,有线电视广泛设立的儿童专业频道(如 Kika、SuperRTL)逐渐霸占了儿童电视的播映权。节目销售者也倾向于把节目卖给各国的国内电视台而非跨国频道,因为从各个地区获得的潜在收入要高于在泛区域基础上把版权卖给观众群极少的频道(Redpath,2002)。

国产节目愈来愈需要预先检验,外购节目通常并非如此,因为它们很少是主流节目单上的招牌戏。一般来说,购片商凭经验和直觉采购节目,节目必须吸引身为把关人的采购员,他们会根据各种因素做出决定:对观众需求的推测、自己的经验、电视台的优先目标、对竞争对手的评估、节目档期的目标受众。他们也会受到节目存储量、节目将吸引的广告量和所购节目与节目单上其他节目的关系等因素的影响。购片的决定主观性很强，正如一位美国购片商所说，“无须考虑某一个群体或委员会的利益”(Eaton，2002)。

对主流商业频道来说，购片的决定纯粹是一种商业选择，它们需要以有竞争力的价格购买能保证高收视率的节目。美国剧情片虽然并不总是最受欢迎，但在扣除商业收入中的购买成本之后，它们却能提供这种保证。然而，在欧洲和北美的购片商中，公共电视台和商业频道泾渭分明，主流商业电视网的采购人员更重视找到和购买在特定时段能打败竞争对手的节目(Grignaffini and Stewart，2002；Huhn，2002；Lidén，2002)。购片商的成功取决于他们能选购可以获得高收视率的节目的能力，不管他们的个人喜好如何，毕竟一个节目收视率的高低和它吸引广告收入的能力息息相关。

相比之下，欧洲公共服务广播系统的购片商(但不是所有的)认为节目质量、多样性甚至是个人喜好比收视率更重要，所以他们在更大范围内挑选节目，包括很多欧洲节目。这种倾向在那些较少依赖广告收入的公共服务电视台(荷兰的NOS，瑞典的SVT，德国的BR、WDR和ZDF)中最为突出。荷兰和瑞典公共电视网的一些购片商强调试播和根据原则购买节目的重要性，因为这符合他们的公共服务理念，即便没有明显的空档时段(Kjellberg，2002；Windhorst，2002)。那些将收视率置于公共服务之上并与商业台的购片商最为相似的公共服务台购片商主要是那些为高度或主要依赖广告收入的电视台(法国2台和法国3台，意大利的RAI，西班牙的RITE，中国的CCTV)购买美国虚构节目(但不一定是纪实节目)的人。

## 出售的节目类型

前面已经提到，绝大多数的电视节目在风格上具有固有的本土属性，在电视台播放的节目中，观众更喜欢本土节目(Sinclair，Jacka and Cunningham，1996，p. 10；Tracey，1988，pp. 16-18；Wildman and Siwek，1988，pp. 41-44)。但是各个国家都会引进或与他国联合制作一些它们自己无力大量摄制的节目——电视剧、动画片和成本更高的自然历史和科学节目。新闻节目①、时事、体育(除了国际赛事)和关于本地话题的纪实节目对海外观众没有多大的吸引力，也会遭受较高的文化折扣。本地制作的游戏节目、真人秀节目和生活方式类节目的国际发展潜力也很有限，尽管这些节目的模式可能确实适合输出。

据估计，10%～25%的英国节目在海外具有市场潜力(David Graham &

① 国际新闻机构拍摄的新闻镜头例外。

Associates[DGA],2000,p. 40;Marlow,2003a,p. 23)。绝大多数可以出口的电视剧、纪实节目和儿童节目是由主流地面电视台(BBC、独立电视台、第四频道)委托制作的,因为英国的卫星频道更多地依赖进口节目、英国的二级版权节目和价格低廉的国内节目。① 那么,是哪些类型的节目组成了国际贸易的生力军呢?

剧情片是交易最多的节目类型。美国是世界上最大和最富有的市场,主宰剧情片的贸易。因为大量摄制成本高的电视剧要求市场人口众多并足够富裕,能够带来电视剧制作所需要的广告收入和收视费(Alvarado,2000)。对英国的研究发现,在1996年至1997年度,虚构类节目占据所有节目交易量的三分之二,分别为电视剧(37%)②、剧情片(23%)和电视电影(6%)(DCMA,1999b,p. 35)。据估计,同时期,美国占有电视剧交易的72%,电影的63%,电视电影的81%(Ibid.,p. 34)。传统上,最理想的外购节目是视觉电影、电视影片、动作冒险片、犯罪片和幻想片,比起那些更具文化特色但容易遭受文化折扣的情景喜剧和肥皂剧,它们对文化背景知识和语言的要求不高(Chapman,1987,pp. 16-17;Hoskins,McFadyen and Finn,1997,p. 119;Straubhaar,2000,p. 206)。

电视剧对英国节目出口商来说,也颇有价值。然而,尽管英国在电视剧(8%)、电影(12%)和电视电影(6%)市场中的占有份额是其劲敌澳大利亚、法国、加拿大和德国的两倍多,却远落后于美国(DCMS,1999b,p. 34)。不能利用最新发行的影片来带动其他产品,国内传统的节目单偏爱播放时间不长的节目(六集和更短的剧集),英国电视出口的重点也不同。尽管20世纪60年代就有播放长篇动作冒险系列的传统(《复仇者》、《职业大盗》),英国从80年代以来的电视剧输出主要集中在短篇惊悚连续剧、各集相互独立的侦探系列和文学与历史剧。例如,阿尔瓦拉多说过,20世纪90年代早期,BBC有意识地决定优先推出文学经典片(《查泰莱夫人的情人》、《米德镇的春天》、《名利场》、《歌门鬼城》)。许多节目在国内没能获得收视成功,但在美国销售情况较好,在传承“文化遗产”方面尽到了公共服务义务(Alvarado,2000,p. 315)。然而,在20世纪90年代竞争日盛的国内市场把吸引和保留观众作为首要目标,于是英国地面频道开始增加国内肥皂剧(《东伦敦

① 据估计,2001年,地面频道(BBC一台、BBC二台、独立电视台、第四频道和第五频道)占据了节目开支的三分之二,达到29亿英镑,而有线和卫星频道的开支是14亿英镑(ITC,2002a,app. 1,pp. 4-5)。

② 也包括情景喜剧。

人》、《加冕街》、《警务风云》、《爱默代尔农场》)每周的播放集数。[①] 这些肥皂剧的国际吸引力很有限,因为最有价值的国际市场生产自己的"肥皂剧"。因此,在国际市场畅销与在国内市场畅销的剧情片大相径庭。

纪实节目是英国输出节目的强项,主要是因为免费频道基于公共服务理念,一直都支持制作数量可观的纪实节目。但是在1996年至1997年,纪实节目交易只占全球电视节目贸易份额的8%(DCMS,1999b,p.35),其中,英国的纪实节目份额占18%,而美国的纪实节目占37%(Ibid.,p.34)。大多数的纪实节目与生俱来是本土的,只有某些节目类型具有国际潜力——主要是自然历史、野生生物和科学节目,也有人类历史、考古和旅游节目,这些节目覆盖面很广,内容不局限于英国。

儿童节目在1996年至1997年的电视贸易量中占13%,其中主要是动画片,它没有儿童剧那样具有文化特殊性(DCMS,1999b,p.35)。据估计,英国在这个市场中只占4%,落后于美国(60%)、日本(6%)和加拿大(5%)。日本是动画节目的高产国,加拿大的动画产业得益于政府的补贴(Ibid.,p.34)。此后,由于少数长篇幼儿系列片在国际上的成功,英国的地位可能已有提高。这些节目包括《天线宝宝》(BBC)、《好玩小天地》(BBC)、《粉宝乐园》(BBC)和《巴布工程师》(HIT娱乐公司)。动画片(《巴布工程师》)和一些依托角色的学龄前儿童节目(《天线宝宝》)很适合国际开发,不仅是由于通过配音使节目本土化很容易,也因为它所针对的儿童观众每两年更新,节目可以反复出售,这个最成功的节目即可成为一笔宝贵的长期资产。然而,与能够在市场上获得的许可费相比,制作新的动画代价很大。例如,《巴布工程师》因每10分钟耗资65 000英镑而闻名,但是从美国、法国、德国、西班牙和意大利购买30分钟的动画片仅耗资4 000美元。这个行业的经济学已经改变了,广播电视销售现在被认为是利用消费产品许可和录像创造更多利润的平台。

20世纪90年代晚期,黄金时段的游戏节目模式开始复兴,英国输出的益智类节目《谁想成为百万富翁》(塞拉多公司)和《智者为王》(BBC公司)大获全胜。这些节目成本效益高,满足了国际上对黄金时段本土制作节目的需求,被邦纳定义为"普通电视",很少被原封不动地引入(2003)。游戏节目和像恩德莫尔荷兰公司

---

① 这几部都是长寿电视剧。其中《加冕街》最长,1960年12月9日首播。加冕街原是英国曼彻斯特附近一个小镇里的一条街。剧情以街上的一个酒店为中心,叙述酒店附近居民日常生活中的喜怒哀乐,人与人之间的关系等等,与真实生活极其接近。《东伦敦人》描写伦敦东城区一些普通老百姓的生活,1985年2月19日首播。《警务风云》1984年10月16日首播,是一部家喻户晓的关于警察生活的连续剧,Bill是英国人对于警察常用的俚语称呼。《爱默代尔农场》描写英国农村生活,1972年10月16日首播。——译者注

制作的游戏真人秀节目《老大哥》①的成功激发了人们对其他类似节目形态的兴趣，包括像《火眼金睛》(RDF 传媒)之类的纪实娱乐节目，以及与改造家庭和花园相关的节目(如恩德莫尔英国公司的《改变你的房间》和《地面部队》)，节目参与者被训练得与他们自己的工作相去甚远的职场中的专业人士一样。②

# 在国际市场上筹措资金

小部分英国节目的出口潜力是由发行商进行评估的，他们逐渐通过发行预付、预售和联合制作等途径筹措资金，而不仅仅是销售获得全额资助的成品。那些在录像和消费品方面有开发潜力的节目，有些能带来收益。节目模式销售的增长使人们更需要关注节目的本土化改造。为国际市场上的节目筹集制作资金越来越重要，这意味着现在发行商在节目制作的早期就更多地参与到项目的评估工作中。

## 节目销售

在销售节目的时候，发行商通常向版权持有人收取标准的佣金。电视节目销售的佣金率占总收益的25%～35%不等，录像和 DVD 销售的佣金率占总收益的20%，价格还可商谈。从总收益中扣除销售成本和材料的复制与运输成本，如音乐、录像镜头、剧照的审查以及支付人才的费用，除非这些在一开始就已经买断，所剩的被称为后端收入或净收入，净收入可能非常低。过去，为英国的广播电视公司制作全额资助节目的独立制作公司获得 30%的后端收入，委托方获得高达70%的收益。然而，通过自筹资金制作自己的节目，独立制片人能够把他们的后端份额提高到50%甚至60%。我们将在第三章看到，独立制作公司从海外销售中所获得的回报有限，还有人认为广播电视公司为保住版权而滥用它们在供应市场中的地位，这些都是引起激烈争议的问题。2004 年情况有了变化，独立制片人可

---

① 该节目名称出自乔治·奥威尔著名小说《1984》中的一句话："老大哥在看着你呢。"《老大哥》(Big Brother)是 6 名青年男性、6 名青年女性选手共同生活在一个特制的豪宅里，共享一间卧室、一套起居室和卫生间等。摄像机一天 24 小时记录他们的一举一动。在共同生活的 85 天里，选手们每周六要选出两个最不受欢迎的人，而每天守候在电视机前的狂热者们则通过声讯电话，在这两人中选出一个他们最不喜欢的、最没人缘的选手出局。节目 1999 年在荷兰推出后，即被批评为剥夺人性和偷窥狂，却仍大受欢迎。——译者注

② 在《地面部队》节目中，一群园艺师在主持人的带领下，花两天的时间为一个外出的人改造花园，让他回来后大吃一惊。——译者注

以从国际市场版权开发中获得更大的经济回报。表 2.1 大致显示了在人才和节目还没有提前买断的情况下，在海外销售全额资助英国节目的典型收益模式。

**表 2.1　收益模式**

| | 总销售价格 | 收益/(%) |
|---|---|---|
| 演员 | 按原始付款分成 | 17 |
| 编剧 | 按原始付款分成 | 5.6 |
| 作曲 | 按原始付款分成 | |
| 导演 | 除最初的合同费之外无其他收益 | 4 |
| 影片尺数/摄影/音乐 | 单独商定 | 不定 |
| 发行商 | 销售佣金 | 25～30 |
| | 净利润 | |
| 广播电视公司 | 后端利润份额 | 50～70 |
| 制作公司 | 后端利润份额 | 30～50 |

资料来源：Price，2002，p. 328。

节目被卖到了不同地区的不同平台或窗口。在大多数地区，免费播放的地面频道是最重要的销售对象，紧随其后的是有线和卫星频道（根据所收取的收视费的高低可以被归为“付费频道”或“基础频道”），还有对于儿童节目尤其重要的家庭录像和 DVD（Doyle，2002，p. 84）。“窗口化”策略是指同样的产品向不同平台的购买人收取不同的价格，为了获得最大收益，发行商在不同的窗口都发行节目。免费频道拥有最大的受众群，收益也最高，所以付的价钱通常也是最高的，超过了有线和卫星频道。不过剧情片是个例外，因为剧情片一般在地面频道播放之前就先在付费卫星频道播放。各个地区的区域面积、富裕程度和竞争形势也会影响节目的价格。例如，一个像荷兰一样小的富裕国家购买电视节目所付的每小时的价钱就比像德国这样的富裕大国要少，但是又比像印度或中国一样的贫穷大国要多得多。① 一个典型的播映许可证一般允许电视台在一段特定时间内，在一个特定地区播放一个节目的特定集数。

## 发行预付

如果节目制作预算不足，发行商有时会在一个节目制作之前预付部分资金以

① 例如，根据 2003 年的《国际电视商务节目价格指南》（TBI Programme Price Guide），荷兰的免费电视台购买纪录片每小时付费 4 000～10 000 美元，德国是 25 000～80 000 美元，中国是 1 000～5 500 美元，印度是 500～3 000 美元（TBI，2002，pp. 482-484）。

保障发行权(Viljoen,2002,p. 228)。这笔预付费以后会在扣除发行商的佣金和发行费用之后、在利润的后端份额之前从销售总额中扣除。如果支付的是一笔大的预付款,发行商或许可以获得一份后端收入。发行商的风险在于节目的销售额不足以扣除预付费用;制作人的风险在于,在扣除预付、佣金和其他费用之后,他们只能见到一小份后端收入。对于国际上最有吸引力的虚构节目和纪实节目,英国发行商当时准备在2000年到2001年投入以下金额的预付费用,以获得全球的发行权,以下不包括联合制作的投资(Phillips,2000,p. 6):

高预算自然历史系列:每小时100 000～130 000英镑;

高预算纪实节目系列:每小时35 000～55 000英镑;

科学节目:每小时35 000～70 000英镑;

英国电视电影:每小时100 000英镑;

历史剧:每小时65 000～100 000英镑;

当代电视连续剧:每小时40 000～50 000英镑;

当代电视系列片:每小时20 000～35 000英镑;

情景喜剧:每小时15 000～20 000英镑。

## 方案预售

方案预售指的是海外广播电视公司在节目的大纲或脚本和演员的筹备阶段就购买该节目一定时间段的版权,当然通常要看该公司是否能引起某英国广播电视公司的强烈兴趣(Viljoen,2002,pp. 178-179)。按现金数值计算,这比直接销售更划算,但不会带来更高的利润率,因为这笔收入是用来投资节目制作的。发行商寻找预售渠道,作为回报,他们可以获得在其他区域的发行权和一份净收入或者中间人报酬(Viljoen,2002)。预售形式一般在西欧、北美和澳大利亚这些少数更有竞争力的市场采用,电视播映组织利用它来防止竞争对手获得最好的节目。对于儿童动画片以及更昂贵且知名度更高的纪实节目和电视剧制作来说,预售尤其重要,因为英国广播电视公司的预算太低,不能支付这些节目制作的成本。例如,BBC的儿童动画片预算低至8%,独立电视台的是18%～28%,所以方案预售和联合制作就必不可少了(DCMS,1999b,p. 25)。与联合制作不同的是,预售形式的买家通常对节目制作不发表任何意见,但如果付的钱多,可能会获得更多的权利(如录像、特许经营)。有时候,作为交易的一部分,买家可能会根据每年的最低预算同意提前购买一定数量的节目(Redpath,2002)。作为回报,购片商可以首先看到新制作的节目,可以为大宗购买商议更低价格。这也表明购片商要承担一定的风险。

## 联合制作

联合制作是一个更难把握的术语，很容易和方案预售混淆。它可以是共同出资，也可以是全程合作。后面一种形式要求合作各方共同提供制作资源，分担工作。和方案预售一样的是，投资的比例要高于直接购片的费用，目的是制作节目，几乎不留多少国际销售的区域，但这得首先筹到资金。和方案预售一样，联合制作形式对于儿童动画片和最昂贵的纪实节目、虚构节目的制作很重要。

大多数联合制作是项目发起公司和提供资金或设施的伙伴合作。合作方会建立长期的国际伙伴关系，项目交给各方共同开发，从而降低了制作一个没有市场保障的节目的风险。

美国频道参与联合制作的模式主要是它们投入资金而非直接参与制作过程。这种合资制作和方案预售的区别是投资方可以参与广泛的编辑和创作，一切都需要经过磋商，越来越多的合资协议规定脚本开发、演员阵容、导演和编剧的选择、初步剪辑和最终版本必须得到合作方的赞同。

联合制作方通常可以获得该节目在本地区的所有权。根据协商结果和投资水平，它也可以获得一些海外发行权或销售利润的后端份额以及海外市场的二级版权（比如，出版和相关产品的销售）。例如，在美国，购片商通常获得在北美（包括加拿大）或西半球（包括拉丁美洲）至少五年的版权或永久版权，之后再在世界其他地区做进一步销售。

仅有一小部分英国节目是联合制作的，它们通常是英国策划的高成本电视剧和纪实节目。1999 年，欧洲剧情片项目组发现联合制作的影片只占五个欧洲国家包括英国的首播剧情片的 6%（总计 536 集），但它们占了总制作价值（40 亿欧元）的 14.6%，这说明成本更高的节目一般采用联合制作形式（Jezequel and Lange，2000，p. 4）。法国、德国和意大利的首播节目合作集数比例最高，分别是 17%、10%和 7%，英国和西班牙最低，分别是 3%和 0.5%。然而，法国和德国与同语种的小邻国的合作比例较高（De Bens and De Smaele，2001，p. 69；Buonanna，1998，p. 18），而英国主要是和美国联合制作电视剧（见第六章）。①

联合制作具有较多的优势，包括增强融资能力、提高预算和更易打入合作方的市场（Hoskins，McFadyen，Finn and Jäckel，1995，p. 240）。合作有助于最大限度地降低文化折扣，对知名度高的项目投资额度高也预示未来节目的推广力度大，播出时间安排得好，有利于音像制品及附属权利的开发。联合制作的主要劣

① 英国 2003 年的电视节目出口数据表明，联合制作电视剧的收入（1.15 亿美元）中有 94%来自美国（1.08 亿美元）（BTOA，2004）。

势在于,如果项目涉及两个以上的国家,协调工作就会增加经济成本,而且由于各方都需要做出妥协,反而会降低对制作项目的控制及减少节目的文化特殊性(Ibid.,1995)。改变文化参数以适应他方的需要是联合制作的主要局限。正因为如此,联合制作适用于一个地区难以独自承担的少量有跨国吸引力的高成本节目。

## 附属/三级权利

从开发节目的衍生品如出版物、音像制品和特许商品(玩具、游戏、服装、食品、网络游戏)中也可以获得收益。然而,仅有少量节目在辅助市场有价值。例如,烹饪和生活节目、娱乐节目(如《谁想成为百万富翁》)和里程碑式的纪实节目系列(如《与恐龙同行》)。

从出版物、录像和特许商品中获得的辅助收益对儿童节目尤为重要。人们预测,儿童节目在国内市场的执照费会越来越低,因为节目制作预算需要从在北美和欧洲的预售与联合制作中获得,而利润将从录像和 DVD、特许商品中获得。然而,如果节目收视率不高,不能用作获取其他收入的平台,这个策略就有风险了。公司的工作重心极少因在国际上畅销的节目而发生转移。例如,HIT 娱乐公司利用内部制作的儿童热播剧《巴布工程师》和它购买的节目(《火车头托马斯》、《企鹅家族》、《小恐龙巴尼》[①])开创了全球消费品和录像业务,现在的收入已超过了从节目销售中获得的收入(见第四章)。

## 节目模式和本土制作

销售节目模式与销售节目截然不同,它是把节目创意销售给不同的地区,利用当地的场景、演员、参与者和主持人制作节目。维利恩区分了"低概念"和"高概念"节目模式(2002,p. 79)。后者包括电视剧、情景喜剧、游戏节目和真人秀节目概念,卖方提供脚本或详尽的"指导书",其中的节目叙事或特色鲜明的元素(比赛规则、流行语、奖品、布景设计、插图、电脑绘图)都被详细描述,供其他市场改造使用。指导书也介绍如何制作节目、制作过程、节目时间安排和费用预算(Moran,1998,pp. 14-15),最重要的是需要避免哪些问题(Frank,2001)。智力竞赛节目的

---

① "火车头托马斯"最早出现在英国牧师瑞福·奥德瑞(Rev. W. V. Awdry)1945 年创作的《铁路系列》故事中,是一个拟人化的蓝色蒸汽小火车。1984 年,这个故事被改编成动画系列片《托马斯和他的朋友》,讲述托马斯和他的火车朋友们一起冒险的故事。《企鹅家族》是由瑞士制作,风靡全世界的一部黏土动画卡通,通过企鹅 Pingu 与家人和朋友之间的故事,教给幼儿观众一些做人的道理。《小恐龙巴尼》是以巴尼带着孩子们学英语、唱歌形式为主的幼教节目。——译者注

指导书包括如何挑选参赛选手和主持人、比赛规则、如何对待观众、竞赛问题和布景的选择等信息。低概念模式包括杂志类节目、访谈节目、烹饪节目和内部装修与园艺节目。这些节目常常设有主持人，其构成元素、特点和结构与世界各地制作的同类节目并无二样。最受观众欢迎的节目模式所获的收益相当可观。帽子戏法公司[①]估计，该公司向七个国家销售了五年的热门新闻模式《我有新闻告诉你》，从中创利 1 100 万英镑(Keighron，2003，p. 14)。BBC 有望从《智者为王》的节目模式和配套销售中获利 5 000 万英镑。

节目模式的销售没有固定途径。最简单的办法是根据制作预算的比例确定价格，一般是每集占制作预算的 5%～15%，但也随广播电视公司同意制作的节目数量而变化(Frank，2001；Jarvis，2001)。其他变量包括该节目模式在某特定市场中的价值、市场的成熟度、某档期产生的收入、所销售模式包(剧本、视效、剪辑、音乐、问题和软件)的内容、卖方提供的支持力度和市场需求(Smith，2001；Van den bussche，2001)。对于像《谁想成为百万富翁》和《智者为王》这样的热门节目，根据预算来定价的做法不合时宜，广播电视公司支付的许可费会依据市场需求来确定。这种节目的模式包和计算机软件都会卖给广播电视公司，但为了保持对品牌的控制，它们一般需要遵守原来的节目模式(Keighron，2003，p. 18)。

作为回报，广播电视公司有机会享受各种程度的咨询服务，引导它们完成制作过程。“真人”参加的日益复杂的“真人秀”节目和黄金时段娱乐节目模式的价值体现在制作的专业知识和诀窍，而不是模式本身。这就带来了这样一个结果：一些节目模式的持有人要么开始为海外广播公司制作节目模式(例如 RDF 传媒在美国的制作分公司)，要么寻求与本土广播电视公司联合制作节目模式(例如 BBC 环球公司与《智者为王》)。

## 美国为什么主宰电视节目贸易?

我们已经看到，剧情片在电视贸易中占的比例最大，美国在剧情片贸易中占的比例在三分之二至四分之三之间。贸易数据并非最可靠的信息，但是据估计，美国也占到了贸易额的四分之三，英国紧随其后，刚刚超过 10%[②](见表 2.2)。然而，尽管美国或许主宰了节目贸易，但总的来说，它并没有控制节目的播映。

① 英国的一家电视节目独立制作公司，主要制作喜剧片，创立于 1986 年。——译者注

② 该统计数据省略了另外两个重要的电视节目出口地区：加拿大和拉丁美洲，故需要谨慎对待。

表 2.2　2001 年全世界电视出口市场的价值

| 地　区 | 价值/百万英镑 |
|---|---|
| 美国 | 3 000 |
| 英国 | 430 |
| 澳大利亚 | 50 |
| 法国 | 50 |
| 其他地区 | 470 |
| 总计 | 4 000 |

资料来源:BTDA(英国电视发行商协会),引自 ITC,2002a,app. 1,p. 30。

例如,1999 年和 2000 年,欧盟内部 62%的时间播放欧洲节目,不包括新闻、体育、游戏、广告、图文电视和电视购物节目。如果把这些节目包括进去,欧洲节目的播放时间会更多(EC,2002)。而且,美国销售的节目主要限于剧情片和电视系列片,这些节目的“文化折扣”比其他节目类型要低。

即便如此,欧盟和北美之间的贸易仍然严重失衡。根据欧洲视听观察组织 2000 年的计算,欧盟和北美之间在电影和电视节目贸易中的赤字高达 82 亿美元(EAO,2002)。2000 年,美国在欧盟的电视收入是 43.8 亿美元,不到美国音像收入的一半(总收入是 90 亿美元),是 1995 年收入(20.6 亿美元)的两倍多。欧洲视听产品(包括电影和录像)对北美的出口业绩停滞不前,很少超过美国进口量的 10%,2000 年总计是 8.27 亿美元,电视贸易的不均衡更加严重了。

对于美国在国际市场尤其是剧情片方面的实力,人们归于各种经济原因(Dupaigne and Waterman,1998;Hoskins,McFadyen and Finn,1997;Hoskins and Mirus,1988;Wildman and Siwek,1988)。然而,如果认为美国获得国际贸易的主宰地位仅仅是由于它专注于此,那就有失偏颇了。事实上,美国的节目制作人首先是对国内市场感兴趣。但美国确实具有有利于其出口活动的国内优势,其国内市场巨大而富有,拥有各种各样的电视台,包括网络电视和地方辛迪加的二级电视台、有线电视和卫星电视,美国制作人能够获得更多的预算去冒更大的经济风险,因为生产成本可以从许多国内窗口中扣除。

美国主流电视台播放的虚构性系列片的失败率很高,但是那些系列片如果幸存于残酷的市场竞争,在电视上播放至少三年(65 集),就能够弥补赤字,在美国的二级市场获得高额收益(Hoskins and Mirus,1988;Hoskins and McFadyen,1991)。这种诱人的收入前景促使美国制片人投入更多资金以获得明星阵容、特殊效果和好的脚本,因此,同那些拥有较少融资机会的不富裕的小国家相比,美国的节目输出能力就更强了(Doyle,2002,p. 91;Hoskins and McFadyen,1991;Wildman and Siwek,1987,p. 74)。美国在长篇系列片上的投资能力也增强了其节目输出能力，因为它满足了其他国家商业电视网的节目播出需求，节目可以拆分开来在每天同一时间播放。

然而，国土面积大小和富裕程度不足以解释美国在电视贸易中的强势地位。美国的商业制度鼓励制作有大众吸引力的电视剧情片，就像吸引文化多元的国内市场一样吸引早已适应好莱坞剧情片的国际观众（Hodkins，McFadyen and Finn，1997，p. 44；Hoskins and Mirus，1988，pp. 505-506）。美国拥有两大得天独厚的优势——巨大的国内市场和英语这个在其他重要富裕的市场（加拿大、澳大利亚、英国）也讲的语言，而早些年剧情片制作所积累的知识、人才、资源和投资更令它如虎添翼。坐拥这些资源，美国自然成为节目创新和技术开发的"先驱者"（Hoskins and McFadyen，1991）。

当然，由于许多市场转向本土和区域制作，美国在国际贸易中的主宰地位也受到了冲击，影响了美国维持大量贸易和出口收入的能力（Kapner，2003；Rouse，2001，pp. 38-39）。① 同时，美国市场中观众的细分和广告收入的分散使美国制片人难以通过国内市场销售收回成本（Collins，1986，pp. 75-76；Hoskins and McFadyen，1991）。技术的更新降低了制作成本，削弱了美国在动画片领域的市场份额，而日本和加拿大的制片人正活跃其间（Hoskins and McFadyen，1991）。另外，美国频道与海外伙伴合作的趋势虽不明显，但正在逐步增长，使得他国制片人依美国市场的需求而制作节目，反而削弱了美国对海外公司和节目的抵制（Ibid.）。这种情况在 20 世纪 90 年代末期非常明显，欧洲公司，包括英国公司，利用娱乐节目模式（《老大哥》、《幸存者》、《谁想成为百万富翁》、《智者为王》）打入了曾经几乎将外国节目拒之门外的美国主流电视网。

然而，自从 20 世纪 90 年代以来，小型公司逐渐合并为大型企业集团，美国的广播电视网只是全方位融合的巨型跨国传媒帝国中的一分子，这意味着美国可能会在这样的环境下继续保持优势。美国在不断扩大的节目贸易中的份额可能会减少，但它会继续主宰西欧、北美和澳大利亚这些世界最富有的市场中最昂贵的节目形态——剧情片的贸易（Hoskins and McFadyen，1991）。

## 英国输出多少节目？

英国通常被认为是世界上第二大电视节目输出国，仅次于美国，这个"第二"

---

① 据美国电影协会的报告，2001 年美国销往海外电视公司的价值是 36 亿美元，下降了 5%。付费电视的销售价值是 18 亿美元，增长了 8%，弥补了部分损失，所以总计 54 亿美元（Anon.，2002a，p. 26）。

的位置在一定程度上当然要归功于英语。英语使英国具有了进入富有的美国、加拿大和澳大利亚市场的有利条件。据1983年的一项研究估计，在西欧播放的节目中，三分之一是进口节目，而英国占了16%，美国占了44%（Varis，1984）。尽管美国播放的节目只有2%来自海外，英国就占了美国引进节目的25%，领先于墨西哥的24%（Varis，1985）。在亚太地区，英国电视节目的输出量也仅次于美国。但在加拿大、拉丁美洲、东欧和阿拉伯国家，英国没能保住第二的位置。

1996年至1997年的研究显示，英国在全球电视节目贸易中占了9%的份额，其中黄金时段的节目高达13%，仅次于美国。美国在全球节目贸易和黄金时段节目中都占了68%（DCMS，1999b，p. 33）。然而，这些数据仅来自有限的地区和频道，也限于一年的统计，只能当作参考，而不能视为对英国节目在海外地位的准确评估。

其他数据表明，在贸易量方面，英国作为第二的位置可能受到威胁，尽管贸易数据不全面导致进行国际性的比较有难度（Acheson and Maule，1999）。现在，从拉丁美洲输出到美国西班牙语频道的长篇电视连续剧的节目量可能已经超过了英国输出的节目量。一项研究表明，英国是意大利、西班牙和法国的第三大节目来源国，但它没有说明哪个国家排第二（DCMS，1999b，p. 33）。然而，有关欧洲剧情片进口的报告表明，在西班牙和意大利，拉丁美洲的长篇电视连续剧的播放量已经超过了欧洲剧情片（包括英国节目）（Buonanno，2000，p. 22；De Bens and De Smaele，2001，p. 65）。① 中国香港、印度，特别是中国内地作为区域制作中心的崛起，以及加拿大在北美市场的动画片和电视剧领域中的良好业绩，都有可能影响英国作为世界第二大电视节目输出国的地位。

自1998年以来，英国电视发行商协会收集了有关英国节目出口价值的数据，并按照类型和地区进行了分类统计，便于我们了解英国节目出口业绩的概况（见表2.3）。不过，2001年英国节目的海外收入是4.3亿英镑（合6.24亿美元），行业总收入高出海外收入18倍，约为77亿英镑，其中44亿英镑属免费频道所有（ITC，2002a，app. 1，p. 3）。

① 在1998年3月进行的一次调查中发现，意大利和西班牙分别从拉丁美洲引进了19%和14%的剧情片，从欧洲分别引进了8%和1%的剧情片（Buonanno，2000，p. 22）。

**表 2.3　1998—2003 年英国电视节目出口额(按地区统计)** 单位:美元(百万)

| 各地区销售额时间 / 销售额 / 国家和地区 | 1998 | 1999 | 2000 | 2001 | 2002 | 2003 |
|---|---|---|---|---|---|---|
| 美国 | 142.5 | 165 | 167 | 199 | 284 | 399 |
| 加拿大 | 13.7 | 14 | 16 | 22 | 30 | 31 |
| 德国 | 48.4 | 47 | 59 | 59 | 44 | 68 |
| 法国 | 33.7 | 33 | 50 | 37 | 40 | 50 |
| 西班牙 | 17.8 | 23 | 28 | 22 | 23 | 32 |
| 意大利 | 15.6 | 18 | 16 | 19 | 18 | 25 |
| 斯堪的纳维亚 | 21.4 | 24 | 29 | 29 | 27 | 36 |
| 西欧其他地区 | 46.4 | 45 | 43 | 38 | 73 | 69 |
| 东欧 | 12.0 | 13 | 16 | 18 | 19 | 18 |
| 澳大利亚/新西兰 | 52.2 | 64 | 65 | 59 | 73 | 76 |
| 拉丁美洲 | 17.1 | 15 | 22 | 24 | 23 | 16 |
| 亚洲 | 50.1 | 47 | 50 | 46 | 59 | 62 |
| 其他地区 | 32.9 | 42 | 55 | 53 | 39 | 39 |
| 总计 | 503.8 | 550 | 616 | 625 | 752 | 921 |

资料来源:BTDA,2000;BTDA,2001,P.2;BTDA,2002;BTDA,2003;BTDA,2004。

从地区方面来看,美国是英国节目唯一最重要的购买国,几乎占了英国 2003 年销售额的 43%。西欧各国一共占了 30%(2.8 亿美元),其中德国居首位,占 7%。在一些小地区,如斯堪的纳维亚(4%)和西欧其他地区(主要是荷兰占了 7%),英国节目的销售量也比较大。销往其他讲英语的国家如加拿大、新西兰和澳大利亚的节目占了大约 12%,和美国一起共占 55%。包括日本在内的亚洲地区占了 7%。销往北美、西欧、澳大利亚、新西兰和亚洲的节目占了 92%。在 1998 年至 2003 年期间,销往北美(包括加拿大)的节目增长了 175%,这个成绩应归功于节目模式、联合制作和儿童节目许可收入方面的成功。向西欧的销售额仅增长了 53%,主要归功于节目成品的销售。然而,目前英国在欧洲的节目销售额的比例远远高于大规模引入商业电视之前的 80 年代。例如,1982 年来自欧洲的海外收入仅仅占海外总收入 0.33 亿英镑的 18%,而几乎有 64%的收入要归功于在北美的销售(Schlesinger,1986,p.275)。

在节目类型方面有一些显著变化(见表 2.4)。节目成品的销售在 2003 年占了 40%,仍然是最大份额。1998 年节目成品销售的份额占了 75%,从那以后便稳步下滑。不过,英国电视节目的总销售量从1998年到2003年增长到9.2亿美元,增长了约73%,这要归功于来自录像和DVD(396%)、联合制作(165%)、节目模式/本土制作(530%)和特许商品(417%)方面的收入增长。

**表 2.4 1998—2003年英国电视节目出口(按类型统计)** 单位:美元(百万)

| 类型 \ 销售额 \ 各类型销售额时间 | 1998 | 1999 | 2000 | 2001 | 2002 | 2003 |
|---|---|---|---|---|---|---|
| 节目成品 | 378.5 | 348 | 339 | 352 | 333 | 371 |
| 录像和DVD | 25.8 | 39 | 41 | 54 | 117 | 128 |
| 联合制作 | 43.3 | 40 | 58 | 61 | 84 | 115 |
| 节目模式/本土制作 | 10.0 | 15 | 23 | 35 | 39 | 63 |
| 特许商品 | 46.2 | 101 | 149 | 118 | 176 | 239 |
| 英国销售的佣金 | — | 7 | 7 | 4 | 5 | 4 |
| 总计 | 503.8 | 550 | 617 | 624 | 754 | 920 |

资料来源:BTDA,2000;BTDA,2001;BTDA,2002;BTDA,2003;BTDA,2004。

2003年,从录像和DVD(13.9%)、联合制作(12.5%)、节目模式/本土制作(6.8%)以及特许商品(26.0%)中获得的收入比电视节目销售的收入仍然要低很多,不过一共占了海外收入的59.2%。收入源的变化恰恰证明:节目输出国不得不寻求其他策略来打入海外市场。据报道,在2000年之前的18个月里,海外市场节目成品的价格下跌了20%(David Graham and Associates,2000,p.38)。节目模式/本土制作节目的销售仍然不多,可能会依靠少数像BBC的《智者为王》和英国恩德莫尔公司的《改变你的房间》这样的热门节目,这两个节目都销往了美国。当然,这些数据也可能统计得不准确,因为制作《谁想成为百万富翁》的塞拉多公司不是英国电视发行商协会的成员。同样,许可收入可能要靠HIT娱乐公司的《巴布工程师》和《天线宝宝》这样的少数热门儿童节目,这些节目由BBC在美国以外的地区销售。但这些数据可能同样不准确,因为《天线宝宝》的制作公司——碎布娃娃[①],持有美国对这个节目的版权,该公司到2002年才成为英国电视发行商协会的成员。联合制作收入的稳步增长,主要来自美国(占联合制作收入的94%),这说明由于国内预算的压力,有海外前景的昂贵制作越来越依靠海外融资渠道。

发行商也从开发英国市场中的附属权利以及向英国有线和卫星频道进行二级销售中获得利润,这些可以超过海外收入。例如,从2002年到2003年,BBC公

① 英国的一家专门制作儿童节目的公司,创立于1984年。2006年与BBC环球公司组建合资企业——碎布娃娃环球公司,提出口号"一切为了孩子"。——译者注

司从出版和新媒体中赚取了3.38亿英镑，从节目销售中赚取了1.688亿英镑（包括在英国的销售），分别占了6.58亿英镑营业额的51.4%和25.7%。它从英国获得的3.312亿英镑的收入（57%）也远远高于2.288亿英镑的海外收入（39%）（BBC Worldwide，2003b）。

据估计，2001年英国从二级开发版权中获得的收入是2.76亿英镑，这些收入来自录像和DVD、书籍和音乐，分别是1.66亿英镑、0.8亿英镑、0.3亿英镑（Channel Four，2002a，p.7）。这个数据并不包括特许商品的收入。1999年，销往英国频道的二级销售额据估计是1亿英镑（David Graham and Associates，2000，p.45）。2000年，BBC环球公司从销往其在英国的合资频道的节目中赚了0.22亿英镑，几乎是1.38亿英镑电视节目总收入的16%（BBC Worldwide，2000，p.10）。这些数据表明，在海外市场的二级开发（2001年43亿英镑）与国内市场的二级开发在2001年总计创造了8亿英镑的利润，其中大约45%的利润来自英国内部。

## 未来的前景

本章概述了节目贸易的性质以及市场、购片商的角色、销售节目的类型和在海外市场提高收入的各种途径，也从经济角度阐释了美国节目供应商具有优势地位的原因，并利用现有数据考察了英国节目输出公司的业绩。有一点非常明确，电视贸易的重心正在从节目成品的销售转向联合制作、共同出资、模式销售和本土制作。

联合制作的融资方式为原创节目或著名节目提供了更多的预算，而且参与制作的每一方都可以把这个节目称为自己的原创作品。节目模式的销售，尽管只占了英国出口收入的小部分，却满足了日益增长的本土制作的需求。从录像和特许商品中获得的收入有增长，说明节目的品牌越来越重要，尤其是在儿童节目与娱乐节目市场。

至此，电视节目全球发行的未来前景也值得一提。从理论上来讲，技术的进步或许使全球发行变得多余。消费者可以从网上下载音乐，他们也同样可能通过直接从大量的资源库中下载已经为不同的语言市场改造了的节目或片断来决定自己看节目的时间（Oliver，2000；Tambini，2000，p.8）。随着消费者更多地直接付费看电视，电脑游戏越来越受欢迎，一些电视节目的互动性（例如网民对《老大哥》的投票）有限，消费者或许会逐渐倾向于选择更称心如意的节目和更具互动性的体验。

当然，这种对未来景象的描绘忽略了那些电视节目国际开发过程中所涉及的其他因素带来的附加值，它远远超过了节目成品的销售额。节目贸易统计数据已经表明，成品销售已经转向了其他类型的销售，这也反映了国内节目制作需要通过其他渠道进行融资的趋势。录像或 DVD 的购买行为往往是一次性的决策，所以直接接触顾客更有效。但媒体内容的创作、投资和销售都需要考虑愈来愈细分的、复杂难测的市场。特许商品和录像需要品牌管理技巧，节目一旦播出即可获得最大的销售潜力。联合制作的融资和预售能力需要强大的关系资源和出品优质节目的良好声誉。不管技术如何进步，这些技能总是必不可少的，并且，随着国内融资压力的增大，它们的重要性也会与日俱增。

# 第3章

# 政策干预——促进英国电视节目输出

1999年，文化、传媒和体育部（DCMS）发布了两份关于英国电视节目出口业绩的报告。这两份报告没有完全反映出工党政府对一些“创意产业”出口潜力的广泛关注，但是报告对电视节目输出情况的强调引起了注意，因为电视节目出口此前从未引起政府的特别关注。以前的各届政府仅仅把电视看作“商业出口领域”的一个分支，偶尔因业绩突出获得“出口女王奖”（Tunstall，1977，p. 277）。传统上，政府一直更关注电视业在国内市场中的运营规则和表现。

另外，作为创意产业的一个分支，电视节日输出几乎没有什么重大意义。政府在2001年发布的一份专题报告（mapping document）表明，创意产业一共创利1 125亿英镑，其中出口是103亿英镑。1999年的4.4亿英镑的电视节目出口额落后于软件和计算机服务（27.6亿英镑）、出版（16.5亿英镑）、音乐（13亿英镑）、设计（10亿英镑）、广告（7.74亿英镑）、电影和录像（6.53亿英镑）、艺术和古玩（6.29亿英镑）以及互动休闲软件（5.03亿英镑）等项目的出口额（DCMS，2001a；DCMS，2001b）。

如果说电视节目出口以前从没有成为广播电视政策辩论的焦点，那么我们现在就有必要探讨为何在1997年工党政府当选后它登上议事日程，以及政策辩论对它和广播电视改革的意义。前面一章讨论了电视节目贸易的实际运作情况，本章将考察政府政策如何影响出口产业。

## 电视节目出口登上政府议事日程

电视业有两个目标：一方面是满足国内观众文化需求的目标；另一方面是与国际竞争力、出口市场，以及与顾客和企业家利益相关的产业目标（McQuail，1995，p. 161）。这两者并不总是协调一致，致使电视节目出口政策的制定陷入窘境，这种窘境在工党政府对待创意产业的矛盾态度上展露无遗。

## 新工党和创意产业

工党政府对电视节目输出的兴趣直接来自它对创意产业的关注，而这也可以说是制造业长期衰落以及通信产业被视为重要的就业机会和出口收入来源的原因(DCMS，1998；Frith，1999，p. 5)。除了后工业经济原因外，弗里曼还发现了政治和象征动机，包括重新定义及重新包装在“一个金融、信息和形象全球流动的特征愈加明显的世界里”的“英国形象”(Freedman，2000，p. 312)。然而，工党一边对不可避免的全球化浪潮和扩大出口与吸引投资的潜在利益表示欢迎，一边又惴惴不安地保护民族文化，尤其是主张英国电视用民族特色内容服务英国观众。弗里曼指出，工党通过把英国重新包装为“一个拥有丰富文化遗产的创造性的、有活力的、有远见的国家”来努力寻求解决全球与本土的矛盾，但也随时准备“进行商业化改革并寻求国际市场”(Ibid.，p. 324)。作为一种创意产业，电视将成为这个“重塑形象”活动的一部分。

自20世纪80年代以来，工党一直在研究发展创意产业的策略，把创意经济视为打造英国身份和开创英国未来的核心(Labour Party，1997)。布兰查德追溯了创意产业在工党第一届政府议事日程上的历史，认为工党的这种政策不仅为保守党政府在私有化经济方面所遗留的问题提供了解决办法，也使人们可以将“新”工党的作为和曾经被认为是“老”工党的失败举措划清界限(Blanchard，2001，pp. 3-4)。对创意产业包括信息技术和其他技术的关注，使得工党把自己定位为充满生机的新型产业的倡导者，这种产业稳稳地安身于竞争激烈的私有产业中，它推崇企业主义和“实用市场自由主义”而非共产主义的价值观以及80年代“老”工党在文化产业举措上的干预主义(Ibid.)。在“新”工党的领导下，政府的干预有限，因为人们相信最少的管制能最好地服务全球化传媒和通信经济领域里的国家和商业利益(Blair，1996，p. 204；DTI/DCMS，2002a，p. 3；Freedman，2000，p. 329)。这种在技术变革的推动下而形成的对全球化的常识性观点的认可，为推动国内广播电视传媒的彻底改革提供了有利的商业和意识形态理由，使英国电视向全球市场敞开了怀抱。

因此，当新工党在1997年开始执政的时候，它对传媒的政策与前任的保守党的自由市场政策并没有根本不同。例如，1994年，在保守党的领导下，BBC被鼓励采用更商业化的政策，并“以目前为本国和海外受众提供商业服务为基础，发展成为一个国际多媒体企业”(DNH，1994，p. 1)。在工党的领导下，BBC的集团化政策继续保持。2000年2月，执照费获准提高，但该政策延续与否取决于BBC是否能在2006年和2007年从增效和商业活动包括合伙经营和合资企业经营中节约11亿英镑(Smith，2000)。

## 英国的电视节目输出概况

为了把创意产业提上议事日程，工党政府于1997年6月在文化、传媒和体育部的领导下创建了部门间的创意产业工作组（CITF）。工作组的任务是为部长们和业内人士提供一个讨论政策并确定办法来充分挖掘创意产业经济潜力的平台（DCMS，1999c，p. 6）。这些举措的成果之一是形成了《创意产业专题报告》，这是一份有关创意经济的报告，于1998年11月公布。文件开头就阐述了把文化作为一种经济力量的思想，重点很清晰地放在了寻求全球发展机遇并消除自由贸易和国际竞争的障碍上（Ibid.，p. 10）。

《创意产业专题报告》考察了每一种创意产业的经济表现，但是对于电视节目进口和出口的报告，根据国家统计局（ONS）的数据（见表3.1），文件关注的是贸易逆差问题。从1985年0.24亿英镑的顺差到1996年激增为2.82亿英镑的赤字（DCMS，1998，p. 103）再到1999年增长到4.03亿英镑的赤字，主要是有线和卫星频道购买的节目造成的（DCMS，2001a）。①

**表3.1 1985—2002年英国电视公司的国际交易额**

| 年 度 | 出口/亿英镑 | 进口/亿英镑 | 顺差/赤字 |
|---|---|---|---|
| 1985 | 1.1 | 0.86 | +0.24 |
| 1987 | 1.17 | 1.30 | −0.13 |
| 1990 | 1.28 | 2.07 | −0.79 |
| 1993 | 1.81 | 2.68 | −0.87 |
| 1994 | 2.55 | 3.17 | −0.62 |
| 1995 | 2.45 | 4 | −1.55 |
| 1996 | 2.34 | 5.16 | −2.82 |
| 1997 | 3.13 | 6.06 | −2.93 |
| 1998 | 4.44 | 6.92 | −2.48 |
| 1999 | 4.40 | 8.43 | −4.03 |
| 2000 | 5.51 | 7.67 | −2.16 |
| 2001 | 6.73 | 10.07 | −3.34 |
| 2002 | 6.84 | 12.37 | −5.53 |

资料来源：DCMS，1998，p. 103；DCMS，2001a；ONS，2002；ONS，2003。

在1996年按地区进行的收入分类统计中，英国与北美的贸易赤字倒不足为

① 奥利弗认为，如果我们不考虑电视上播放的剧情片，英国在电视节目贸易中就不存在赤字（1997年出口额3.23亿英镑，进口额3.07亿英镑）（Oliver，2000）。

奇(出口0.49亿英镑,进口2.73亿英镑),但英国与欧洲的电视贸易也呈现出逆差(出口1.28亿英镑,进口1.9亿英镑)(DCMS,1998,p.103)。贸易赤字的总体情况毫无疑问是真实的,但对国家统计局的数据也要谨慎对待,因为它们还含有其他类型的交易的收支情况,包括转播权的租赁、转调器和加密的费用(DCMS,1999b,p.7;ONS,2002)。将出口额按类型统计(电视、录像、联合制作、节目模式出售、发行许可)以获得更可靠数据的需要是英国电视发行商协会敦促进行年度出口收入调查的原因之一(见第二章)。① 根据国家统计局的数据,截至2002年,对美国的出口额已经增长到了1.94亿英镑,进口额是7.42亿英镑。从欧洲的进口额总计是4.28亿英镑,出口额是3.5亿英镑。② 2002年,据估计,其他服务的出口额(包括节目的衍生品)是4.25亿英镑,进口额是2.31亿英镑(ONS,2003)。

1998年,在对电视和广播业进行调查之后,《创意产业专题报告》提醒人们关注该行业的进一步发展需要考虑的诸多问题(DCMS 1998,p.107)。其中之一就是如何提高电视节目出口的业绩,还有一个是如何确保频道的增加带来的不仅仅是进口的增长和日益扩大的贸易差距。进口问题我们暂不予讨论,我们将重点关注"如何制定规则继续保护公共利益,而同时又确保它不会为该行业的发展制造不必要的障碍"(Ibid.,p.107)。政府试图最大限度地发挥电视的国际潜力,但进口的公共政策完全违背了发展自由贸易和国际竞争力的承诺。任何对节目进口的谨慎考虑和对配额的规定都会对严重依赖进口节目的卫星电视业构成威胁,也会对政府全力推进的数字电视的发展构成威胁。鲁伯特·默多克新闻集团旗下的英国天空广播公司(BSkyB)在这两个领域都有巨额投资,而一直倚仗默多克传媒集团支持的新工党,也不会因处理进口问题不当而破坏双方的关系(Blanchard,2001)。因此,节目进口问题没有得到解决,但电视节目出口问题已经登上了议事日程。早在保守党执政时期,国家遗产部(DNH)③和贸易工业部(DTI)的官员就已经启动了关于出口市场研究的讨论(Ibid.,p.7),到1997年10月工党上台时,这项研究正式展开。

---

① 英国电视发行商协会只统计出口情况,计算的2001年的收入是4.3亿英镑,国家统计局估计的是6.73亿英镑。该协会不是代表所有的出口商,但确实代表了所有大公司(BBC环球公司、格拉纳达、卡尔顿和第四频道)。数据的出入可能在于协会的统计纳入了转播权的租赁、转调器和加密的费用,而统计局的数据不包括其他各项服务的交易,这些项目单独计算,包括了特许商品的收入和销售代理的佣金。

② 在欧洲,2002年英国和法国(出口2 700万英镑,进口5 700万英镑)与荷兰的交易是逆差。由于数据的机密性,国家统计局不能做详细解释。荷兰的节目在英国主流电视台几乎难觅踪影,从荷兰的大额进口量可能是因为有线付费频道和卫星频道引进的色情片(ONS,2003)。

③ 现被称为文化、传媒和体育部(the Department for Culture,Media and Sport)。

## “打造全球观众群”和电视的“错误模式”

英国的电视节目贸易赤字为英国电视出口业绩的初步研究提供了一个起点(DCMS,1999a,p.14)。这项研究是由大卫·格雷汉姆和他的同事们进行的,由8家出口公司(包括BBC环球公司、卡尔顿传媒、格兰纳达和皮尔森)资助,英国贸易工业部也提供了相应的资金。1999年4月,文化、传媒和体育部发布了基于1996年9月至1997年8月期间所收集的数据而形成的主要研究结果的总结:《打造全球观众群:海外市场中的英国电视》(以下简称《打造全球观众群》)(DCMS,1999a)。

这份研究报告的中心结论是:电视行业业绩不佳,未能成功地销售国外的买家特别是商业界的买家真正想购买的节目。尽管英国作为许多地区的节目输入来源国仅次于美国,实际差距却很大,而且在西欧主要地区,英国已经被挤到了第三、第四的位置,在德国和法国是第三,在意大利是第四(Ibid.,p.17)。从访谈特别是和欧洲购片商的访谈中,我们发现英国电视剧被评价为“太沉闷、太缓慢、没有吸引力、太写实或社会政治化”(Ibid.,p.24),“角色和故事情节令人生厌”,生活方式面向低收入人群,强化了英国的负面形象(Ibid.,p.25)。英国喜剧被认为已经失去了吸引力和“滑稽”的效果,由于缺少写作团队,其可持续发展的前景也受到了影响,对长篇系列片的制作不利(Ibid.,p.27)。

除了节目缺乏吸引力外,英国电视还有一些现实问题,例如,没能制作长期播放的足够片集(最少片集是13集),也没能出品足够的90分钟的电视片或60分钟的连续剧片集来填满时段(Ibid.,pp.21-22)。报告还总结说,英国制片人没有充分利用合作特别是同欧洲伙伴合作的优势,否则,他们将能更好地打入国际市场(Ibid.,pp.29-31)。

报告提出,要获得“国际市场权利”和保持“自己的文化身份”是完全有可能的(Ibid.,p.13),但在它所认为的没有满足竞争激烈的国际市场的需求问题上,它的解决方式太激进。这份分析报告认为,节目输出的失败是由于英国优先考虑国内观众的公共服务型管理文化,与为国际消费市场制作的节目类型“不对路”(Ibid.,p.32)。英国的电视业如果想做得更好,就不得不采用一种商业模式,这种商业模式在美国可看到,在欧洲也在逐渐普及。一个显著的例证是,德国的节目制作人正从投资拍摄有国际吸引力的动作冒险系列和其他电视电影中获得丰厚的回报(Ibid.,pp.32-33)。

《打造全球观众群》认为,英国的国内管制和出口业绩“关系紧张,但并不冲突”(Ibid.,p.40)。它补充说,政府应该“在为国内市场制定政策时,考虑国际竞争力的需要”,因为电视行业的“历史成就与现时优点”现在看起来“已经过时了”

(Ibid.,p.41)。英国各大广播电视公司在国内市场中完全资助节目制作的能力减弱了它们考虑出口前景的动机,导致节目制作"与国际市场不同步"(Ibid.,p.38)。报告也强调说,免费频道规定黄金时段只能报道新闻、时事和区域消息,再加上经济预算只够制作成本较低的、不适宜出口的国内"肥皂剧",这些因素也阻碍了出口的增长。有些时段本来可以用来播放能满足国际市场需求的"火车头似的"电视剧和娱乐节目,却被面向国内观众的节目所占据(Ibid.,pp.39-40)。

报告还提出了一些其他建议,例如,统计数据要更科学、行业组织要更强大、制片人和发行商之间要有更好的交流、要考虑和评估税收减免与支持机制、要签订人才协议,但其中心观点是国内电视环境不足以推动节目的出口。这份报告显然将国际考虑置于国内考虑之上,尽管它并不代表政府的观点,但其自由化的笔调或许已经反映了政府的观点。

当然,这份报告也有一些明显的疏漏和矛盾之处。例如,报告认为本土市场渐趋成熟,特别是在欧洲,国内节目更受本土观众的欢迎,制作水平正在提高(Ibid.,p.20),但它并没有考虑这种趋势将如何影响所有的购片活动而不仅仅是从英国购买节目的行为。研究报告选摘了一些引语,似乎重点关注英国在西欧的不良业绩。然而,关于选购和编排外购节目的背景和细节的说明很少。在德国(3%)、法国(8%)、西班牙(3%)和意大利(1%),英国的节目进口份额很低(Ibid.,p.17)。而除了同美国的巨大差距外,研究结果显示英国同澳大利亚、法国和德国出口商仅存在1%或2%的差距,这是依据一年的统计数据得出的结果。

英国节目在美国的进口节目中占了35%的份额,对于这一英国最大的出口市场,报告所做的分析更少,也没有分析美国作为英国合作资金来源国的重要性,更没有考虑美国主宰电视贸易的原因,甚至没有考虑在本土制作开始增长的环境下,美国的电视出口将如何发展。报告认为,免费播放电视的管制环境造成了节目出口的失败,但它没有考察节目的进口情况以及卫星频道对进口节目的依赖程度。

鉴于剧情片是国际上贸易最多的节目类型,报告把重点放在英国的剧情片出口能力上就不足为奇了。然而,这就没有给纪实节目和动画节目留下多少思考的空间。实际上,这两种节目通常没有多少文化特殊性,因而出口性更强。公平地讲,这份研究报告出现在英国的益智节目《谁想成为百万富翁》和《智者为王》大获成功之前。当时人们关注的是录制节目的销售,而非节目的创意、模式的营销和附属权利的开发。这就造成了一个重大疏漏,因为节目模式的销售与通过制作"积极的、鲜亮的主流电视剧"来"振兴英国'品牌'"没有多大关联(Ibid.,p.26),反而与改造节目以适应鲜明的本土趣味关系更大。在这一点上,"英国"这个概念毫无特色。

## 拒绝"错误模式"

鉴于《打造全球观众群》得到的可怕结论，文化、传媒和体育部在1999年4月决定组织一个调查委员会来落实它提出的各种建议（DCMS，1999d）。1999年11月26日，文化、传媒和体育部发布了创意产业工作组（CITF）的调查报告（DCMS，1999b）。调查组的成员主要来自商业性广播电视公司和独立制作部门，也包括来自BBC的商业部门BBC环球公司的代表。他们分为三个小组，每个小组负责调查一个方面的问题，分别是海外市场组（调查贸易数据和行业推进情况）、投资组（调查税收激励政策、支持计划、营销方案和节目版权）和合适产品组（考察英国电视产品的特点）。

调查组提出的许多建议与为电视节目出口提供更好的信息和实际的支持有关，包括成立一个更有效的、资金更充足的英国电视发行商协会，以及为活跃的电视节目出口活动提供更科学的统计数据和更有力的政府支持（Ibid.，p. 6）。也有一些建议是关于更灵活的税收激励政策、鼓励动画片制作的版权基金、儿童节目特许商品管理的放宽以及更清晰的节目版权分割和评估问题（Ibid.，p. 17）。

最有趣的调查发现来自BBC的首席执行官鲁伯特·加文领导的合适产品组，它的结论获得了最广泛的关注。该小组驳斥了《打造全球观众群》所坚称的英国节目出口业绩不佳的说法，更重要的是，它还驳斥了要彻底改革国内市场的观点。

合适产品组特别强调了那些表明英国的电视节目绝非出口业绩不佳的调查结果。英国在1996年至1997年期间全球出口市场中9%的份额不仅超出了其劲敌法国和澳大利亚各3%，而且也超出了英国在全球GDP中4.7%的份额（Ibid.，p. 33）。在最有价值的黄金时段，英国13%的市场份额超出了法国（2%）和澳大利亚（2%）六倍多（Ibid.，p. 33）。而且，在1991年到1997年期间，英国电视节目出口增长的平均年复利率是30%，而世界电视服务贸易的年度增长复利率是10%（Ibid.，p. 33）。英国68%的市场份额或许落后于美国，但仍然超过了与之最接近的对手。显然，英国的电视节目输出并非业绩不佳。

在按照种类统计的全球贸易市场份额方面，英国在纪实节目（18%）、剧情片（12%）、电视剧和喜剧（8%）、电视电影（6%）和娱乐节目（8%）方面仅次于美国[①]，在儿童节目上，英国位居第四（4%），落后于美国、日本（6%）和加拿大（5%）（Ibid.，p. 34）。

---

① 这份报告仅仅涉及美国、英国、法国、澳大利亚、加拿大、德国、意大利和日本的市场份额，明显遗漏了南美的长篇电视连续剧的出口国——墨西哥和巴西。如果把这个部分算上，我们会看到英国的地位将发生有趣的变化。报告（第33页）指出，英国仅仅是西班牙、意大利和法国的第三大片源国。当然对西班牙和意大利来说，英国将有可能被南美所取代。

伴随着对业绩不佳说法的驳斥，调查小组也反对对英国节目的风格、播放时间或委托制作进行重大改革(Ibid.,p.42)。任何为了增加出口而对节目进行改造的做法都是不现实的，因为英国电视节目的制作资金仍然主要来自国内市场，所以首先必须为英国观众服务，而英国观众正好偏爱"写实的"或"现实主义的"电视剧(Ibid.,p.30)。能制作符合国际要求的长篇连续剧当然很好，但是如果不能吸引观众，依靠广告费生存的广播电视公司就会面临经济风险(Ibid.,p.39;Willis,1999)。顺此思路，调查组得出以下结论："对电视行业来说，发展国际业务很重要，但为英国观众服务却必不可少。因此，大幅度调整英国节目制作的风格并不现实"(Ibid.,p.39)。合适产品组不仅把英国电视在国内的成功业绩置于国际市场的需求之上，还反对那种认为电视节目出口失败的观点。

## 出口成功却位处边缘——节目输出失去中心舞台

文化、传媒和体育部在调查组的报告公布不久又发布了新闻稿，主要通报合适产品组的调查结果，这碰巧与英国在美国的国际艾美奖的七个奖项中获得六个奖项发生在同一周内。文化、传媒和体育部的反应说明它急于宣扬电视节目输出"超过预期的成功业绩"，但也谨慎地表示"英国可以做得更好"(DCMS,1999e)。更重要的是，文化、传媒部和体育部的秘书克里斯·史密斯似乎接受了调查报告的重要发现——国内电视业无须变革。他说："我们需要在这个成功的基础上再接再厉，但不能以牺牲继续为国内观众提供高质量的服务为代价。英国观众必须是第一位的。"(Ibid.)

关于英国电视节目出口业绩不佳的观点似乎被隐藏起来了。如果没有足够的证据表明出口业绩不佳，那么就没有必要彻底改变国内电视业并使它适应出口市场。政府强调"健康的出口地位"并重申改革不能"以牺牲国内广播电视市场为代价"(DCMS,2000a)，但是调查组拒绝对国内市场进行根本改革，几乎没有给政府留有采取进一步行动的余地。

文化、传媒和体育部同意进行小幅度改革，包括要提供更准确的贸易统计数据，继续为推进节目输出提供少量的经济支持(Ibid.)，但却回避了任何与重大经济支持相关的提议，比如引进更优惠的税收激励制度。毕竟创意产业特别工作组指出，英国的电视节目出口地位是正常的，我们几乎不能期望致力于市场和自由贸易的政府去资助一个人人都认为正在盈利和发展的行业。由于没有明显的问题，出口由一个紧迫问题转向了边缘。当然，贸易平衡的问题仍然存在，主要是因为卫星频道需要引进节目。但是致力于自由化和自由贸易的政府几乎不会去解决进口问题。另外，虽然电视节目贸易处于赤字状态，整个创意产业的贸易顺差却达到34亿英镑(DCMS,2001a)。

创意产业特别工作组第二阶段的调查是委托大卫·格雷汉姆联合公司进行的，结果于 2000 年 7 月以另一份报告形式公布——《跳出思维的盒子》。这次调查的主要目的是考察如何调整国内节目供应市场以发挥英国的创造潜能（DCMS，2000b），重点关注电视行业内部的经济关系、新节目平台（包括国际频道）的影响、创新制作的前景、收入来源、人才权利协议以及节目版权的分配与保留。这份报告没有受到与前两份报告同等的重视，但随着人们所认为的阻碍电视经济发展的国内环境和管理结构重新获得关注，其重要性正与日俱增。

在评估电视出口业绩时，《跳出思维的盒子》仍然隐含着电视节目出口业绩不佳的观点，其原因是“公共服务节目框架”限制了黄金时段的电视剧内容，从而影响了“具有真正国际前景”的节目的前景（David Graham and Associates 2000，p. 42）。报告规劝电视业加强同欧洲伙伴的电视剧合作（Ibid.，p. 40），同时也发现除 BBC 之外的英国公司在利用国际频道提供的机会方面反应迟钝（Ibid.，p. 43）。创意产业特别工作组的出口报告曾反对对国内市场进行彻底改革，但正如之前的《打造全球观众群》，《跳出思维的盒子》讨论的中心问题就是“大大缓冲国内市场和全球市场竞争”的国内市场改革（Ibid.，p. 117）。它认为英国各大广播电视公司之所以没能成为全球性传媒公司，主要是因为国内市场竞争不足，抑制了“一个真正充满活力的节目版权市场”的形成，而这样的市场正是节目制作和分销的资产基础（Ibid.，p. 118）。

《跳出思维的盒子》强调国内电视制作行业缺乏竞争氛围，80％的市场由 12 家公司占据，包括 BBC，仅这一家公司就占据制作市场 40％的份额（Ibid.，p. 9）。独立制片业因依赖提供全额资助的委托制作任务，所以相互分散，资金不足。提供全额资助的交易意味着委托方保留所有在二级市场和海外市场开发节目的权利，独立制片人就不能够从他们的知识产权中积累资产。而从节目制作中获得的回报在于能够从国内外的各种窗口中开发节目资源，最初的播放许可只是其中的一部分。然而，要保留许可交易的权利而放弃全资委托制作，独立制片人不得不冒险自行承担部分制作成本。

《跳出思维的盒子》得出结论，如果广播电视公司全额资助节目制作，就有权“强行”使用自己的发行设施。但如果它自己的销售部门为赤字融资，这种做法就不适宜了，因为发行商的投资应该引入竞争机制（Ibid.，pp. 124-125）。这个阶段的调查几乎没有提到 BBC 和第四频道，或许它们在利用自己的市场地位来获得更多的权利。但调查提到这样一个事实：公平贸易局拒绝处理电影和电视制片人联盟（PACT）于 1999 年针对这一点的投诉（Ibid.，p. 36）。随着节目版权问题开始成为英国电视前景的辩论中的中心议题，这个观点将会得到改变。

## 电视节目输出——政策死胡同

电视节目出口商和政府之间的对话继续进行着,电视节目出口作为一个关注点被归入一个更大范围的出口问题中。2002 年 4 月,政府建立了创意出口小组(CEG),这是一个政府和贸易组织之间的交流平台,包括英国电视发行商协会。该小组把重点放在调查研究、确定问题和游说活动上,同时也关注音乐、电影、广告、广播、计算机服务和出版业(DCMS,2002a)。

与此同时,我们需要把产生于 1999 年的电视节目出口辩论放在些更广阔的背景下进行考察。自 80 年代以来,英国一直在推动所有权和内容管制的取消以及更"商业化"的电视模式的引进。这些改革浪潮肇始于保守党执政时期,持续到新工党政府执政时期,在 2002 年 11 月发布的《通信法草案》中达到高潮(DTI/DCMS,2002b)。电视节目出口失败的观点或许很难有证据支撑,但国内广播电视的改革却势在必行。为此,合适产品组之前对出口失败的否认和对改革国内电视以支持出口的观点的反对被证明只不过是一个缓兵之计而已。

如果政府针对电视业所提出的税收激励的要求而采取过什么行动的话,可以说这些行动对节目出口商毫无意义。售后回租(所谓的第 48 条税收减免政策)是 1997 年引进的一项计划,投资者购买一个节目,在应纳税收入中扣除购片费,然后把节目回租给制作公司至多 15 年的时间。在 2002 年的预算中,政府废除了电视制作的售后回租。在此之前,售后回租政策使制作成本增加了 10%左右。国内执照费已经降低,在艰难的经济气候中经销商为了获得国际开发权利而弥补赤字的能力日衰,对于受此影响的制片人来说,售后回租变得非常重要,特别是在制作高成本电视剧的时候(BTDA,2002,p. 4;Granada,2002a,p. 21)。

从 1999 年到 2000 年,一些投资商购买了价值 8 亿英镑的电影和电视节目,制片人获利高达 0.65 亿英镑,电视占了其中的三分之一(BTDA,2002,p. 4)。对于独立制片人来说,弥补亏损的能力为保留国际开发的权利提供了更大的空间。然而,财政部叫停了售后回租计划,因为有人认为一些电视公司在滥用它。面对缩水的广告收入,一些公司利用售后回租来扶持更便宜的、通常是内部资助的长篇电视剧和真人秀节目,而不是来支持预算缺口更常见的高预算的电视剧和纪实节目。废除该项计划产生了严重影响,有报道说,包括由雷・温斯顿和海伦娜・伯翰・卡特主演的以亨利八世为原型的格拉纳达电视剧(2003 年独立电视台放映)等一些节目几乎被撤销(Clarke,2002)。对发行商来说,该计划的取消也危及了那种有助于将一种产品目录打入海外市场的大型高质量电视剧的制作。

# 电视节目输出——广播电视改革大图景中的一隅

英国政府对电视节目出口的重视昙花一现，随之而来的是一项更大的工程——对英国电视通信部门的彻查。该项工程起始于1998年7月发布的绿皮书，接着是2000年12月发布的通信白皮书《通信的新未来》(DTI/DCMS，1998；DTI/DCMS，2000)。在这项更庞大的工程里，电视节目出口仅占了小部分。作为对创意产业特别工作组报告中调查结果的回应，白皮书声称英国继续“在国际奖项和出口业务中表现出色”(DTI/DCMS，2000，p. 48)，并补充说：“这个成功并非偶然获得的，而是建立在我们广电系统的经济、民主和文化特色基础上的”(Ibid.，p. 49)。然而，尽管对电视节目的出口业绩持赞扬态度，白皮书隐含的中心观点却是加强国际竞争力和放松对整个通信业的管制势在必行。

政府宣称希望通过将“更宽松”的管制和“对公众真正利益的强力保护”(Ibid.，p. 3)相结合，把英国打造成为“世界最具活力和竞争力的通信和媒体市场之乡”(Ibid.，p. 10)。在2002年5月发布《通信法草案》之后，一份政策文件又重申了这种放松管制的立场：

> 当今世界融合了快速变化的消费环境与日益国际化的竞争性市场。在这样的世界里，英国必须巩固其作为最能吸引通信公司开展业务的市场之一的地位。无论在哪里，不必要的管制都要尽量废除。通过消除企业的过度负担，我们可以推动创新、增加投资、提高就业率并为消费者提供更好的服务。

这样，管制的意义得到重新定位，它不再是为了保护公众利益，而是保护为企业(包括海外投资商)提供最大的施展拳脚的商业环境。这种从观众需求到消费者需求和企业利益的管制再定位在两个特定领域与电视节目出口相关：一是放松商业免费电视的所有权以吸引投资；二是分配国内节目供应市场和海外开发权。

## 所有权

1996年保守党颁布的《广播电视法》放宽了对所有权的限制，目的是希望英国的商业性免费广播电视台可以登上世界舞台。独立电视台出现了一股企业合并浪潮，但显然独立电视台内部崛起的两家主要公司格拉纳达和卡尔顿没有成为像欧洲竞争对手贝塔斯曼①那样的重要跨国运营商。在国际商业活动和海外创收方面，它们也落后于依赖公共投资的BBC(见第四章)。在整个20世纪90年代期

---

① 贝塔斯曼1835年创建于德国，是世界四大传媒巨头之一。——译者注

间，它们更感兴趣的是在国内市场谋求地位而不是提高在国际舞台上的身份。

在2000年12月的白皮书中，政府宣布将要取消商业免费电视在国内所有权方面的15％的观众份额限制，这是打造独立电视台作为一个统一公司的“国际身份”的先兆(DTI/DCMS，2000，pp. 40-41)。但它也宣布试图保留那些防止非欧盟国家从商业免费服务——英国独立电视台和第五频道中获得控股权的规定(Ibid.，p. 44)。随着2001年6月新文化大臣泰萨·乔威尔的任命并经过与业界的协商，政府对外国所有权的立场将会发生改变。

在2001年11月贸易工业部及文化、传媒和体育部印发的《关于媒体所有权法规的咨询》中，政府声明：“我们的工作设想是保留目前对非欧盟国家的广播电视公司所有权的限制。”(DTI/DCMS，2001a，p. 18)这种措辞暗示他们愿意听取不同的意见。所有权的规定迫切需要定位于“打造最有竞争力的市场同时保证声音的多元化和内容的多样性”(Ibid.，p. 14)，但公司合并或许有助于树立“更重要的国际地位”(Ibid.，p. 7)。

在政府的咨询活动中，大多数业内受访者表示如果与其他国家特别是美国能够互惠互利，他们乐意看到外国所有权规定发生变化(DTI/DCMS，2001b)。独立电视台旗下的卡尔顿公司热衷于节目输出并有望在此领域取代美国，它反对保留禁止非欧盟国家所有权的规定，认为它们会妨碍英国公司参与国际市场的竞争。卡尔顿公司认为取消这些规定不仅会创造更多对内投资的机会，也会吸引总部设在英国的各大公司的投资，并发展国际联盟(Carlton Communications，2002a，p. 2)。电视管理部门独立电视委员会(ITC)毫无疑问受到像卡尔顿一样的独立电视台的立场的影响，不再像以前那样反对所有权规定的改变(ITC，2000)。如果与海外伙伴能互惠互利，独立电视委员会认为这“既有利于英国媒体吸引外部投资，英国公司也有机会在主要的海外市场展现创作才能”(2002b，p. 2)。

不出所料，鉴于业界对所有权规定变革的支持，2002年5月贸易工业部及文化、传媒和体育部发布的《通信法草案》取消了非欧盟国家对英国独立电视台和第五频道的所有权限制，这些限制被认为是“过时的”、不灵活的和“前后矛盾的”。应该说，这是个正确的决定，因为通信领域已经呈现出全球化的特点，“各个公司不仅在国内投资，甚至还进行跨洲投资”(DTI/DCMS，2002a，p. 2)。人们希望所有权规定的取消将鼓励对内投资，使英国“能迅速从新观念和技术发展中受益，并提高效率和生产力”(Ibid.，p. 56)。内容管制的目的是获得“高质量、有创意的节目”，能防范兼并潮流扩大的危险性，包括可能因外国所有权而造成的进口节目的增长(Ibid.)。英国政府的逻辑是，允许欧洲对英国商业免费电视进行投资是荒谬的(例如RTL集团对第五频道的控制)，但允许美国投资并不荒谬(Ibid.，p. 4)。在这种情况下，一个公司的国籍还不如其吸引投资的能力和在提供就业机会方面的贡献重要。

取消所有权的限制有什么后果呢？特别是对电视节目出口有什么影响呢？从理论上来讲，更大的广播电视公司能够制作更昂贵的电视节目，也更适合出口。在对节目供应市场的调查中，独立电视委员会发现了海外投资的潜在好处，包括能获得新的管理经验、专业技能和人才，委托制作（长篇节目和试播节目）的新途径以及通过与海外公司的联盟获得关键的发行对象（ITC，2002a，p. 16）。

有些人担忧所有权规定的变化会导致国内电视文化受到美国节目和文化的影响而陷入困境。普特南勋爵主持的关于《通信法草案》的议会联合委员会对它进行了全面考察并在2002年7月公布了其调查结果。该委员会不相信政府的观点，它坚持建议延迟任何对所有权限制取消的政策直至新的通信管理机构——通信管理局和竞争管理机构进行审查之后（Joint Committee，2002，p. 66），到那时再根据证据而不是“大部分未经证实的期望”来做决定（Ibid.）。委员会认为，由于相同语言的缘故，美国投资商将比欧洲投资商有更强的动机利用在英国频道上播放的现成节目，但更有可能发生的情况是：

有强大的营销知识做后盾，美国投资者将更坚决、更老练地转移观众和管理层对主要定位英国观众的国产节目的关注，而转向更美国化的或更国际化的节目。一个不可回避的事实是，一个在英国投资的美国传媒公司将关注提高其在英国市场中投资的回报率，也同样关注增强其国内节目的市场价值。（Ibid.，p. 65）

BBC认为，由于所有权的变化，真正的风险是“美国公司将会购买节目而不是进行投资，会通过把更多的美国节目卖到英国市场来提高自己的盈利能力”（BBC，2002，p. 16）。由此可以判断，如果从美国引进更多节目在商业免费频道播放，那么国内制作会减少，英国出口的节目也会更少。然而，有些人认为对进口节目增长的担忧没有必要，因为内容管制和观众在黄金时段对本土节目的偏爱这两个因素都不利于美国节目在像独立电视台这样的主流频道上的“倾销”（Clive Jones，引自Joint Committee，2002，para. 241；Granada，2002a，p. 20；ITC，2002a，p. 59）。

第四频道担忧的问题是海外所有权的放开和国内公司的经济压力或许会鼓励人们去制作有国际销售前景的节目和节目模式，却牺牲了专门为英国观众制作的各种特色节目（Channel Four，2002b，pp. 7-8）。它指出，为了提高经济效率，美国股东可能会关闭商业广播电视公司的内部经销部门，把源自英国的节目纳入单一的全球销售体系（Ibid.，p. 7）。有人补充道，如果英国节目的国际营销专门机构被普遍性的销售机构取代，并在美国之外的市场运作，那么英国获得海外销售的机会就会减少（Joint Committee，2002，annex 4，pp. 126-127），这就会使英国沦落到“巨型国际制作和经销机器里的边缘市场地位”（David Puttnam，引自BBC，2002，p. 16）。

尽管英国议会内部强烈反对放宽对国外所有权的限制，政府仍然坚持原来的计划，只在小问题上做了修改。普特南勋爵在英国上议院组织人反对所有权条款,2003 年 7 月,政府被迫与他达成协议(Rose,2003,p. 1)。政府同意增加这样一项条款:新的管理机构——通信管理局必须让任何广播电视公司的兼并或收购行为经受公共利益的检验。通信管理局负责审查投标人在多大程度上代表了“公共声音”,并决定本次收购是否损害了公共利益。海外公司对一个统一的独立电视公司的接管要接受检验,新闻集团对第五频道的收购更要接受检验,而该集团在英国有广泛的跨媒体利益。

# 节目供应市场

《通信法草案》引发了对英国节目制作界的未来的讨论。这次的视角更为广阔,不再像 1999 年那样单纯对出口情况做一个回顾,而是把海外市场的版权开发和成绩更直接地同国内制作的经济状况联系起来。

实际上,2002 年 5 月发布的《通信法草案》起初重点关注节目的播映(David and Associates,2002;PACT,2002a,p. 2),对节目制作和供应市场未做多少考虑。《通信法草案》的议会联合委员会呼吁审查该法案,要求把这两个方面的问题纳入考虑范围,并建议定期检视节目供应市场,以确定市场的运转是否“公平、透明和公正”(2002,p. 84)。2002 年 8 月,文化大臣泰萨·乔威尔姗姗来迟地宣布由电视出口管理机构独立电视委员会对节目供应市场进行检查。在形成一份经济环境分析和市场评估报告这样的宏大目标之下,检查还需要确定“重要的国际市场及其对英国节目的影响”(DCMS,2002b)。

版权问题在工党执政期间如泡沫般消失。《跳出思维的盒子》讨论了版权问题,但对广播电视公司或许在滥用其价值链上的地位来获得过多版权这个问题没有进行全面调查(David Graham and Associates,2000)。制片人联盟(PACT)认为独立制片人在少数实力强大的广播电视公司主宰的市场中处境艰难,因为这些公司把 25%独立制片的配额视为“上限”而非“下限”(1998;2000;2002a;2002b)。制片人联盟一再提醒人们关注该问题,认为英国在海外竞争中“不良”表现的根源正是广播电视公司的限制行为。尽管一些独立制片人在海外已经成绩斐然(如《天线宝宝》、《谁想成为百万富翁》),但独立制片业仍没能通过国内和海外扩张完全发挥出商业潜能,因为独立制片人无法利用自己创造的知识产权积累财富(2002b,p. 3)。

## 独立电视委员会对英国节目供应市场的调查

根据广播电视公司和大型制片公司提交的 39 份证据,独立电视委员会在

2002年11月公布了对供应市场调查的结果。在对25%的独立制作配额的有效性进行调查的同时，首次将知识产权问题置于政策辩论的中心。调查发现，五个地面频道，首先是拥有40%份额的BBC，占了所有委托独立制作开支的90%(ITC,2002a,p.29)，这不仅赋予了广播电视公司在购买首播权时压低价格的能力，也赋予了它们在保留国内外二级播放权的开发和三级版权(出版和消费品)方面的优势。因此，在英国，每年价值7亿英镑的版权分销市场高度集中，据估计，一半以上的英国节目的知识产权要归BBC的版权拥有机构——商业机构和它的商业销售部门——BBC环球公司所有(Ibid.,p.29)。

对供应市场的调查报告估计64%的BBC和第四频道独立制作的成本和制作费由广播电视公司完全支付(Ibid.,p.31)。因此，广播电视公司(及其销售部门)持有大部分版权，独立制片人获得30%到50%的净利润，这个利润是在扣除使用费、销售成本和任何销售预付补偿之后的二级版权开发中获得的，且常常是"延后"获得的(Ibid.,app.3,p.12)。BBC把全额资助节目定义为那些由BBC(可能是自己赞助，也可能是BBC环球公司或第三方发行商投资)赞助并提供100%的流动资金制作的节目(BBC,2002,p.47)。对制片人来说，节目制作可以获得现金流，经济风险更小。对那些在二级频道和国际市场没有巨大销售潜力的节目来说，这种形势也很理想。

然而，高昂的成本和严格的制度使得制作费和后端份额的收益低，积累不了资产，所以独立制作公司很难吸引风险资本或从节目版权的二级利用中开发另外的收入渠道以促进自身的发展、多样化和进一步的制作投资。根据独立电视委员会的调查，独立制作业的支离破碎和"脆弱"的特点反映了独立制作公司无力通过保留版权来获得发展——大约50家中型公司的营业额占了制作市场四分之一的份额，另有500家公司占了10%的市场份额(ITC,2002a,p.5,pp.27-28)。

不能保留版权和资金不足导致规模小的问题意味着很少有独立制作公司能在国际市场获得一席之地。然而，成功保留版权的少数独立制作公司的效益主要来自二级版权的开发而不是低利润的节目制作(ITC,2002a,app.3,p.12;RDF Media,2002A;Shed Productions,2002;WTW Television,2002)。

与全额投资制作不同的是，授权制作的广播电视公司出资支付部分预算成本(60%～90%)，获得一定期限内的首播权，但不能获得任何二级或三级版权的利益。这意味着该制片人或他们选择的发行商可以开发其他版权。商业性质的独立电视台根据1993年垄断与兼并调查委员会实施的授权条款采用的就是这种制度，大部分的授权制作归独立电视台所有。然而，由于制片人不得不从其他渠道，如方案预售、联合制作融资或发行预付中获得发展资金，解决资金不足的问题，因此授权制作面临更大的风险。如果节目具有商业价值，这个风险还是值得承担的，因为制片人保留对版权的掌控，这样就可以在不同的电视台和海外市场进行开发利用。

在向独立电视委员会呈交的证据中，独立制片人抱怨由于贸易的惯例限制和议价的弱势地位，他们被迫接受全额资助制作而非授权制作（ITC，2002a，p. 43）。BBC 受到最强烈的抨击，人们批评它对待独立制片人“说好一点是隐瞒信息，说坏一点很虚伪、爱操纵市场”（Ibid.，app. 3，p. 7）。制片人声称 BBC 操纵价格和“捆绑”版权，以确保全额资助线路是唯一的选择。BBC 通过为授权制作提供较低的首播执照费，使制片人不能从二级及三级版权开发中弥补赤字（Ibid.，pp. 43-44；Granada，2002a，p. 22；Shed Productions，2002）。[①] 有人指责 BBC 的内部发行商 BBC 环球公司在版权上投资过多，试图借此弥补赤字并销售全资委托制作的节目（Granada，2002a，p. 22；PACT，2002b，p. 19）。BBC 环球公司往往在把收益返还给制片人之前就扣除了预付款，但由于数额过高，制片人声称他们看到的净收入微不足道，而且还是延迟获得的（Hat Trick Productions，2002，p. 5；Granada，2002a，p. 22；Tiger Aspect Productions，2002）。

独立电视委员会被独立制片人遭受不公正待遇的“普通看法”说服，提议所有免费电视台为它们与独立制片人的交易制定新的行为守则，由新的监管机构通信管理局批准和执行（ITC，2002a，pp. 54-56）。同时它也提议独立电视委员会和通信管理局进行正式的市场调查，以便为供应市场的调查结果中所提出的竞争问题找到更有针对性或具体的解决办法。这些包括：

· 将首播权与二级版权及国际版权分开定价。广播电视公司只能根据英国独立电视网目前的惯例获得独立制作的首播权。

· 要求广播电视公司为首播权发布指示性关税，以便独立制片人能感知到不同节目类型和时间段的投资差异。

· 坚持主张同隶属广播电视公司的发行商（BBC 环球公司、第四频道国际公司）所进行的二级版权协商与同制播分离的广播电视公司关于首播权的协商分开独立进行。

独立电视委员会不认同那些认为电视台支付首播权的政策将影响在市场上没有二级价值的节目的说法。相反，委员会认为如果电视台需要那些“最有公共服务播放价值”的节目，它们将不得不支付制作成本（ITC，2002a，p. 57）。委员会也否认了支付首播权会提高那些抢手节目的成本而导致公共服务内容开支减少的说法。委员会指出，如果制片人能从其他渠道自由融资，电视台或许可以花费更少的钱购买商业性最强的节目（Ibid.）。最终，委员会拒不承认其对 BBC 环球

---

① 根据电影电视制片人联盟的统计，BBC 二台 2002 年有 9％的节目是授权制作的，在 BBC 一台为零。然而，BBC 的财政投入平均仅为 26.6％，独立电视台的是 94.4％，第四频道为 73.7％，其他频道为 70％。根据电影电视制片人联盟的统计，第四频道的授权制作仅为 4％。

公司有可能造成任何不利影响。如果BBC环球公司真的如自己所说的那样是“效率最高的发行商”的话，它将继续获得独立制作的发行权(Ibid.)。

调查结论提出英国通信管理局应该考虑那些建议会如何“对BBC环球公司和第四频道国际公司作为国际发行商的有效竞争力造成不利影响”，但它没有建议BBC环球公司与BBC分离以创造更公平的竞争环境(Ibid.,p.13)。它认为任何改变将需要对BBC环球公司的国际成功及其返还给BBC环球公司和最终返还给执照费支付者的价值进行评估(Ibid.)。更糟的是，调查结论建议通信管理局可以把BBC环球公司与BBC的分离当作正在进行的市场调查的一部分来考虑。在1999年文化、传媒和体育部委托进行的对BBC未来资金的报告中，就提议出售49%的BBC股权，但遭到政府的拒绝(DCMS,1999f)。然而，对该公司商业活动的持续批评意味着随着BBC在2006年开始更新其宪章，出售BBC可能成为一个突出的问题(Elliott,2003)。的确，在BBC环球公司或是它的一部分股权可能被出售的传言声中，BBC于2004年6月发起了对其商业活动的全部调查，结果要等到2004年末才公布。

2003年1月15日，政府对独立电视委员会的提议做出回应，同意实施《通信法草案》中的建议，仅有两个除外(DCMS,2003)。除了几个支持独立制作25%配额的修正案，政府也同意免费频道在同独立制片人进行交易时应该服从行为守则的约束的观点，行为守则必须经过通信管理局的批准和强制执行。政府要求广播电视公司在2003年6月之前将行为守则提交给独立电视委员会。2004年1月，通信办公室批准了这些由免费电视台为制播分离而起草的新行为守则。

## 《英国节目供应市场调查》的意义

新的行为守则对内部发行商有着深远的意义。第四频道国际公司完全依赖独立制作，一些BBC环球公司最成功的国际品牌特别是儿童节目，也是独立制作的，例如《天线宝宝》、《好玩小天地》和《粉宝乐园》。在提交给调查组的证据中，两个公司均提及其国际运营的规模和采用融合策略的重要性，承认权利整合对于从海外市场获得最大的回报很重要(BBC Worldwide,2002b,p.34;Channel Four,2002a,p.26)。BBC环球公司提醒不要把权利分割给许多独立制片公司，因为小型公司承担投资高质量的国内制作的经济风险的能力较弱，会损害英国的节目制作基础(2002b,p.35)。对于第四频道来说，强调有效开发这些能创利的版权而不是拥有这些版权本身很重要。如果没有使版权创造商业利润的有效手段，无论是广播电视公司还是制片人，掌控节目版权都没有任何价值。(2002a,p.16)

第四频道也强调广播电视公司在节目的开发、营销和推广方面创造的附加值对二级开发很有利(Ibid.,p.17)。独立制片人不仅出售节目，也给频道提供节目，提供符合频道品牌和观众口味的创意节目。

另一方面，有稳定业务的大型独立制片公司把版权处理方式的变化视作一种激励节目投资和冒险的措施。现在，它们在版权保留问题上看到了更大的发展业务的可能性，保留版权就可以吸引外部投资。在独立制片业居领先地位的 RDF 传媒集团认为：

BBC 会以为只有保留内部制作部门，像《蓝色星球》这样的鸿篇巨作才能得以完成。但我们认为，如果 RDF 是一个资本更雄厚的公司，可以同样有效地制作出一个《蓝色星球》。的确，我们或许比 BBC 更有可能制作出更多的像《蓝色星球》一样的节目，因为我们的动机比任何广电机构内部制片商的动机强得多。(2002a, p. 9)

从理论上讲，行为准则将提供更多的竞争机会，因为独立制片公司在把首级权利出售给广播电视公司之后，可以行使权利选择发行商。然而，以全资委托制作为代价获得的保留版权的好处或许不会使那些制作在二级和国际市场上可能没有什么价值的节目的绝大多数小制片人受益，许多好处将取决于获得首级权利的费用和海外销售需要弥补的赤字的大小。对于没有商业价值的节目来说，制片人将仍然需要从广播电视公司那里获得尽可能多的钱。

授权制片的增长会使更专业化的小型制片公司受益，但英国独立制片公司的数量较少，大多数独立制片公司又无力投资或发行自己的作品，这很有可能导致许多公司仍然选择广电机构内部的发行部门作为发行商。一些制片公司或许会成立内部销售部门，但这是劳动力密集型、代价高的行业，且需要专业人才。有位评论家注意到，一些独立制片商通常很擅长从美国、法国和德国获得资金。然而，他们或许发现寻求“购买一小时 300 美元的节目的大片区域”更有挑战性，而不是十个能够支付一小时 10 000 美元的节目的市场(R. Dilnott-Cooper，引自 Marlow，2003a，p. 23)。而且，如果制片商把节目卖给最好的三个市场以弥补资金不足的话，他们或许会发现很难找到发行商愿意为获得在其他不赢利地区的销售权支付预付金而冒险。

然而，未来的变化似乎确实重新唤醒了城市投资商的兴趣(Cassy，2003，p. 4；Roy，2003，p. 14)。2003 年 5 月，蝶蛹电视集团自从更名为 ALL3 传媒公司之后，负责为独立电视台制作电视剧《杀机四伏》[①]，与由风投集团 Bridgepoint 支持的买家会谈，以 4 500 万英镑的价格卖掉公司，交易在 2003 年夏天结束。2003 年 7 月，

---

① 《杀机四伏》是英国独立电视台自 1997 年开始播出的一套侦探系列剧。该剧亦被译为《骇人命案事件簿》和《仲夏夜推理剧场》。讲述了英国 Midsomer 郡下村落发生的谋杀案。剧情所涉及的内容突破了纲常伦理，受害者的死亡方式也千奇百怪，如被报纸压死、被酒柜砸死、开摩托时被钢丝斩首等，编剧竭力营造一种畸形的美感。——译者注

信托公司 Kleinwort 购买了曾制作世界知名品牌喜剧《我有消息要告诉你》和《住在 42 号的库马斯一家》的帽子戏法制片公司 45%的股份。投资商更加有兴趣成立更大的能获得保留版权的制作公司。然而，权利分配变化的检验将取决于新行为守则实施的速度和新的管理机构通信管理局准备执行强制权力的程度。

# 本章小结

从一定意义上来讲，关于出口的辩论有一点转移人的注意力。工党政府酝酿出"创意产业"这个概念，其前提是文化产业不仅定义了英国的文化身份，而且也是英国参与国际市场竞争、"展现英伦特质和英国生活的平台"（Tambini，2000，p. 8）。在这个背景下，电视节目输出被用来作为一个例证，说明英国需要做得更好。英国首先被认为是一个失败的电视节目出口国，需要重塑国内电视品牌以满足国际市场。但很少有人关注有线和卫星频道引进的大量节目，因为这与自由贸易的承诺相矛盾。随后，有人认为英国在电视节目输出方面根本没有失败，也没有必要为满足国际消费市场而重组英国电视以制作"合适的"节目。国内观众的需求是第一位的。

然而，这种评估遮蔽了独立制片领域中呼声最高的其他问题：国内电视业确实存在根本性的问题。这些问题是节目供应市场及免费广播电视公司尤其是 BBC 拥有过多的市场权力，降低了英国作为有效节目输出国的能力，也抑制了独立制作行业的发展潜力。

工党政府一直实行放宽免费商业频道独立电视台和第五频道的外国所有权的规定，并采用接受广播电视公司和独立制片人之间的贸易关系的变化等策略来提高英国电视在国际市场中的地位。这些变化或许使商业广播公司和独立制片公司更能吸引外部投资，从而使英国公司联合起来，在国际市场发挥更有效的作用。这与政府想保持有利于全球经济中的投资和贸易环境的观点是一致的。但是，吸引内部投资使英国电视更有效地参与国际竞争的愿望与总是优先考虑针对国内观众的节目的免费广播电视系统不相吻合。

人们也担忧海外投资者特别是来自美国的投资者将改变英国电视节目制作所优先考虑的因素，而支持最能服务美国公司的商业利益和更广大的国际市场。

节目版权分配的变化预示着许多结果。悲观的看法是，版权在独立制片公司中的分割将降低在海外市场获取制作高成本节目资金的能力；乐观的看法是，一些独立制片公司将有更大的动力开发国际市场并在保留版权的基础上建立可持续的业务。当然，BBC 环球公司将仍然有特权获得 BBC 内部制作的发行机会，但为了保留最佳独立制作节目的销售权并为由执照费资助的重要节目创造价值，它将不得不参与更激烈的竞争。

原本是关于节目输出失败的辩论转向了调查谁是国内市场权力的真正执行者。保守党政府一直通过鼓励 BBC 的商业活动和支持独立电视台合并为一个公司的做法来打造一个国家领军企业，这是英国政策的最初目标。然而，独立电视委员会对供应市场的调查使人们怀疑这些大的广播电视公司是否总是在提高英国电视的国际地位中起最大作用。毕竟独立电视台各公司没有强有力的国际策略或地位(见第四章)，独立电视委员会的调查也表明 BBC 的全球商业目标往往与独立制片人的利益不相吻合。BBC 和第四频道在拥有节目版权问题上被剪去了羽翼。独立电视台和第五频道或许会并入美国大型集团公司，对国内制作业有着不确定却深远的影响。独立制片公司是否也会崛起成为重要的国际公司，我们将拭目以待。但如果这个预测真的实现，它们将会从少数业已建立国际地位的大公司中崛起。将这一点铭记于心，我们可以考察一下几家主要公司从事节目和节目模式输出的活动。

# 第4章

# 国际市场中的英国公司

在英国，二级权利开发市场高度集中。作为制片人协会的电影电视制片人联盟拥有 500 多家制片公司，相比之下，作为发行人贸易机构的英国电视发行商协会的成员被限制在 40 家公司以内（见表 4.1）。

**表 4.1　英国电视发行商协会的成员**

| | |
|---|---|
| 3DD 娱乐公司（3DD Entertainment） | 水星国际传媒公司（Mercury Media International） |
| BBC 环球公司 | 牛头怪国际传媒公司（Minotaur International） |
| 贝克曼国际公司（Beckman International） | 奥普特门电视公司（Optomen Television） |
| Beyond 发行公司（Beyond Distribution） | 电视电影制片人联盟（PACT） |
| 卡尔顿国际传媒公司 | 帕特农娱乐有限公司（Parthenon Entertainment Ltd） |
| 第四频道国际传媒公司（4 Rights） | 波特曼影视公司（Portman Film and Television） |
| 查茨沃思电视发行商（Chatsworth Television Distributors） | 碎布娃娃制片公司（Ragdoll） |
| 考伦公司（Chorion PLC） | S4C 国际传媒公司（S4C International） |
| 蝶蛹发行公司（Chrysalis Distribution） | 荧屏伴侣有限公司（Screentime Partners Ltd.） |
| 影福国际英国有限公司（Cineflix Internation UK Ltd.） | 九月国际传媒公司（September International） |
| 积云发行有限公司（Cumulus Distribution Ltd.） | 南部之星（Southern Star） |
| DLT 娱乐英国有限公司（DLT Entertainment UK Ltd.） | 塔吉特公司（Target） |
| 鹰视界公司（Eagle Vision） | 电视集团（The Television Corporation） |
| 探索国际公司（Explore International） | 纪实电视国际公司（TVF International） |
| 富曼国际发行公司 | 龙兰电视公司（TV-Loonland） |
| 格拉纳达国际公司 | 沃特沃集团 |
| 高点电视电影有限公司（High Point Film&TV Ltd.） | 热忱电视公司（Zeal TV） |
| HIT 娱乐公司 | 曲进制片公司（Zig Zag Productions） |
| 伦敦电影公司（London Films） | |

资料来源：英国电视发行商协会网站，2004 年 6 月，〈www.btda.org〉。

1999 年，英国电视发行商协会正式组建，成为促进制片人和发行商之间沟通的平台和代表业界利益的论坛。一些公司虽属外国所有（如来自美国的 DLT 娱乐有限公司和来自澳大利亚的南星娱乐制作公司），但因在英国有业务，也成为该协会的成员。更重要的是，成员中并不包括美国制片厂设在英国的公司。自从 1998 年开始，英国电视发行商协会每年都按节目类型和地区发布出口业绩年度调查结果（见第二章）。大约 80%的英国出口节目归协会的成员公司所有，但也有一些例外，如塞拉多公司的《谁想成为百万富翁》以及 RDF 传媒公司创作的节目模式《垃圾堆挑战》和《火眼金睛》。

尽管拥有的成员不多，英国电视发行商协会代表着从 20 世纪 60 年代早期节目分销时期以来所发生的变化，当时国际发行活动几乎仅仅局限于广播电视公司的销售部门推销内部制作的节目。发行机构的增加可以追溯到 1982 年第四频道作为一家出版和广播电视一体化的运营商创建之后独立制作业的发展壮大时期。大多数新节目是全资委托制作的，由第四频道的发行部门第四频道国际公司负责销售。然而，对于少数节目来说，市场需求的增长不仅需要广播电视公司发行部门的参与，也需要发行公司的参与。电视节目的发行也得益于 1990 年的《广播电视法》，它要求独立电视台和 BBC 使用 25%的独立制作节目（包括新闻、体育节目）。这种利益当然同样有限，因为大多数独立制作的节目由广播电视公司的发行部门经销，广播电视公司提供全部资金，保留全部版权。制作公司发行部门和不结盟发行商的数量总是受到获取节目能力的限制。独立电视网络中心提供了额外的机会，因为独立电视台只购买了首播权，让制片人自行安排发行活动。

在 2002 年独立电视委员会对节目供应市场的调查提出建议之后，形势有所变化，独立制片人获得了更多保留海外开发权的机会。贸易条件的变化将使一些制片人（显然不是全部）有机会积累资产，凭借自身实力来参与国际竞争。

下文我们将以一些主要的公司作为案例研究，对电视发行的历史背景和分类做简要述评，包括广播电视公司的发行部门——BBC 环球公司、卡尔顿国际传媒公司、格拉纳达国际公司和第四频道国际公司，这些公司占了英国贸易的大部分，还包括三个通过保留版权进入国际市场的独立制作公司（RDF 媒体集团、沃特沃电视集团、HIT 娱乐公司）。这个列表并不详尽，但有助于了解一些最活跃的公司在电视领域的运营活动及其策略和表现。

## 发行部门的分类

参与电视节目国际开发的公司可以分为三类：广播电视公司的内部发行机构、制作公司的内部发行部门和不结盟发行公司。

## 广播电视公司的内部发行机构

广播电视公司的发行机构是广播电视公司的内部销售部门，是最大的市场操纵者。包括 BBC 环球公司、第四频道国际公司、卡尔顿国际传媒公司（独立电视台特许经营商卡尔顿通信公司的销售部）、格拉纳达国际公司（独立电视台特许经营商格拉纳达的销售部）和 S4C 国际公司（威尔士公共广播电视公司 S4C 销售部）。① 卡尔顿国际传媒公司和格拉纳达国际公司在 2004 年初合并为格拉纳达国际公司。BBC 环球公司和独立电视台的销售部门的实力依赖大量的库藏旧目录和内部制作节目的机会，两者一共占了 2001 年地面频道所有合格节目的 38%（不包括新闻和体育节目）（ITC，2002a，app. 1，p. 13）。

它们也经销来自其他渠道的节目，包括由母公司提供全额投资、由独立制作公司制作的节目。据估计，2000 年，BBC 环球公司和第四频道国际公司大约发行了其母公司委托的四分之三的独立制片节目（Ibid.，app. 1，p. 32）。然而，正如我们在第三章所说的，将首播权与委托制作过程中二级版权和国际版权分离的举措给了独立制片人更大的选择不同发行商的空间。例如，在独立电视网，仅有首次播映权才能获得独立制作许可。2000 年，独立制片公司制作的节目仅有 30% 由广播电视公司的销售部门分销（Ibid.，p. 33），而这个比例必须与卡尔顿和格拉纳达从独立电视网络中心获得的最大份额制作权平衡，这种情形可能会在卡尔顿和格拉纳达于 2003 年合并组成“一个独立电视公司”之后继续存在。例如，格拉纳达在 2002 年制作了 56% 的独立电视台委托制作的节目（Granada，2002b，p. 3）。

因此，广播电视公司的内部发行机构在国际开发方面占有最大份额也就不足为奇了。根据 2002 年电影电视制片人联盟委托进行的一项调查，节目发行市场所占份额分别为：BBC 环球公司占 49%，卡尔顿国际传媒公司占 19%，格拉纳达国际公司占 13%，第四频道国际公司占 16%，其他公司占 3%（PACT，2002b，p. 10）。②

另外一种测量市场大小的办法是将单个销售机构所申报的收入和海外收入进行比较（见表 4.2）。有趣的是，结果显示，从大约三分之一到几乎三分之二的收入实际上产生于英国市场——包括销往其他英国频道的二级销售收入，以及来自出版物和特许产品的收入。同集团营业额相比，海外收入其实很低，可以说它打破了卡尔顿和格拉纳达的宣言，例如，想成为国际运营公司的宣言。这些数据确认了 BBC 环球公司的强势地位，其海外收入（不包括合资频道的）远远超过那些竞

① 第五频道国际公司在 2002 年末关闭。

② 同一项调查统计的节目制作份额分别为：BBC38%，卡尔顿 6%，格拉纳达 20%，天空传媒 3%，其他公司 9%，独立制片公司 25%（PACT，2002b，p. 10）。

争对手，在2002年出口收入中占了电视发行商协会所估计的6.66亿美元的一半有余（约合4.26亿英镑）。根据电视发行商协会的数据，BBC自身宣言要占英国电视节目出口总收入的54%（2003a）。BBC环球、格拉纳达、卡尔顿与富曼传媒（前身为皮尔森）四家公司在2000年一共占了总销售额的70%（David Graham and Associates，2000，p.38）。

**表4.2　广播电视公司发行部门的收入**　　单位：百万英镑

| 发行部门 | 营业额 | 海外收入 | 集团营业额 |
|---|---|---|---|
| BBC环球公司[1] | 578.2(2002)<br>578.5(2003) | 252.6(2002)<br>228.8(2003) | 3 383(2002)<br>3 532(2003) |
| 卡尔顿国际公司[2] | 89.5(2002) | 46.3(2002) | 965(2002) |
| 格拉纳达国际公司 | 63.0(2002)<br>80.0(2003) | 21.0(2002) | 1 408(2002)<br>1 411(2003) |
| 第四频道国际公司[3]/4 Rights | 36.9(2002)<br>33.3(2003) | | 774(2002)<br>779(2003) |

资料来源：年度报告。

注：1.不包括合资企业的营业额。

2.销售子公司的海外收入没有单独分解，但我们不得不假定，按目的国分解，格拉纳达和卡尔顿母公司的大多数海外收入可归国际销售公司所有。

3.2002年，第四频道国际和消费品部门合并为4 Rights，创利3 690万英镑，集团营业额7.74亿英镑，但这个数据还没有按目的国分解。

像BBC环球公司和第四频道这样的广播电视公司所属的内部发行机构认为，正是由于经营规模庞大，它们才能够获得成功。它们敢于在营销、地域覆盖和节目预付方面进行重大的风险投资，增强了它们利用节目的内容和品牌开创市场的能力（BBC Worldwide，2002b，p.3；Channel Four，2002a，p.16）。然而，一些独立制片人认为广播电视公司的内部发行机构并未最大限度地满足他们的需求，因为正是制片人才最想从自己制作的节目中获得最大收益，他们或是通过内部发行机构，或是通过指定一个独立发行商来达到目的（RDF Media，2002a；Wall to Wall Television，2002）。

## 制作公司的内部发行机构

第二个层面，一些独立制作公司拥有自己的发行机构，如2003年12月更名为All3传媒公司的蝶蛹电视集团（《杀机四伏》）、HIT娱乐公司（《巴布工程师》）、RDF传媒公司（《火眼金睛》、《垃圾堆挑战》）和电视集团（《机器人大战》、《英国最差的……》)。制作公司的发行机构是保留海外和二级版权开发的公司,但很少有公司专门从事电视剧的国际开发,因为高昂的成本和风险使它成为广播电视公司销售部门的专有领地。尽管英国制作业的利润空间少,但是节目的二级开发使得一些独立公司大幅度提高了其盈利能力。例如,英国一些优秀制作公司拥有自己的发行部门(见表 4.3)。

**表 4.3　有内部发行能力的最大独立制片公司(按 2003 年营业额排序)**

单位:百万英镑

| 公　　司 | 营业额 | 主要出口节目 |
| --- | --- | --- |
| HIT 娱乐公司 | 169 | 《巴布工程师》、《小恐龙巴尼》、《芭蕾小精灵》、《企鹅家族》、《绅士狗卡皮》 |
| TalkbackTHAMES | 131 | 《流行偶像》、《警务风云》、《你家有多干净》 |
| All3 传媒公司(前身是蝶蛹电视集团) | 93 | 《杀机四伏》、《终极特警》 |
| 恩德莫尔英国娱乐公司 | 90 | 《地面部队》、《改变你的房间》、《我的美味》 |
| TWI | 72.5 | 《彩色的大英帝国》 |
| 电视集团公司 | 68.3 | 《机器人大战》、《英国最差的……》、《天堂酒店》 |
| RDF 传媒公司 | 45.3 | 《垃圾堆挑战》、《火眼金睛》、《天生一对》、《万岁》、《换妻俱乐部》 |
| 塞拉多公司 | 42.95 | 《谁想成为百万富翁》、《英国最聪明的孩子》 |

资料来源:Broadcast Supplement,19 March 2004,pp. 4-5。

制作公司内部发行机构获得二级权利的能力取决于以下一个因素或若干因素的组合:

• 从独立电视台网络中心获得委托,独立电视台仅获得一段时间的首播权,二级权利留给制作人。

• 为娱乐节目和电视剧撮合交易,包括人才的推荐,使制作人在同广播电视公司谈判的过程中获得更多的利益,例如节目模式版权的保留。

• 以联合制作、方案预售或少数情况下投放股票等融资形式为节目制作提供资金。

最成功的公司已经通过集中发行主要的节目品牌而不是从库藏旧目录中获得的小额回报积累了资金。一个国际热门节目就可以转变小型公司的命运,特别是在美国。这样的例子包括专门制作儿童电视的 HIT 娱乐公司(制作的节目如《巴布工程师》)和碎布娃娃制片公司(制作的节目如《天线宝宝》),它们的利润来自特许商品的经营而非节目的制作,节目销售的许可费很少能维持制作成本(见

第二章)。塞拉多公司的益智节目《谁想成为百万富翁》也能说明一些问题,因为这个节目的大部分利润来自英国的二级开发而非制作。2002 年 9 月,作为国际销售部门的塞拉多国际公司,创造了 2 940 万英镑的营业额,缴税 580 万英镑。同一时期,主要从事英国节目制作的塞拉多制作公司创造了 2 090 万英镑的营业额,缴税 170 万英镑(Celador International,2002;Celador Productions 2002)。纪实节目和娱乐节目以及保留节目的模式版权的经济风险较低,这就给其他公司,如 RDF 传媒公司(制作了《垃圾堆挑战》、《火眼金睛》)、沃特沃集团(制作了《边境住宅》)和电视集团(制作了《机器人大战》)在美国市场开展节目制作和节目模式业务提供了机会(见第五章)。

然而,绝大多数的独立制片公司集中于国内,没有自己的发行公司。而且,并非所有节目都有国际价值。版权本身是没有价值的,除非得到有效开发。大多数独立制片人缺乏在国际上营销自己节目的资源。全额投资的委托制作节目多数依赖广播电视公司内部的发行机构。考虑到谈判过程中首播权和二级权利的分离,广播电视公司行为守则的实施将改变这种形势。有了更多保留版权的机会,一些制作人或许会投资自己的发行公司或指定其他发行公司。对那些决定保留版权的公司来说,困难之一是找到不结盟发行商。很可能上文提及的变化将使独立制作公司受益,它们拥有吸引国际观众的节目和节目模式,美国和西欧的主要地区已经开始感受到了它们的存在。

## 不结盟发行商

终于有发行商专门代理销售各种制作公司和节目模式所有者的节目了,但只占有非常小的一部分市场——据电影电视制作人联盟估计,仅占 3%。20 世纪 90 年代艰难的商业环境导致企业纷纷合并或倒闭,缩小了独立制片公司可以挑选的小型独立发行商的范围(Keighron,2001,p. 38)。首先,它们面临寻找节目的问题,因为广播电视公司内部的发行机构保留了对多数独立制作节目的分销权。竞争压力使形势更加严峻,制作赤字大得让小型发行公司无力承受(Ibid.,p. 40)。预付款是不可收回的,如果节目被取消或销路不好,不能收回成本,发行商就面临风险了。其次,大多数独立制片公司已经开始组建内部发行部门了。

为了拓展业务,独立制片公司不得不另辟蹊径,而不仅仅是销售节目成品。一种办法就是扮演经纪人的角色,寻求联合制作资金和预售节目,以获得发行权和可能会有的后端份额。一些独立制片公司,例如专事儿童节目制作的娱乐权利公司,已经通过购片(如《巴泽尔毛绒》、《邮递员派特叔叔》)创建了资产基础,现在开始投资制片,转型为品牌经理,与 HIT 娱乐公司的发展模式一样(见后文)。塔吉特公司将目光投向英国的独立制片人以及其他英语国家的制作人和节目模式的所有者，从而创建了业务。例如，它出售了真人才艺秀节目《流行巨星》，这个节目形态源自新西兰的一个创意。它还同一些制作公司如Shed制片公司建立了业务往来，该公司保留了独立电视台播出的连续剧《致命女人香》和《足球太太》的版权，指定塔吉特做其发行商。

# 跨国所有权

英国节目销售的主要特点是英国公司发行英国节目。然而，正如第三章所述，2003年的《通信法》使形势发生了改变，美国公司收购了独立电视公司旗下的卡尔顿和格拉纳达（两者在2002年合并）、第五频道，包括它们的内部发行机构。其次，独立制片人有潜在机会保留制作的二级权利，他们将会吸引更多海外投资者的目光。

所有权模式的改变和行业内部的兼并潮流预示着有朝一日更多英国节目的国际开发将交给非英国公司进行。例如，富曼传媒（2001年10月之前是皮尔森电视公司）是欧洲大型联合企业RTL集团的制作部门，在第五频道拥有65%的股份，在9个欧洲国家拥有电视业务。[①] 其前身皮尔森早已活跃在国际市场，1995年就收购了澳大利亚的制作公司格伦迪（制作了《左邻右舍》、《儿女们》）和美国电视电影发行商ACI，1997年又收购了美国娱乐和游戏节目制作公司All American（制作了《价格猜猜看》、《家庭问答》、《海滩护卫队》）。除了在39个国家包括在北美的制作活动，富曼传媒公司还拥有一个发行部门——富曼国际发行处。它既销售富曼公司在英国的制作实体TalkbackTHAMES制作的英国节目和节目模式，也销售集团内部其他公司的节目，包括澳大利亚格伦迪公司出品的《左邻右舍》、德国Ufa公司出品的《铁狱雷霆》[②]和富曼传媒北美制作公司出品的《海滩护卫队》。

同样，恩德莫尔英国娱乐公司（前身是Bazal）制作了荷兰节目《老大哥》的英国版本，也创造了家居改造节目模式《改变你的房间》，它属于一个更大的由传媒巨头西班牙电信公司及Telefónica旗下的欧洲企业。欧洲跨国集团（例如RTL集团和Telefónica）的崛起与那些主要在英国运营的英国节目出口公司形成了鲜明对比。

---

① 2000年7月，皮尔森电视集团和卢森堡的CLT-Ufa合并组建RTL集团，其制作部门，包括皮尔森的制作公司的子公司，被重新命名为富曼集团，RTL集团的90%股份归贝塔斯曼所有。

② 德文片名为Hinter Gittern，是一部以德国女子监狱为背景的电视剧。——译者注

# 案例研究——BBC 环球公司(BBC Worldwide)

BBC 环球公司是完全属 BBC 所有的商业子公司和主要商业部门。它成立于1994 年,取代了 BBC 企业有限公司(BBC Enterprises)。其作用是研究和开展 BBC 的商业活动,开发 BBC 节目和 BBC 品牌的相关版权,进行节目销售,经营商业电视频道、录像和 DVD、新闻、出版、产品授权、互联网及其交互媒体,它的经营范围和规模是其他发行商难以匹敌的。

BBC 环球公司的存在最大程度地挖掘了 BBC 资产的价值,使执照费的支付者受益,获得的利润又再投入到依靠执照费资助的 BBC 节目中。在 2002 年至 2003 年,BBC 的营业额是 6.58 亿英镑,回笼的资金总计 1.23 亿英镑(BBC Worldwide,2003a,2003b)。然而,BBC 环球公司的节目投资情况需要置于特定语境中考察,并同 BBC 在 2001 年至 2002 年的 12 亿英镑原创节目的总投资进行比较(BBC,2002,p.4)。1997 年,BBC 规定,截至 2007 年环球公司的营业额应达到 10 亿英镑,上缴给 BBC 2.1 亿英镑。表 4.4 反映了 1997 年到 2003 年期间 BBC 环球公司的收入增长及其对 BBC 的财政贡献情况。

**表 4.4 1997—2003 年 BBC 环球公司的收入增长(包括 BBC 的现金回流)**

单位:百万英镑

| | 1997—1998 | 1998—1999 | 1999—2000 | 2000—2001 | 2001—2002 | 2002—2003 |
|---|---|---|---|---|---|---|
| 营业额 | 422 | 446 | 514 | 587 | 660 | 658 |
| 集团营业额[1] | 409 | 420 | 464 | 520 | 578 | 578 |
| BBC 的现金回流 | 75 | 81 | 82 | 96 | 106 | 123 |
| 包括对 BBC 节目的投资[2] | 50 | 58 | 79 | 76 | 81 | N/A |

资料来源:BBC Worldwide 的年度评估;BBC Worldwide 的报告和财务报表,2003 年;BBC Worldwide,2002b,pp.19-23。

注:1. 不包括 BBC 从商业合资企业中获得的收入;

2. 包括 Worldwide 及其商业伙伴的投资。

尽管 BBC 环球公司是一个商业性企业,但它和其他商业发行机构还是有区别的,因为它对其依靠公共经费支持的母公司 BBC 负责,而非对其股东负责。与 BBC 的这种关系使它必须受到其竞争对手不需要经受的限制。它不能违反欧洲的国家援助规定,用执照费收入去补贴商业活动;它也必须遵守 BBC 的公平交易承诺,必须只从事与 BBC 作为公共广播电视公司的身份相一致并支持其身份的商业活动，这是BBC宪章和协议规定的义务(BBC Worldwide，2002a，p. 30)；作为商业子公司，它不能贸然动用执照费支付者的资金，并必须以“公平的”价格向BBC节目支付商业版权(Ibid.)。

BBC环球公司与BBC的商业代理机构(前身是版权代理机构)洽谈业务。该机构成立于1997年，原先是由BBC和BBC环球公司共同出资，到2001年就由BBC单独资助，以强化这种“一臂间隔”[①]关系(Elliott，2003，p. 21)。商业代理机构代表BBC的制作部门管理所有节目开发过程中所涉及的商业关系。BBC把BBC环球公司视为BBC的“首选销售伙伴”，在BBC宣布打算投入一个节目制作的资金数目之后，BBC的内部制作节目会首先交给BBC环球公司而不是其他发行商进行投资考虑(BBC，2002，pp. 48-50)。

过去，如果独立制作的预算赤字由BBC环球公司(或第三方发行)的投资来填补，如果节目制作的流动资金是由BBC提供，那么该节目就会被视为全额资助节目，除了制作人拥有的节目模式版权之外，所有版权都归BBC所有(Ibid.，p. 47)。然而，如第二章所述，这种做法遭到了批评，BBC环球公司被控为了获得版权而出价过高，因而在环球公司扣除投资和发行费用之后，独立制片人获得的收益过低。现在有了更多接触其他发行商的机会，一些制片人相信他们的后端利润份额会增加。随着新业务守则的出台，独立制片人有望保留更多的制作版权，这可能影响环球公司获得最具吸引力的独立制作节目的版权能力，有些节目(《好玩小天地》、《粉宝乐园》、《天线宝宝》)已经成为该公司最畅销的作品。

对BBC来说，最严重的问题是，独立电视委员会对节目供应市场的评估重新引发了关于BBC环球公司应该被出售的辩论，人们越来越担忧BBC的商业活动与其应承担的公共服务义务相冲突。除了独立制片人控告BBC和BBC环球公司操纵获得二级权利的贸易条件之外，商业频道经营者也怨恨BBC环球公司扩张到新的服务领域，包括那些得益于BBC节目的共有商业频道。例如，英国电视台(UKTV)与Flextech电视有限公司(见后文)的合资企业在1997年同BBC环球公司签署了15年的节目供应协议，所以它有权首先观看BBC的节目(Holmwood，2003，p. 13)。

然而，对BBC商业活动的担忧忽略了一个事实：连续几届政府都鼓励BBC从事这样的活动。1994年保守党政府发布的有关BBC的白皮书就鼓励该公司“在目前为本国和海外观众提供商业服务的基础上发展成为一个国际性的多媒体企业”，这是BBC获得最大商业收入的动力之源(DNH，1994，p. 1)。BBC一直在从事小规模的商业活动，但正是1996年的皇家宪章认可商业活动是BBC的核心目

---

① “一臂间隔”原指在行列中的人与其前后左右的伙伴保持相同距离。在经济领域，“一臂间隔”原则指的是具有隶属关系的经济组织，如母公司和子公司、生产商和经销商等，应具有相同的法律地位，一方不能取代或支配另一方。——译者注

标,赋予它商业性地开发其资源的公共职责(DNH,1996)。这是政府为维护电视把执照费作为主要资金来源的现状并鼓励发展新的依靠执照费资助的数字服务而开出的条件。

1996年的皇家宪章曾允许BBC通过商业合资企业而不是依赖公共资金在国内外开拓新的市场。BBC与美国探索通信集团联合制作纪实节目和开设合资国际频道,与Telewest通信公司的分支机构Flextech电视有限公司合作在英国开设以UKTV为品牌的商业付费频道,从这些活动中即可窥见一斑。

工党政府继续推动BBC增强商业意识。2006年之前,每年2亿英镑的执照费增长,得益于BBC在2006年至2007年前从增效和商业活动(包括合资企业和公私合营)中节约的11亿英镑的开支(Smith,2002)。在政府的鼓励下,BBC已经将自身打造为英国在国际市场中的领军企业,"把英国最好的古典和当代文化,以及最高水平的新闻公正性和权威性带给全世界的观众"(BBC,2000,p.30)。

## 商业活动

2002年,BBC环球公司把40 000小时的节目卖给69个国家的550多个电视台,凸显了它作为欧洲最大的电视节目出口公司的地位(BBC Worldwide,2002a,p.4)。节目销售只不过是它广泛商业活动中的一部分,2002年到2003年占了大约26%的营业额(见表4.5)。该公司超过一半的收入来自出版物和新媒体,包括特许产品。然而,尽管节目销售只占了收入的约四分之一,它们却构成了环球公司国际品牌策略的核心,为拓展出版、录像和消费品领域的业务提供了一个平台。来自国内的收入在2002年至2003年的集团营业额中占了一半以上,主要是出版物、录像和DVD以及消费品,但同1997年至1998年国内收入占了三分之二以上的数据相比,却有所下降(见表4.6)。

**表4.5 按活动统计的BBC环球公司收入** 单位:百万英镑

| | 1997—1998 | 1998—1999 | 1999—2000 | 2000—2001 | 2001—2002 | 2002—2003 |
|---|---|---|---|---|---|---|
| 电视节目销售 | 126.0 | 127.6 | 138.4 | 150.0 | 172.3 | 168.8 |
| 出版/新媒体 | 256.6 | 255.9 | 277.0 | 300.2 | 331.7 | 338.0 |
| 频道 | 26.3 | 36.8 | 48.4 | 67.3 | 71.8 | 53.2 |
| 合资企业份额 | | 26.0 | 50.0 | 67.6 | 81.6 | 79.5 |
| 已终止活动 | | — | — | 2.1 | 2.4 | 18.5[1] |
| 总计 | 408.9 | 446.3 | 513.8 | 587.2 | 659.8 | 658.0 |

资料来源:BBC Worldwide年度评估/BBC Worldwide报告和财务报表。

注:1.包括BBC World和Beeb.com。

表 4.6　按地区来源统计的 BBC 环球公司收入　　单位：百万英镑

| | 1997—1998 | 1998—1999 | 1999—2000 | 2000—2001 | 2001—2002 | 2002—2003 |
|---|---|---|---|---|---|---|
| 英国 | 273.2 | 267.4 | 282.0 | 299.3 | 323.2 | 331.2 |
| 美洲 | 43.9 | 53.4 | 63.0 | 84.3 | 108.8 | 105.8 |
| 世界其他地方 | 91.8 | 99.5 | 118.8 | 133.9 | 143.8 | 123.0 |
| 已终止活动 | | | | 2.1 | 2.4 | 18.5 |
| 总集团营业额* | 408.9 | 420.3 | 463.8 | 519.6 | 578.2 | 578.5 |

资料来源：BBC Worldwide 年度评估/BBC Worldwide 报告和财务报表。

*不包括 BBC 从合资企业中获得的收入。

注：2003—2004 年度，BBC Worldwide 报告了 6.57 亿英镑的销售额，返还 1.41 亿英镑给 BBC，比 2002—2003 年度的增长了 1 700 万英镑(不包括 BBC Worldwide 已终止的 BBC World 的活动创造的 1 850 万英镑，BBC World 现已并入环球新闻部和 Beeb.com)。

## 国际品牌

在多个地区利用多种媒体来发展国际品牌是 BBC 环球公司自 1997 年以来的核心策略。据估计，1999 年这些品牌占 15%的营业额，而 2000 年至 2001 年这些品牌占了 23%的营业额(BBC Worldwide，2001)。

纪实节目品牌包括自然历史系列《蓝色星球》和《与……同行》的特许发行权，这两个系列都是 BBC 环球公司和探索通信公司合资企业的产品。品牌的创立需要大量投资，BBC 环球公司与探索公司的联合制作关系虽然在 1997 年就宣告结束，却一直是出品“里程碑式”纪实节目的关键动力。BBC 环球公司及其商业伙伴的投资情况如下：

- 《蓝色星球》(8×50 分钟)440 万英镑(预算的 56%)
- 《与野兽同行》(6×30 分钟)570 万英镑(预算的 75%)
- 《与恐龙同行》(6×30 分钟)360 万英镑(预算的 75%)

品牌节目模式包括益智节目《智者为王》和长期上演的流行音乐节目《流行之巅》。《流行之巅》在 110 个国家播放，在其他许多国家也有本土改造版本，包括法国(法国二台)、意大利(意大利二台)、德国(RTL)、比利时(Jim TV)和荷兰(BNN/N2)。《智者为王》在 80 多个国家播放过，其节目模式在 2001 年至 2002 年的销售额是 1 000 万英镑(BBC Worldwide，2002a，p.6)。BBC 环球公司把节目模式作为国际品牌的做法始于 20 世纪 90 年代末，当时 BBC 环球公司一年投资 30 多万英镑(每部节目 6 万英镑)给 BBC 娱乐公司制作的试播节目，包括《智者为王》、《如此朋友》和《狗咬狗》(Fry 2002b；Waller，2000)。BBC 环球公司一直从事节目模式业务(包括《Noel 周末娱乐秀》、《我的美味》、《宠物赢奖品》等节目模式)，但业务主要局限于欧洲，它没有参与其节目模式在海外的改编制作。随着《智者为王》的畅销，这种情况有所改变。为了维持对该品牌的掌控，BBC环球公司已经开始寻求在主要地区联合制作该节目模式，与当地制片人合作，但直接与电视台签合同(Jarvis，2001)。这样，它就不仅可以从节目模式的销售、还可以从节目的制作中获取利润。

儿童节目是品牌开发的主要项目，因为它涉及消费品、出版物和录像。2000年，全球7000万英镑的销售额来自BBC环球公司的主打品牌(BBC Worldwide，2000)。业务的成功归功于为幼儿制作的长期播放的连续剧，包括《天线宝宝》(1997)、《好玩小天地》(1999)和《粉宝乐园》(2002)，分别由独立制作公司碎布娃娃、好故事制作公司和新娱乐公司制作。BBC环球公司给《好玩小天地》提供了460万英镑的资金，给《粉宝乐园》提供了350万英镑的资金(BBC Worldwide，2002a，p.6)。截至2002年，《天线宝宝》已经出售给120个国家，包括中国(BBC Worldwide，2002a，p.16)。自投入市场以来，它为BBC环球公司创造了1.16亿英镑的销售额，零售收入估计也有10亿英镑(BBC Worldwide，2003c)。1999年上映的《好玩小天地》到2001年已经销往30多个国家(BBC Worldwide，2001，p.13)，截至2003年为BBC环球公司创利9 300万英镑(BBC Worldwide，2003c)。

电视剧不同于其他类型节目，它具有文化特殊性，不适宜在全球范围推广品牌，但对一些主要节目来说，BBC环球公司的参与非常重要。根据英国著名作家阿瑟·柯南·道尔爵士的恐龙探险小说改编的《失落的世界》(2×75分钟)从BBC环球公司及其商业伙伴美国艺术和娱乐公司、德国卢森堡广播电视公司①那里获得了140万英镑投资，相当于总预算的一半以上。这个节目销往38个国家，创利690多万英镑(BBC Worldwide，2002b，p.6)。

为了巩固BBC公司的品牌和应对外购节目在海外荧屏上的边缘化问题，BBC环球公司也制作了BBC品牌的节目板块，力争打入外国电视频道。这些板块便于容纳短篇情景喜剧和单本纪录片，也可以用来引进“更有伸展性”的节目(Homewood，2001)。品牌节目板块包括BBC野生生物、BBC英国喜剧、BBC学习地带和BBC独家电视。其中，BBC独家电视在德国Vox商业频道播放。

## 频道

为了应对成片销售量的下降，BBC环球公司又投资建立了一些英国节目的新平台，形成了该公司在国内外拥有的独资和合资商业频道网络，规模之大，任何其

① 由贝塔斯曼集团与卢森堡广播电视公司合资成立，是德国的两大私营广播电视集团之一，另一个是基尔希集团。——译者注

他英国公司无法与之比拟(见表 4.7、表 4.8 和表 4.9)。这些举措的目的是从节目销售和订购中创利并为英国的节目和电视人才提供更多的展示舞台。BBC 环球公司的独资频道主要提升人们对 BBC 品牌的认知,而其商业合资频道则专注于积累财富,两者互相配合,相得益彰。1999 年至 2000 年,BBC 的合资频道占了环球公司电视销售收入 1.38 亿英镑的 33%(BBC Worldwide,2000)。

**表 4.7　BBC 环球公司的独资频道**

| 频　　道 | 经 营 区 域 | 2003 年入户数量/百万 |
|---|---|---|
| BBC 国际频道[1] | 全球 | 253.6(1995 年开播) |
| BBC 尊贵频道 | 欧洲,中东,非洲 | 11.5(1995 年开播) |
| BBC 美国频道 | 美国 | 34.5(1998 年开播) |
| BBC 食物频道 | 南非,斯堪的纳维亚 | 0.8(2002 年开播) |

资料来源:BBC Worldwide 2002—2003 年度评估。

注释:1. 2002 年,BBC Worldwide 合并为一个单独的商业公司,成为 BBC 国际新闻分支机构的一部分,取代了 1991 年创立的全球服务台。

**表 4.8　BBC 环球公司在英国与 Flextech 的合资企业**

| 频　　道 | 2003 年入户数量/万 |
|---|---|
| 英国视界频道(UK Horizons) | 830 |
| 英国生活频道(UK Style) | 840 |
| 英国电视剧频道(UK Drama) | 790 |
| 英国黄金频道(UK Gold) | 890 |
| 英国黄金二台(UK Gold 2) | 790 |
| 英国食物频道(UK Food) | 790 |
| 英国历史频道(UK History) | 930(2002 年开播) |
| 英国好创意频道(UK Bright Ideas) | 860(2002 年开播) |

资料来源:BBC Worldwide 2002—2003 年度评估。

**表 4.9　BBC 环球公司在外国的合资企业**

| 与探索通信公司(DCI) | | 2003 年入户数量/万 |
|---|---|---|
| 频道 | 经营区域 | |
| 人与艺术 | 拉丁美洲 | 1 350 |
| 动物星球 | 亚洲 | 8 010 |
| 动物星球 | 拉丁美洲 | 1 080 |
| 动物星球 | 欧洲 | 1 350 |

续表

| 与探索通信公司(DCI) | | 2003 年入户数量/万 |
|---|---|---|
| 频道 | 经营区域 | |
| 动物星球 | 美国 | 8 140 |
| 与探索通信公司和网达公司(NetStar) | | |
| 动物星球 | 加拿大 | 90(2001 年开设) |
| 与探索通信公司和丘比特制片公司(Jupiter Progamming) | | |
| 动物星球 | 日本 | 170 |
| 与福克斯澳讯公司(Foxtel)和富曼传媒公司 | | |
| | 澳大利亚 | 120 |
| 与亚特兰提斯同盟(Alliance Atlantis Communications Inc.) | | |
| BBC 加拿大频道 | 加拿大 | 60(2001 年开设) |
| BBC 儿童频道 | 加拿大 | 90(2001 年开设) |

资料来源:BBC Worldwide 2002—2003 年度评估。

在独资频道中(见表 4.7),BBC 美国频道在 2003 年进入了 3 450 万个美国家庭,成为成功展示英国节目的舞台(见第六章)。BBC 尊贵频道于 1995 年开播,目的是利用 BBC 环球公司节目库开拓泛欧洲市场。由于节目用英语播放,内容也没有做本土化处理,该频道的影响力很有限,只进入了 1 150 万个家庭。和 BBC 环球公司的全球 24 小时英语新闻播报服务——BBC 国际频道一样,BBC 尊贵频道几乎无力承担运转成本,也没有资源进行节目的本土化改造(Chalaby,2002,p. 198)。BBC 国际频道是作为对美国有线电视新闻网(CNN)的回应在 1995 年开播的,利用 BBC 现有的国际记者和记者站提供服务,2003 年进入了 2. 536 亿个家庭。和在美国的竞争对手美国全国广播公司财经频道和 CNN 一样,它瞄准最上层包括国际商界(Ibid. ,p. 191)的 5%的家庭。2002 年,BBC 食物频道在南非和斯堪的纳维亚开播。

除了和商业伙伴 Flextech 在英国开播的许多合资频道之外,BBC 环球公司还与探索通信公司经营它们合资的商业纪录片频道——《动物星球》(服务亚洲、拉丁美洲、欧洲、美国、加拿大和日本)和《人与艺术》(服务拉丁美洲)(见表 4.8 和表 4.9)。以 BBC 美国频道为蓝本,BBC 环球公司也在加拿大(BBC 儿童频道,BBC 加拿大频道)和澳大利亚(英国电视台)等其他英语国家市场建立了合资频道。尽管 BBC 环球公司在这些合资频道拥有股权,但它没有任何弥补经济损失的义务。

## 案例研究——格拉纳达国际公司和卡尔顿国际传媒公司

格拉纳达国际公司和卡尔顿国际传媒公司是业界整合浪潮中残存下来的单独发行机构。以前，独立电视台旗下的各制作公司都有发行机构作代理，当各公司开始收购其对手公司时，这些机构便逐个消失了。[①] 2002年10月，在《通信法草案》提出修正案之后，格拉纳达和卡尔顿宣布了它们的合并计划，上报给竞争委员会，2003年10月才获准合并。它们的国际运营部门是2004年初合并的，首次为独立电视台创建了单独的发行部门，拥有33 000多小时的节目和1 800部故事片。统一的独立电视公司[②]的创建是人们期待已久的结果。多年以来，格拉纳达和卡尔顿四处游说，希望打造一家大规模的能登上国际舞台的欧洲商业广播电视公司(Carlton Communications，2002b)。

尽管BBC环球公司代理英国节目一半以上的出口值，但在历史上，独立电视公司在海外特别是在北美风头更健。独立电视集团在20世纪60年代制作并向美国出口动作冒险间谍系列(《囚犯》、《圣人》、《间谍》)，它的节目库被卡尔顿购买。1993年丧失经营权的泰晤士电视台在20世纪70年代及80年代凭借喜剧系列《不文山鬼马表演》和情景喜剧节目模式《一家之主》在美国辛迪加市场大获成功，节目在美国广播公司电视网上改编成《三人行》(见第五章)。据估计，1983年英国从海外电视节目销售中获利6 000万英镑，其中三分之二是独立电视台的功劳(Schlesinger，1986，p. 277)。1983年，独立电视台的海外收入估计有1 800万英镑，泰晤士电视台的收入大约只有它的一半(Ibid.，p. 278)。[③]

20世纪80年代，独立电视台提高海外节目销量的动机颇为强烈，因为直到1986年，1981年颁布的《广播电视法》向超过65万英镑的国内利润或2.8%的广

---

① 1982年，独立电视台的节目在全球销售，代理公司有：联合电视公司(ITC Ltd)(代理联合电视台)，泰晤士电视国际公司(代理泰晤士电视有限公司)，理查德·普莱斯电视公司(代理伦敦周末电视)，三叉戟电视有限公司(代理约克郡电视台)，格拉纳达国际公司(Granada Television International)(代理格拉纳达电视)。(Guback and Varis，1982，p. 32)

② 英国独立电视台(ITV)是英国第二大无线电视运营商，在1955年设立，目的是与BBC竞争。在初期，独立电视是由15个运营商组成，2004年2月，格拉纳达及卡尔顿合并，新公司命名为“英国独立电视股份有限公司”(ITV plc.)，代表着英格兰及威尔士整个地区的独立电视经营权全归一家公司所有。——译者注

③ 柯林斯、加纳姆和洛克斯利把1984年1 740万英镑的外国节目收入归为BBC企业(1983年是1 240万英镑)。1983年，独立电视台出口销售中赚了5 950万英镑，70.9%的收入(4 220万英镑)来自北美(1988，pp. 64-65)。

告收入征收66.7%的超额利润税，但不包括海外利润，因此各独立电视公司努力寻求海外销售收入，把成本分配给国内制作的昂贵电视剧(Alvarado，2000；Collins，1986；Collins，Garnham and Locksley，1988)。1986年，政府决定把超过80万英镑的国内利润的征税率降到45%，而对海外利润开始征收22.5%的税，这样又降低了节目输出的积极性。

独立电视台在这个阶段因输出优质电视剧赢得了声誉，征税的举措起了推波助澜的作用。在1982年到1986年期间，格拉纳达公司积极为海外市场制作改编自文学作品的高预算电视剧，例如《故园风雨后》[①]和《王冠上的宝石》[②]，后者是一部13集的系列片，1983年在印度取景拍摄，历时6个月(Alvarado，2000，p.311)。阿尔瓦拉多认为这部系列片以及其他系列片的制作没有利他原因，只是为了逃税，但“通过降低征税并在1990年的《广播电视法》中引进特许经营权竞标机制，英国政府既显得盲目贪婪也破坏了高水平投资的动机”(Ibid.)。1990年的《广播电视法》要求独立电视台旗下各公司为争取特许经营权进行暗标投标，并每年将一定比例的收入缴纳给政府以获得经营执照。一些公司缴纳得太多，从而终结了制作昂贵的电视剧，虽然它们在海外受欢迎，但不能有效获得必要的广告收入来支付给政府。在逐步淘汰征税措施并引进特许经营权竞标机制之后，独立电视台更倾向于塑造有大众吸引力的角色，专注于制作吸引国内观众和广告商而非海外购片商的国内系列片和电视剧。在转向集数更多的日间连续剧(《加冕街》、《爱默代尔农场》之后，本来就拥挤的电视节目单就没有多少空间留给吸引国际观众的电视剧了。

## 卡尔顿国际传媒公司

在同格拉纳达国际传媒公司合并之前，卡尔顿国际传媒公司隶属于卡尔顿通信公司，2002年创利8 950万英镑(2001年是8 110万英镑)[③]，实际上高于该集团2002年7 550万英镑(2001年是1 006万英镑)的制片收入(Carlton Communications，2002b，pp.18-19)。2002年卡尔顿通信公共有限公司的海外收入总计4 630万英镑(2001年7 800万英镑)，英国的总收入是9.183亿英镑，主要是广告收入。尽

---

① 本片改编自著名作家伊芙琳·沃的小说，描写了伦敦近郊布赖兹赫德庄园一个天主教家庭的生活和命运，反映了一战后的英国状况。——译者注

② 根据保罗·司格特的同名代表作改编，表现二战后英国殖民统治的衰落，殖民统治者与殖民地人们的矛盾和冲突。——译者注

③ 2002年9月单独向卡尔顿国际传媒有限公司提交的董事报告和账目统计的2001年的营业额更低，是3 900万英镑(2000年是2 440万英镑)，统计截止到2001年9月30日，其中2 800万英镑为海外收入(2000年是1 800万英镑)(Calton International Media，2002)。

管这个收入没有详细说明，我们可以推断绝大部分海外收入来自卡尔顿国际传媒公司的经营活动(Ibid.，p. 53)。

卡尔顿国际传媒公司是1993年在卡尔顿从泰晤士电视有限公司接管在伦敦的工作日特许经营权时成立的。它与规模较小的独立电视台内部制作部门建立业务联系，负责30%的独立电视台的电视剧输出(Carlton Communications，2002b)。要填满由18 000个小时组成的国际节目目录，它总是得应付缺少能吸引国际观众的节目素材问题。① 因此，它不得不寻求其他节目源来维持业务。②

首先，不同于多数其他英国发行商，卡尔顿利用2 000多个故事片名创建了业务，作为卡尔顿影片资料库来营销。它拥有Rank、Rohauer、Korda和Romulus等英国经典影片资料库，包括《39级台阶》③和《相见恨晚》。Rank影片库是1997年购买的，包括流行英国喜剧影片库Carry On。1999年，卡尔顿从独立电视集团购买了300多部影片，并花了1.5亿美元从环球电影公司购买了5 000部影片，其中主要是英国的电视节目(Methven，1999)。它的馆藏量增长了50%，达到15 000小时。独立电视集团节目库收藏了20世纪60年代的热门电视剧《囚犯》和《圣人》，它们的录像和DVD也很畅销，还有故事片《金色池塘》、《苏菲的选择》和《猛鹰突击兵团》。独立电视集团购买的影片也使观众能看到60年代的“超级人偶”系列《雷鸟神机队》、《超空人》和《90岁的乔》④，形成了核心消费产品，已有计划推出新的系列。除了卡尔顿推出的独立电视台现代剧，“经典的”库存节目也在出售，包括侦探剧《摩斯警长》(销往200多个国家)和更近的当代作品《伯蒂和伊丽莎白》和《鲍勃和罗斯》，两部电视剧都在2002年销往45个地区(Marlow，2003b，p. 6)。

其次，发行商也在美国市场寻求节目来源。位于洛杉矶的卡尔顿美国公司是卡尔顿驻美国的前哨，也是购买和制作美国电视影片的专业部门。卡尔顿于1999年10月在美国购买了一家与其联合制作并投资电视电影的汉姆顿娱乐公司剩余的50%的股份，更名为卡尔顿美国公司，为卡尔顿国际公司一年供应16部美国电

---

① 根据电影电视制片人联盟的调查，卡尔顿制作公司为英国制作了6%的节目，格拉纳达是20%(PACT，2002b，p. 10)。

② 这反映了卡尔顿国际公司的前身中部电视政策的延续性。中部电视是卡尔顿在20世纪90年代中期收购了中英格兰地区的经营权之后并入进来的。作为一家新的广播电视公司，中部电视在1983年从联合电视(ATV)接管中英格兰地区的经营权之后就失去了节目的销售权。

③ 《三十九级台阶》出品于1935年，是世界级著名导演希区柯克最著名的悬念电影经典作品之一。——译者注

④ 这三部科幻人偶系列都是英国知名影视制片人和导演格里·安德森拍摄的，超级人偶，也是安德森在拍摄人偶电影中发明的一项技术。——译者注

视片。尽管是为美国电视台制作的，这些电视片在亚洲和欧洲也很畅销，亚欧地区对美国电视片的需求量很大。2001 年，卡尔顿在美国建立了纪实节目制作基地，即卡尔顿制作有限公司，利用它与《新闻周刊》和公共电视网的现有关系以发展纪录片业务(Carlton Communications，2002b，p. 19)。2001 年，卡尔顿和公共电视网的合作关系进一步加强，它们共同投资 2 000 万美元作为基金来制作美国电视剧和纪录片，由卡尔顿负责全球发行(Marlow，2002，p. 23)。作为同格拉纳达合并的协议的一部分，卡尔顿美国公司与格拉纳达的美国制片实体格拉纳达美国娱乐公司合并，在 2003 年末组建卡尔顿美国公司。

游戏竞猜节目由一个名为“动作时间”的独立的独资英国子公司发行，它拥有并代理的节目模式超过 65 个。1997 年动作时间被卡尔顿收购，2002 年它结束了与美国福克斯电视台的《电视最荒唐的失误》以及同哥伦比亚广播公司的《城堡之王》节目模式交易关系(Carlton Communications，2002b)。2004 年和卡尔顿合并后，动作时间公司就失去了其独立身份。

## 格拉纳达国际公司

格拉纳达国际公司隶属于格拉纳达公共有限公司，1998 年成立，是取代其前身 BRITE 的品牌重塑试验的结果，BRITE 是格拉纳达传媒集团和约克郡电视台共有的国际销售机构。2000 年，格拉纳达报告称其国际发行业务创收 5 800 万英镑，集团营业额为 10.87 亿英镑(Granada，2000，p. 33)。2003 年，该公司的国际发行和制作收入从 2002 年的 6 300 万英镑涨至 8 000 万英镑，上涨了 27%，集团营业额为14.11亿英镑，这主要归功于在美国的节目模式销售(Granada/Carlton，2003，p. 52)。国际节目模式的制作收入从 2002 年的 1 800 万英镑涨至 2003 年的 3 200 万英镑，目录销售仅从 400 万英镑涨到 4 500 万英镑(Ibid.，p. 55)。

当格拉纳达收购其他独立电视台旗下公司包括约克郡电视台的特许经营权时，每一次购买的节目目录都归格拉纳达国际公司所有。最后一次重要收购发生在 2000 年，格拉纳达收购了联合新闻媒体公司。由于联合新闻媒体公司在野生生物、电视剧(包括历史巨片《霍恩布洛尔》①)和动画片方面具有优势，这次收购除了获得安格利亚电视台和子午线电视台的经营权之外(哈莱克电视台②卖给了卡尔顿)，也是为了增强英国电视在国际市场上的竞争力。联合新闻媒体公司的发

---

① 霍恩布洛尔是英国 1999—2005 年拍摄的根据作家佛瑞斯特同名小说改编的一套电视电影，一共 8 集。描写了 18 世纪末到 19 世纪初霍恩布洛尔 17 岁上船作实习军官开始在英国海军的历练和成长，刻画了一位正直、勇敢、智慧、富有冒险精神并时刻反思人生的船长形象。——译者注

② 英国独立电视台在威尔士与西英格兰的分台。——译者注

行公司——ITEL，加盟格拉纳达国际公司，创建了17 000多小时的节目库。在与联合新闻媒体公司合并后，格拉纳达的制作业务逐渐趋于理性。由于独立电视网委托制作量的下降，儿童节目的经营在2001年逐渐精简（Anon.，2001a）。2001年，《生存》的Noewich制作基地关闭，制作中心转移到布里斯托，人们对美国新闻与媒体公司的《生存》和《鹧鸪》野生生物品牌的兴趣下降，更喜欢《格拉纳达野生生物》品牌。

格拉纳达国际公司的工作重点不同于卡尔顿，因为它可以接触更大的国内制作基地，2002年为独立电视台和其他广播电视公司一共制作节目6 500小时，包括56%的独立电视台委托制作的节目时间（Granada，2002b）。因此，在英国，为独立电视台制作的节目成为国际贸易活动的中心，其中包括长篇连续剧《加冕街》、《爱默代尔农场》和《心跳》，当代电视剧《临阵软脚》，侦探系列《大侦探波罗》[①]和《福利斯特探案集》以及改编自文学作品的联合制作历史剧《福尔赛世家》[②]和《日瓦戈医生》（Granada，2002b）。在国际上最畅销的电视剧有《加冕街》、《大侦探波罗》和《福尔赛世家》，2002年每一部都在海外市场创利200万英镑（Ibid.，p.7）。

像卡尔顿一样，格拉纳达努力在国际范围移植它的制作经验。其专门为国际市场设计娱乐节目的部门Hothouse（前身是Greenhouse），成立于1999年。它成功销售的节目有2001年出售给美国福克斯电视台的《新兵训练营》和2002年卖给格拉纳达并由格拉纳达为美国广播公司制作的《我是个名人，让我离开这儿！》。

格拉纳达在美国、德国和澳大利亚都设有国际经营分公司。其美国制作前哨，位于洛杉矶的格拉纳达娱乐美国公司（2003年与卡尔顿美国公司合并后更名为格拉纳达美国公司）一直为美国观众制作电视电影、格拉纳达在国内最受欢迎的电视剧（《解密高手》、《临阵软脚》）的本土版本和娱乐节目（见第五章）。[③] 格拉纳达驻德国的影视制作公司在2002年为德国电视输送了22小时的节目（Granada，2002b，p.5）。在澳大利亚，格拉纳达持有商业电视第七频道10.03%的股份，还经营一个制作公司——格拉纳达澳大利亚传媒公司，它不仅为澳大利亚广播电视公司制作节目，还是格拉纳达在澳大利亚的本土节目制作公司，包括美国和英国版的真人秀节目《我是个名人，让我离开这儿！》。然而，与它在国内的制作规模以及那些像富曼传媒一样在39个国家拥有制作部门的对手相比，格拉纳

---

① 根据阿加莎·克里斯蒂所著系列小说改编的长寿系列推理探案剧。——译者注

② 福尔赛世家是诺贝尔文学奖得主约翰·高尔斯华绥的长篇巨作，原著分为《有产业的人》、《骑虎》、《出租》三部分。这套剧集是ITV拍摄的，共10集，基本上是根据原著改编的。——译者注

③ 《解密高手》主要是讲一个犯罪心理学家Fitz如何帮助警方审讯嫌疑犯的故事；《临阵软脚》讲述三对年轻夫妇或情侣的都市生活，剧集犹如连环画，幽默、风趣、随意。——译者注

达离真正的国际性公司还有很大的差距。

## 案例研究——第四频道国际有限公司

第四频道国际有限公司是公有性质、商业资金资助的第四频道的国际销售和联合制作部门。2001 年，它成为第四频道的商业企业集团 4 Ventures 的一部分，同年创利 2 530 万英镑，集团营业额是 7.34 亿英镑(Channel Four，2002c)。如果加上来自消费品(出版物、录像、音乐和特许商品)的收入，收入会上升到 3 450 万英镑。到 2002 年，来自节目销售和消费品的共同收入增至 3 690 万英镑，集团营业额是 7.74 亿英镑，第四频道国际的节目销售占了 3 070 万英镑(Channel Four，2003)。

根据第四频道国际公司自己的说法，2002 年它有 36%的收入来自英国，33%的收入来自美国，只有 11%的收入来自欧洲(Channel Four International，2003)。在英国的销售主要归功于第四频道的数字频道 E4，第四频道国际公司与它签订过一份保证输出的协议；其次归功于在二级市场的其他英国频道(Channel Four，2002a，p. 17；Morris，2002)。

和 BBC 环球公司、卡尔顿国际传媒公司和格拉纳达国际公司不同的是，第四频道国际公司没有内部制作部门，它几乎完全依赖第四频道委托制作的节目。因此，第四频道国际公司的策略一直是专注于与独立制片人建立“创造性和商业性”的伙伴关系，这种关系“贯穿于从节目创意在制片人和编辑之间的研发到被 4 Ventures 公司在二级市场进行开发的全过程”(Channel Four，2002a，p. 14)。除了为有国际吸引力的节目提供预付金来填补资金缺口之外，它还通过与美国的公共电视网、探索频道、国际地理和历史频道，以及澳大利亚广播公司和德国电视二台建立长期合作关系来获得资金，尤其是为纪实节目融资。第四频道国际公司的营销主任迈克·莫里斯认为，这些关系无论是在创意方面还是在经济方面都令双方受益。

> 我们和各个广播电视公司有广泛的长期的联合制作计划，我们将一定数量的项目纳入这种合作关系中，他们也同样如此，所以我们不需要每次单独去干而是寻求合作。……例如，第四频道决定制作一个关于“五月花”的节目，了解了他们的想法，我们就与制作人和频道共同研究制作方案。我们会把它带到美国的 WGBH 电视台，尽力找到联合制作的资金，我们不接受任何委托，而是把那笔钱直接投入节目预算，然后我们弄到世界其他地区的国际版权，这是我们做这个事的原因，我们为第四频道提供服务。(Morris，2002)

绝大部分输出的节目都是纪实节目，包括烹饪节目(如《妮吉拉食谱》)、历史系列(如《亨利八世的六个妻子》)和单本纪录片(如《巨塔因何而倒下》)[1],2002 年销往 19 个国家(Marlow,2003b,p. 6)。但从营销和合同的角度上说,单本节目销售的成本很高,而电视剧一小时一小时地播,更多的收入随之产生(Morris,2002)。成功的例子有卖给美国主要频道"娱乐时间"的电视剧《同志亦凡人》[2],此后播放过 3 个系列。还有其他电视剧,包括由肯尼斯·布拉纳主演的关于极地探险的史诗式冒险故事剧《沙克尔顿》,该剧是与美国(艺术与娱乐电视台)和澳大利亚的合作伙伴(澳大利亚广播公司)联合制作的,2002 年卖到了 20 个国家(Marlow,2003b,p. 6)。

节目版权分配的业务守则和制播分离的举措给独立制片人留下了选择发行商的更大空间,也向第四频道国际公司提出了挑战。它的一些重要供货商(沃特沃,RDF 传媒公司)已经很擅长在美国市场获取资金,市场的开放也很可能会鼓励其他频道步其后尘。

# 案例研究——HIT 娱乐公共有限公司

作为幼儿节目制作和发行的专业台,HIT 娱乐公司的国际策略和其他英国公司截然不同,它制作的节目表现出儿童电视的特性,比任何其他类型节目提供了更多的录像和 DVD 以及消费品领域的增值版权的开发机会。自从 1989 年作为第三方所有的独立发行商而成立以来,该公司凭借所掌握的一些经久不衰的儿童电视剧的所有版权,该公司已经经历了一次转型。现在它是一个拥有多种版权的多媒体集团公司,拥有自己的动漫和实景真人工作室,建立了蓬勃发展的国际业务。

当认识到销售其他公司拥有的节目发展空间有限并且全世界的儿童电视节目购买预算在下降时,HIT 娱乐公司成了品牌管理专家(Caminada,2001)。HIT 娱乐公司之所以能获得成功是因为它资助并推广自己制作的节目(如《巴布工程师》、《芭蕾小精灵》、《浴室大冒险》),还战略性地购买了在美国、日本和西欧市场有发行前景的成功节目(如《小恐龙巴尼》、《火车头托马斯》、《企鹅家族》)。

儿童娱乐节目一直是开发具有国际吸引力的品牌节目的附属权利业务的平

---

① 这三部节目的英文片名分别为 Nigella Bites,The Six Wives of Henry Ⅷ 和 How the Towers Fell Down。后者从建筑学角度解释了美国 9·11 袭击中双塔快速倒塌的原因。——译者注

② 《同志亦凡人》是英国的一部同性恋电视连续剧,描写三个男人住在曼彻斯特之同性恋圈的故事,风格大胆写实,台词风趣幽默,是同性恋电视历史上一部经典之作。

台。其附属权利业务已经超过了电视节目销售(见表4.10)。节目销售额在2000年占营业额的三分之二,在2003年只占了7%,绝大部分营业额都来源于消费品(许可)和家庭娱乐(录像和DVD)。在这种背景下,节目销售俨然是攫取其他领域利润的发动机。把《巴布工程师》销售给美国尼克国际儿童台的学龄前频道尼克幼儿频道以及把《芭蕾小精灵》卖给美国公共电视网都推动了录像和消费品的销售。到2003年,HIT占了美国儿童家庭娱乐市场的12%,成为第四大儿童录像发行商。在英国,它是最大的学龄前录像和DVD的发行商,占了34%的市场份额(HIT Entertainment,2003,p.12)。

**表4.10 HIT娱乐公共有限公司的营业额(按业务的目的区域、类型和片源国统计)**

单位:百万英镑

| | 2000 | 2001 | 2002 | 2003 |
|---|---|---|---|---|
| 营业额 | 20.6 | 52.3 | 121.0 | 168.9 |
| 按目的区域统计的营业额 | | | | |
| 美国 | 5.6 | 32.0 | 87.2 | 108.6 |
| 英国 | 9.0 | 12.6 | 19.2 | 27.8 |
| 其他地区 | 2.7 | 3.7 | 10.0 | 21.0 |
| 欧洲 | 3.3 | 4.0 | 4.6 | 11.5 |
| 按业务类型统计的营业额 | | | | |
| 家庭娱乐 | 2.1 | 19.9 | 61.3 | 75.5 |
| 消费品 | 5.0 | 20.3 | 47.3 | 72.1 |
| 电视 | 13.5 | 9.9 | 8.6 | 12.2 |
| 舞台表演 | — | 2.2 | 3.7 | 9.1 |
| 按片源国统计的营业额 | | | | |
| 美国 | — | 28.0 | 91.1 | 112.6 |
| 英国 | 20.6 | 24.3 | 29.9 | 53.0 |
| 其他地区 | — | — | — | 3.2 |
| 税前利润 | 4.9 | 7.5 | 27.3 | 39.7 |

资料来源:HIT娱乐公共有限公司的年度报告和财务表。

HIT公司的转型始于1996年7月,它在另类投资市场上市,筹集到270万英镑资金(HIT Entertainment,1996)。1997年8月,公司全部上市,又筹集到810万英镑(HIT Entertainment,1997,p.17),1998年10月的增股发行筹集到1 410万英镑(HIT Entertainment,1998,p.4),1999年7月又筹集到760万英镑(HIT Entertainment,1999,p.14)。

这些资金使得公司能为自制节目提供全额资助。1997年HIT在曼彻斯特成立了自己的动画产业——HOT动漫公司，制作逐帧动画系列《巴布工程师》。截至2003年，该动画已经许可给近200家电视台播放（HIT Entertainment，2003，p. 14）。HIT在1997年和1998年分别成立了录像部和消费品部。消费品部主要经营HIT的核心品牌，负责与主要玩具生产商和发行商的许可交易（HIT Entertainment，2001，p. 5）。

这种做法的风险在于通过发行增股的方式来融资制作节目或许不能实现预期目标，特别是在20世纪90年代末，市场上充斥着幼儿节目，而播放空档时间少，收益很低。但HIT在北美和主要欧洲市场的业绩说明，从《巴布工程师》这样的热门剧中获得的潜在收益将十分可观。

然而，要获得持续发展，HIT需要证明其良好业绩并不仅仅来自一个成功的节目——《巴布工程师》。2001年，它出资1.89亿英镑收购了美国的Lyrick公司（Ibid.，p. 2）。Lyrick制作了《小恐龙巴尼》，这是一部关于恐龙的实景真人幼儿节目，收视率经久不衰，自1992年就在美国公共电视网电视台播放，在特许产品中占了相当大的份额。这次收购不仅使公司在美国收获了制作装备，也提供了更好的进入美国录像和许可市场的途径，HIT也从Lyrick与美国主要零售商的关系中受益（HIT Entertainment，2001，p. 4）。Lyrick公司的并入从根本上改变了HIT公司的业务重心。首先，2003年，根据来源统计，来自美国的收入居领先地位，占营业额的三分之二（见表4.10）。其次，公司的力量进一步推向了增值版权的开发，2003年增值版权占了总收入的93％。

HIT的发展受到进一步收购活动的推动，也减少了它对第一部热门剧《巴布工程师》的依赖。2001年，公司花1 590万英镑购买了《企鹅家族》的所有版权，这部逐帧动画片在欧洲特别是日本有巨大的发行潜力和吸引力，2001年其消费品版税就创利200万英镑（Ibid.，pp. 2-38）。2002年，它出资1.37亿英镑收购了英国对手古林娱乐公司，该公司拥有幼儿节目《火车头托马斯》和《吉尼斯世界纪录》（HIT Entertainment，2002，p. 5）。HIT的发展关键在于它拥有并推广具有长久价值的品牌，其价值取决于节目的播放率以及节目在家庭娱乐和消费品等不同市场的吸引力。在所有参与英国电视国际流通的英国公司中，HIT是唯一的一家把经营重点从英国转向美国的公司。2004年，HIT宣布计划在和美国的吉姆·汉森公司签订协议之后，会在美国推出学龄前儿童频道，发行它的440个小时的家庭经典节目，包括《木偶也摇滚》和《霍伯斯》。

# 案例研究——RDF 传媒公司

RDF 传媒公司成立于 1993 年，是英国最大的独立制片公司之一，主要制作纪实和娱乐节目。它制作的热门节目有《垃圾堆挑战》、《火眼金睛》、《换妻俱乐部》①、《海难》、《万岁》和《天生一对》。

RDF 最卓越的出口成绩是销售给美国各家广播电视公司的节目和节目模式。2001 年，RDF 在洛杉矶成立了美国制作分部，当时探索公司的学习频道订购了一套 RDF 为第四频道打造的系列节目《垃圾堆挑战》的美国版，节目中，各个参赛队分秒必争，利用垃圾堆里的废弃材料制造机器。这个节目由 RDF 洛杉矶分部改版制作成《废物拼装大赛》系列。2002 年，学习频道又接着订购了第四频道系列节目《火眼金睛》的美国版。节目中，参赛者接受挑战，要体验与自己的经历不相符的职业并努力胜出。这档节目也是在洛杉矶制作的。《万岁》是一档恶搞赌博节目，原来在第四频道播出，2003 年秋天被福克斯电视网重新制作。2002 年，美国广播公司按照 RDF 公司为第四频道设计的真人秀节目《换妻俱乐部》的模式订购了一档试播节目，其姊妹台美国广播公司家庭频道订购了 13 集《天生一对》，它是原先在第四频道播放的相亲节目，参加节目的选手请朋友帮助挑选一个完美的伴侣。据报道，RDF 公司现在又成立了纽约办事处，2002 年它在美国的业务创利 1 100万英镑，相当于 RDF 总营业额的三分之一（Hughes，2003，p. 20）。RDF 继续将自己定位为一家美国的制作公司，它期望到 2004 年在美国的收入能达到营业额的一半（Waller，2003a）。

RDF 公司利用在英国创作节目积累的专业知识在美国进行本土制作得以一箭双雕，既在美国市场销售节目模式，也赚取了制作收入（Frank，2001）。借助在美国的据点和美国电视台委托制作的机会，它正努力创造一个“良性循环”，从其伦敦办事处输送节目到美国，从其洛杉矶办事处把节目输送到英国（Hughes，2003，p. 20）。RDF 公司的宏伟蓝图是通过保留节目模式的版权和在美国和英国长期反复播放系列节目打造一家可以被出售和上市的公司（Lambert，引自 Wells，

---

① 《换妻俱乐部》自 2003 年 9 月首播以来，收视率排名一直稳居英国第四频道第二，并迅速登上了法国、澳大利亚、丹麦等 40 多个国家的荧屏。每期节目中，节目组都会从形形色色的参与者中挑选出两个迥然不同的家庭参加，然后将两家的女主人对调，在对方的家中充当两周的妻子。第一周，按照对方罗列的条目行事，第二周，按照自己的意愿“经营”对方的家庭，整档节目时长 1 个多小时。节目播出伊始，遭到许多人的质疑。但是在一片指责声中，不仅没有下档，反而收视率快速攀升，荣获了许多电视大奖。——译者注

2002，p.6）。

RDF公司是凭借保留节目制作和模式版权的能力而不是依赖在英国的制作活动来创利的（Frank，2001）。例如，RDF出资为完全由第四频道资助创作的《垃圾堆挑战》做推广，保留节目的发行权。这样，RDF不仅在第四频道获得70％的收入，同时获得30％的后端收入，还作为节目的发行商获得了30％的佣金（Frank，2001；Bruneau，2001）。

2003年1月31日，RDF传媒公司创造了3 330万英镑的营业额（2002年2 450万英镑），税后利润为609 270英镑（2002年360 898英镑）（RDF Media，2003，p.8）。在提交给独立电视委员会的《英国节目供应市场调查》的报告中，它指出它的利润几乎全部来自二级版权的开发，其制作部门完全没有盈利（RDF Media，2002a）。公司计划2002年的营业额达到3 500万英镑，税前利润120万英镑（Ibid.）。RDF宣称如此低的回报使之很难吸引外部投资去冒险创新，谋求发展。和其他独立制片公司一样，RDF将其节目制作的低收益归咎于英国电视台在节目内容上缺乏竞争以及不公平的贸易条款，这些条款对广播电视公司有利，把制作预算和制作费压得很低（Ibid.）。

作为第四频道的主要供应商，RDF公司通过谈判设法在保留版权和获得大份额的后端收入方面争取到更有利的条款（Frank，2001）。为了提高利润，它一直专注于系列片（如《垃圾堆挑战》、《火眼金睛》、《天生一对》）和节目模式，因为它们可以在海外获得开发，而那些利润不大的单本节目可以满足公司内部的创作冲动（Ibid.）。RDF还努力避免需要高额音乐和档案资料清理费的节目或有主持人的节目（Ibid.）。其他用来发展国际业务的策略还包括一个独立制作人基金，该基金是2001年风险投资商天箭座私募股权投资基金投入320万英镑换取估计20％的股份建立的，价值100万英镑（Frank，2001；Waller，2003g）。通过赞助节目创作、弥补预算赤字和向制作人支付预付款，这个基金被用来获取发行权和一份后端收入。借助这个基金，独立制片人可以和广播电视公司商谈以获取更高的制作后端份额（50％～60％而不是30％），因为他们把钱的问题摆在桌面上谈。RDF公司希望利用这个基金购买和投资高品质节目，卖到世界各地的免费播放电视台，而非有线和卫星电视台的那些付费低的频道（Frank，2001）。

## 案例研究——沃特沃电视集团

沃特沃电视集团于2003年建立自己的内部发行部门，此前它通过保留自制节目的版权开拓了国际业务，为那些拥有适合美国市场、有国际吸引力的纪实节目的独立制作公司如何寻找机遇之门，提供了一个很好的例证。在呈交给独立电视委员会的《英国节目供应市场调查》的材料中，沃特沃电视集团将其成功归为三个因素：

首先，我们可以掌控版权；第二，我们能够选择自己的国际发行商；第三，我们能够根据这些版权在不同地区和不同媒体的价值将版权分开定价议价。(Wall to Wall Television, 2002, p. 5)

沃特沃电视发端于1987年为第四频道制作的全额资助节目。当时10%的制作费提供了很小的利润空间，海外开发一直由第四频道控制，制作人仅仅从开发的净利润中获得少数份额(30%)(Wall to Wall Television, 2002, p. 3)。到1993年，沃特沃一年制作150个小时的节目，却没有自己的资产基础或额外的收入来源(Ibid., p. 4)。当公司争取到了美国的联合制作资金，有了更大的控制知识产权和品牌的空间，这种情况才有所改变。截至2002年末，沃特沃为美国的七家广播公司提供节目，据说50%的收入来自英国以外的地区(Ibid., p. 4)。2003年，它的营业额是1 686万英镑(2002年1 400万英镑)，其中580万英镑来自海外收入(Wall to Wall, (Holdings), 2003)。

沃特沃的第一个海外策略是和一些美国广播电视公司联合制作预算超过一小时30万英镑的高端节目，美国投入30%～40%(Shell, 2001)。例如，《古代埃及人》是一部剧情化的四集纪录片，预算是600万英镑，制作资金来自美国学习频道投入的30%、第四频道投入的30%和格拉纳达在西欧的预售收入(Ibid.)。这部纪录片2003年12月在美国的学习频道首播，晚上8点开始，播放2小时。1993年，沃特沃为其首部联合制作的儿童成长剧《宝贝，是你》找到发行商ITEL，并邀请学习频道作为合作伙伴。这部系列剧更名为《婴儿世界》在美国播放。为了谈成这笔生意，沃特沃延迟收取其制作费，按成本价制作节目，只是想和学习频道建立起直接关系(Shell, 2001; Wall to Wall Television, 2002, p. 4)。当节目红极一时的时候，它获得的收益超过了以前所有沃特沃节目获得的收益的总和(Ibid.)。重要的是，这个节目巩固了沃特沃同学习频道和探索电视网其他频道之间的关系。利用这个品牌及其拍摄技巧，类似的节目相继诞生，包括《猫的世界》、《狗的世界》和《马的世界》。

沃特沃在美国市场拓展业务的第二个策略是利用其住宅系列片的发行权。这档节目原来是设计在第四频道播放的有关亲历历史实验的《1900年的住宅》，后来又扩展内容，推出了《20世纪40年代的住宅》和《爱德华时代的乡间别墅》。《1900年的住宅》作为国内系列片推出，理应是全额资助，发行权自动归第四频道国际公司所有。然而，第四频道国际公司一时大意，海外销售的机会落在了沃特沃及其发行商ITEL手里(Wall to Wall Television, 2002, p. 4)。它被出售给美国公共电视网，节目成功后，沃特沃和纽约的公共服务附属公司WNET签订了一份协议，两个公司联合制作美国版本的《边境住宅》。这部系列片在蒙大拿州拍摄，一些家庭重新体验19世界美国开拓者的生活经历。美国公共电视网也购买了英国的《20世纪40年代住宅》和《爱德华时代的乡间别墅》系列，同时在筹划美国的《殖民地风格的住宅》(Ibid.)。

第三个策略是直接为美国电视台如学习频道(《远古世界》)和探索健康频道(《软禁》)制作低预算(一小时40 000～150 000美元)、高容量、全额资助的节目。这给公司带来了现金流，但作为雇佣作品①，沃特沃没有保留任何版权(Shell，2001)。首席行政长官亚力克斯·格拉汉姆认为，区别在于高端联合制作利用特有的英伦风格，但巨大的交易量巩固了沃特沃在大西洋两岸的实力(引自Shelton，2001，p.15)。

在最初打入美国市场的时候，沃特沃一并入格拉纳达国际公司就找到ITEL做发行商。然而，与一些美国广播电视公司建立直接关系之后，它现在就可以独立地争取到美国的融资了。

---

① 是指员工在受雇用期间和受雇用范围内所创作的作品。影视作品大多数是受雇而产生的雇佣作品。——译者注

# 第5章

# 合作与效仿——与美国电视的联系

国内电视和美国电视，在世界的每一个地区，都有这样的划分(Root,2001)。

英国电视和美国文化的故事，是一个没有最终控制权的同化故事，一个差异能发挥影响的故事，因为差异有助于解构和重构熟悉的东西。在这个故事里，一个国家对另一个国家作品的接受从控制转向解放，然后又开始新的一轮莫测变化。……最后，在这个故事里，“这里”构建的意义讲述着“那里”产生的意义，和那里的意义进行着交流，向“那里”的意义对话——反之亦然——其中，当然，没有什么东西是完全不同的(Miller,2000,pp.182-183)。

从这些评论中，我们可以感觉到人们对于英国电视在美国产生的影响力有着不同的认识。美国是英国最大的统一市场，2003年在英国电视节目出口值中占了43%，1997年英国有35%的节目是从美国引进的(BTDA,2004;DCMS,1999a,p.17)。从一方面来讲，英国电视的影响力不大，因为美国市场主要是自给自足，欧洲节目在美国播出的节目中所占的比例不到2%(EC,1999,p.7)；从另一方面来讲，英国电视的影响力超过了实际的贸易量，因为美国节目吸收了英国节目的制作思想、节目类型和形态，从而创作了新的节目形态，“质量”与以前从英国进口的节目不相上下(Miller,2000,p.166)。例如，米勒认为美国的微型家庭伦理系列剧，如《富人穷人》①(ABC,1975年)、《根》②(ABC,1997)，甚至电视剧《达拉斯》，受到1969年在美国公共电视上播放的英国家庭连续剧《福尔赛世家》的启发(2000,pp.165-167;Lealand,1984,p.58)。20世纪90年代，更直接的影响突显出来，英国电视剧、游戏节目、真人秀和生活方式节目形态的美国版本被当作让美国荧屏

① 根据美国当代著名小说家欧文·肖的畅销小说《富人穷人》改编的34集同名电视连续剧，该剧讲述从第一次世界大战结束到六十年代末一个德裔美国家庭两代人的曲折故事，通过他们的经历向美国传统的价值观念发出挑战，告诉人们光有金钱、美貌和物质享受，并不能使人幸福。——译者注

② 根据美国著名黑人作家亚历克斯·哈里经典名著改编而成的6集短小剧目，忠实地再现了一个黑人家庭6代人被奴隶贩子从非洲漂洋过海掳到美洲进行一次次贩卖的曲折屈辱经历，反映了美国2 500万黑人苦难历史，剖析了奴隶制度的野蛮残暴。——译者注

在竞争更激烈的多频道环境中焕发出活力的一剂良方。

然而，总的来说，英国电视在美国荧屏上的地位一波三折，时而处于高峰期，时而处于低谷期，间或因英国终于“挤入”这个极其艰难而又利润丰厚的市场而令人振奋。英国电视打入美国市场的过程总是一成不变，先是节目和节目模式被认为有创新、与众不同而得到认可，然后是这些特征逐渐融入美国节目，从而消除了进口节目的需求，接着又产生了进一步创新的必要性。随着国际收入日益重要，英国出口商试图打破这个怪圈，试图从美国边缘电视台转向更中心的位置——最好是经济收益更大的免费电视台而非公共电视台和有线电视台。然而，正如第三章所述，那种认为英国公司能够靠自身力量打破怪圈并崛起为重要的国际公司的信念在英国政府的政策干预下已经大部分烟消云散了。2003 年的《通信法》允许美国公司拥有英国商业电视，因为英国政府相信用美国的金融和营销机制去经营英国的节目创意和内容将最终帮助英国电视节目制作业突破国内市场的保护范围。在美国的成功意味着英国在国际舞台上崛起成为更重要的演员，在国际市场上获得的收益可以用来扶持国内的节目制作。

本章首先简要介绍一下美国电视市场的概况，然后再考察英国电视在美国荧屏上的历史地位。接着本章将考察“把关人”对于英国电视剧、纪实节目、儿童节目和娱乐节目这些主要领域以及英国电视节目出口商所采用的打入美国市场的策略的看法。我们的分析主要利用 2001 年 6 月到 2002 年 9 月期间对美国和英国电视管理人员进行的访谈。本研究试图探明哪类节目有吸引力，为何有吸引力，哪些因素促使美国“看门人”投资英国电视，这些节目在荧幕上是如何推广和编排的，市场上的哪些新兴趋势影响了英国电视的地位。本章最后对 BBC 美国频道作了分析评估，因为它代表着打造另外一种播放英国节目的且为英国所有的频道的尝试。

## 市场概览

美国的电视市场可以分解为以下几种：电视网、辛迪加市场、有线和卫星频道、公共广播系统和公共广播辛迪加。我们首先介绍构成美国电视核心的国家电视网。

### 电视网

电视网包括免费商业广播公司美国广播公司、哥伦比亚广播公司和全国广播公司，1986 年福克斯台(Fox)加入，90 年代又增加了联合派拉蒙电视网(UPN)、华纳兄弟电视网(WB)、派克斯电视网(Pax)。除了90年代末购买的节目模式,如美国广播公司播放的《谁想成为百万富翁》和全国广播公司播放的《智者为王》,这些电视网在20世纪60年代以来并不是英国电视节目的重要播放渠道。2001年至2002年,这些电视网占了黄金时段收视份额的54%,主要是播放国产娱乐节目和剧情片(Nielsen Media Research,引自TBI,2002,p. 293)。

## 辛迪加市场

辛迪加市场由地方市场的电视台群体组成,这些电视台许可专门为辛迪加制作的首轮播出节目(游戏节目、谈话节目、法庭节目和一些剧情片),并重播在电视网上播放过的情景喜剧(《老友记》、《欢乐一家亲》①)和连续剧《急诊室的故事》(Hazleton,2000a,p. 15)。在那些由电视网持有并经营或其下属的1 500多个电视台,辛迪加节目在黄金时间以外的非电视网时段播放。有线电视网也参与争抢最高的重播率。一旦有足够的剧集(65集)满足辛迪加日间分集播出的需要,辛迪加就是弥补巨额制作赤字的地方。这就要求节目长,能分集从周一到周五在同一时间播放,于是大部分英国节目被排除在外。然而,游戏节目《谁想成为百万富翁》和《智者为王》的成功已经产生了黄金时段的辛迪加原创节目,不局限于电视网黄金时段播放。然而,由于没有合适的节目,发行又受制于制片厂,英国多数发行商开始集中精力把首播节目放在有线电视台和公共电视台上播放。

## 有线和卫星频道

英国节目在电视网和辛迪加的流通有限,却在美国有线频道占据了更大市场,2001年69%以上的美国家庭可以收看有线频道(Nielen Media Research,引自MPAA,2001)。不过英国节目主要局限于基础有线电视台而非"家庭影院"和"娱乐时间"这样的付费频道,这两个频道因播放知名的国内节目而闻名遐迩。播放英国节目的重要基础有线渠道包括综合台艺术和娱乐(A&E)、布拉沃和美国电视网,纪实频道探索电视网、国家地理和历史频道,儿童台尼克儿童国际频道(Nickelodeon)。在数字市场以及BBC环球公司持有和经营的卫星频道BBC美国频道,也有很多的机会销售成品节目。

## 公共广播系统

公共广播系统是1969年为了给美国的众多非盈利性教育台提供一个全国性

---

① 是美国最受欢迎的喜剧之一,讲述精神病医生弗莱泽及其父亲、弟弟和女友之间的故事。——译者注

的网络而成立的，它是播放英国电视剧、纪实节目、纪实节目模式(《古董巡回秀》、《边境住宅》)和幼儿节目(《天线宝宝》)的重要平台。20世纪80年代，公共电视网在纪实节目、高品质电视剧的引进和被商业有线频道占据的幼儿节目方面展现出优势，并不得不与其他台争抢英国节目。由于自创建之初就长期面临资金不足的问题，它受到严格的政治审查并严重依赖公司的赞助和观众的经济支持。公共电视网旗下的WGBH(总部设在波士顿)和WNET电视台(总部设在纽约)是英国公司的重要合作伙伴。

## 公共广播辛迪加

公共广播辛迪加为老牌英国情景喜剧《百货店奇遇记》、《往事随风》和《保全颜面》提供了销路，这些节目是当地公共广播电视台从BBC购买的。1999年到2000年期间，BBC环球公司把情景喜剧卖给了110家相互独立的公共服务电视台(BBC Worldwide，2000)。

## “强者生存”

这种对市场的分割方式使得高水平的公司整合黯然失色，这种整合使得美国各电视台仅仅隶属于规模庞大的纵向整合集团(Holt，2003)。1995年联邦通信委员会废除了《经济利益和辛迪加规定》，公司整合的趋势进一步加快。从20世纪70年代早期开始，这些规定不允许电视网拥有辛迪加播放的节目，也不允许它们参与辛迪加国内业务。规定废除之后，迪斯尼公司于1995年收购了美国广播公司，维亚康姆于1999年收购了哥伦比亚广播公司，美国在线和时代华纳于2000年合并。至此，美国电视节目的制作和发行由五个能够联网的纵向合并公司(维亚康姆、迪士尼、新闻集团、时代华纳①和全国广播公司/通用电气②)与一个掌控纪实电视业的自由传媒集团统领(见表5.1)。这些集团公司对出版、音乐、新媒体、零售业务、主题公园、国际频道和国际制作等领域也有广泛的兴趣，这些领域构成它们一体化国际形象经营战略的一部分。

---

① 2003年10月，美国在线时代华纳集团宣布更名为时代华纳集团。

② 2003年10月，通用电气公司和法国的维旺迪环球公司签署协议，将全国广播公司和维旺迪环球娱乐公司进行合并，新成立的公司称为NBC Universal，旗下拥有全国广播公司电视网、环球影业公司以及美国电视网、科幻频道、美国全国广播公司财经频道、Bravo、Trio等有线电视网。

表 5.1 美国电视台所有权

| 时代华纳(2003 年之前称为美国在线时代华纳)(〈www. aoltinewarner. com〉) |
| --- |
| 主要资产:网络电视——华纳兄弟电视网;付费有线频道——家庭影院;有线/卫星频道——CNN,法庭电视(和自由传媒共有),TBS 超级电视台,特纳网络电视,卡通电视网,特纳经典电影;制作和发行——华纳兄弟,华纳兄弟制片厂,华纳兄弟电视(制作),华纳兄弟电视动画,汉娜·芭芭拉卡通 |
| 通用电气(〈www. ge. com〉) |
| 主要资产:网络电视——全国广播公司,派克斯(Pax);有线和卫星频道——CNBC(和道琼斯共有),MSNBC(和微软共有),A&E(持股 25%,和迪士尼、赫斯特(Hearst)共有),历史频道(持股 25%),彩虹媒体控股公司(和有线电视共有,包括美国经典电影频道和布拉沃频道),国家地理(持股 25%,和福克斯共有);当地电视台——帕克森(Paxson)所持电视台。<br>注释:2003 年 10 月,通用电气和法国维旺迪环球公司签约将全国广播公司和维旺迪环球娱乐公司组建全国广播公司环球公司 |
| 自由传媒集团(〈www. libertymedia. com〉) |
| 主要资产:有线和卫星频道——探索通信公司(持股 49%,与考克斯通信公司(Cox)与新频道集团共有,包括探索频道、学习频道、动物星球、旅游频道、探索健康频道、探索文明频道、探索家庭和休闲频道、探索儿童频道、探索科学频道、探索双翼频道),QVC(家庭购物 42%),星光映佳人集团(各种娱乐/剧情片服务),法庭电视(持股 50%) |
| 维亚康姆(〈www. viacom. com〉) |
| 主要资产:网络电视——哥伦比亚广播公司,联合派拉蒙公司(UPN);付费有线/卫星频道——娱乐时间电视网,电影频道;基础有线频道——尼克国际儿童频道,诺金(和芝麻街工作室共有),音乐电视,派拉蒙频道,热门录像带一台,喜剧中心,黑人娱乐频道(BET),全国电视网(The National Network,TNN);当地电视台——UPN 旗下各电视台,哥伦比亚广播公司电视台;制作和发行——派拉蒙影业,派拉蒙电视,维亚康姆制作公司,音乐电视制作公司,尼克制片厂,斯柏林娱乐集团,世界愿景企业,金世界制作公司(首播辛迪加) |
| 沃特迪斯尼公司(〈www. disney. com〉) |
| 主要资产:网络电视——美国广播公司;有线/卫星频道——美国广播公司家庭频道,迪士尼频道,卡通迪士尼,肥皂剧网,ESPN(持股 80%),经典体育电视网,A&E 电视(持股 37.5%,和赫斯特与通用电气共有),历史频道(持股 37.5%),生活时间电视(持股 50%,和赫斯特共有),E! 娱乐公司(和康卡斯特公司与自由传媒共有);当地电视台——美国广播公司持股和经营的电视台;制作和发行——博伟电视,试金石电视制作公司,沃特迪士尼电视集团,沃特迪士尼电视动画公司 |

资料来源:'Who Owns What',*Columbia Jounalism Review* at www. cjr. org(20 May 2003)。

它们的目的是利用集团内部纵向的制作发行结构协同作战，在横向层面跨越不同的媒体和消费品，利用播放率创建品牌，在二级市场实现价值（Aksoy and Robins，1992；Segal，2002，p. 14；Sinclair，1996，p. 37）。这样，外国公司包括英国出口商更难进入美国市场，因为集团公司的目的是自给自足，试图控制和拥有所有业务和不同的电视台，逐渐形成全球规模（Segal，2002，p. 14；Sofley，2000a）。例如，1991年，哥伦比亚广播公司购买了其内部制作部门17％的黄金时段的节目，到2001年，这个比例上升到70％（Channel Four，2002a，p. 19）。2002年至2003年，美国广播公司的29部试播节目中有26部是由迪斯尼的子公司——试金石电视制作公司制作或联合制作的（Ibid.）。2002年，32部黄金时段播出的新连续剧中有27部是由与主要电视台有联系的公司制作，有的是由内部部门制作，有的是由电视台与制片厂合作制作（Seguin，2002，p. 28）。

# 历史背景

米勒对英国电视在美国的历史背景做过调查，他把英美的关系描述成多线条的、多种声音的，其中包含融合、对话、美国观众的意义协商以及对特定时代具体的社会、政治和文化环境的重新定义（2000，pp. 9-12）。例如，他指出，英国电视连续剧《复仇者》所刻画的坚强、独立的女间谍爱玛·皮尔，为20世纪60年代的美国中产阶层女性提供了一个全新的角色榜样。那时候，美国女性的生活正在发生改变，而美国却没有能反映相应的社会现实的节目（Ibid.，p. 74）。人们认为英国电视和美国市场上提供的节目相似却又有所不同，能够启发美国电视的创新，给美国的电视节目制作业注入活力。《复仇者》为美国电视制片人提供了一个女警形象的范本，可以在其中融入自己的谍战和警匪节目，尽管要适合美国观众的口味（Ibid.，p. 73）。

另一点显而易见的是，美国对英国节目的兴趣一直反复不定。从英国进口的影片和电视连续剧（如《侠客罗宾汉》、《兰斯洛特爵士大冒险》）[①]贯穿了整个20世纪50年代，60年代出现了最早的高峰期。英国制片人路·格瑞德制作、英国联合电视网出口的动作冒险和间谍系列复制美国电视连续剧的传统，瞄准黄金时段的电视台，获得的收入用来资助国内进一步的制作活动（Tunstall，1977，p. 101），其中最成功的有《圣人》（NBC，1967—1969）、《间谍》（CBS，1964—1966）和《囚犯》（CBS，1968）。米勒认为促使这些电视剧获得成功的并非格瑞德的“中大西洋”策

① 兰斯洛特是亚瑟王圆桌骑士中的第一勇士，他温文尔雅，行侠仗义，与王后格温娜维尔的恋情导致了他与亚瑟王之间的战争和圆桌骑士的分裂。——译者注

略，而是因为它反映了当时的冷战主题，并且同另一个文化输出资源——60年代的间谍英雄詹姆斯·邦德的联系(2000,pp. 26-29)。1969年，在美国广播公司时隔三年取消了与英国的《复仇者》的播映协议后，这个时代便宣告结束。美国制片人早已开始利用相似的主题和塑造美国的詹姆斯·邦德来制作自己的谍战系列(Miller,2000,p. 42)。

20世纪60年代末期，向电视网出售英国节目的希望变得渺茫，然而1969年美国公共电视网的创立又带来了新的机会。美国的公共电视网受到了英国公共服务型广播电视的影响，相似的经营理念再加上制作自己的剧情片资金的缺乏，为BBC的知名历史剧提供了机遇(Tunstall and Machin,1999,p. 94)。第一次大的购片活动发生在1969年，公共电视网购买了BBC的《福尔赛世家》，一部根据约翰·高尔斯华绥的小说改编的家庭剧，它的文学特性与当时美国电视上播放的日间肥皂剧截然不同，令人耳目一新(Miller,2000,p. 80)。《福尔赛世家》的成功也带来了1971年《经典剧场》的创立，这是公共电视网在波士顿的WGBH电视台开设的每周专门播放英国电视剧的一个栏目，由美孚(现为埃克森美孚公司)提供赞助。这种关系一直延续到1980年，美孚公司同意赞助WGBH电视台的《谜案!》栏目，播放英国的惊悚和侦探系列。美孚公司希望这种关系将改善该公司在那些被认为是受过教育的精英阶层并因此具有影响力的观众心目中不光彩的公司形象(Jarvik,1997,p. 238;Smith,2002,pp. 180-181)。对公共电视网来说，英国电视剧重视对“质量”的承诺，但一些人也认为廉价的英国进口节目妨碍了公共电视发展成为制作更有挑战性的美国当代剧情片的主力军(Smith,2002,pp. 181-182)。

整个20世纪70年代，英国电视节目主要蜷缩在公共电视台，电视剧吸引受过教育的年长精英阶层，辛迪加的热门节目如《巨蟒小组的飞翔马戏团》①受到受教育程度高的年轻精英阶层的追捧。英国电视节目只有掩盖了自己的“英伦特质”才能跨越障碍吸引大众。70年代，美国电视网纷纷对英国情景喜剧进行改造，主要有《全家福》(根据BBC的《至死不渝》改编，哥伦比亚广播公司1971—1975年制作)、《散福和儿子》(根据BBC的《史泰普托和儿子》改编，NBC,1972—1977年)和《三人行》(根据泰晤士的《一家之主》改编，ABC,1977—1984年)(Collins,

---

① 1969年10月5日在BBC电视台首播，在之后短短的四年间，风靡欧美。“巨蟒剧团”由五位英国人和一位美国人组成，节目内容貌似毫无价值的胡话和小丑式的插科打诨，却经常迸发出让人惊叹的绝妙创意，从极粗俗的角度彻底揭露人类文明中所有道貌岸然的嘴脸。节目形式类似于今天的电视小品，但不受任何一种规范或模式的约束。通过《巨蟒小组的飞翔马戏团》这套空前成功的电视喜剧节目，“巨蟒”的名字很快成为英国现代文化的一个标志，他们以独特的幽默方式开创了一种至今仍被全世界(尤其是好莱坞)广泛效仿和套用的喜剧类型。——译者注

Garnham and Locksley,1988,p. 72)。改造后的节目可以适应美国人的种族、女性和阶级观念。例如,史泰普托的破院子从伦敦搬到了洛杉矶的黑人社区,从而使这个电视剧的吸引力跨越了种族界限(Miller,2000,p. 151)。然而,利用英国原创节目来吸引电视网的努力并没有获得同样的成功。20 世纪 70 年代早期,格拉纳达推出了它最成功的长篇肥皂剧《加冕街》,场景设置在曼彻斯特的工人阶层社区,任何美国电视台都可以免费播放,结果却无人问津(Hoskins and Mirus,1988,p. 509)。

20 世纪 80 年代,随着有线电视的建立,美国对英国节目的需求有所增长。与之前的公共电视网一样,一些有线频道利用英国电视节目来显示自己与对手的不同,并且无需出高价便可填满节目播出表。英国节目正合要求,因为它有质量较高的美誉,可以用来吸引高层次的富有观众。例如,1983 年至 1984 年间,BBC 以一小时 1 500 美元的价格把 200 小时节目卖给羽翼未丰的美国有线频道——艺术与娱乐频道(Schlesinger,1986,p. 275)。到了 90 年代,有线市场开始发生改变,各个频道集中精力加强自己的品牌建设,努力领先于同行。它们不再依赖国内节目的重播和外购节目,而是开始制定策略制作符合品牌要求的原创节目(Hazleton,2002a,p. 41)。这种策略虽然减少了出售成品节目的机会,但确实为合资制作有线频道自身无力制作的昂贵而有风险的剧情片和纪实节目打开了机会之门。

至此,我们有必要提一下美国市场对海外节目的抵制。那些委托制作或购买节目的电视台认为观众的思想比较褊狭,这种观点影响了它们的决策。另外,既然国内市场存在大量本土制作的长篇连续剧并已获得了收视成功,为何还要购买外国电视剧,甚至是从英国引进英语节目呢?所有美国引进的节目,包括英国节目,都遭受程度较高的文化折扣,因为人们认为美国观众不能认同节目中的文化内涵。公共电视网和一些有线频道或许乐意接受显而易见的英国节目,那些试图树立自己的品牌并吸引特定观众群的电视台和频道却不那么热情。BBC 环球公司的一个经理说:“坦率地讲,它们在寻找可以美国化的东西……它们不是在寻找英国节目,它们是在寻找可以美国化的节目。”(Carlisle,2001)这种观点得到了其他人的赞同,他们用节目模式而非节目成品日益受到欢迎的现象以及美国人兴趣的循环特点来佐证自己的观点(Root,2001)。然而,隐藏了原产地的节目并没有激发观众对更多英国节目的期待,也没有创造出一个意义非凡的跨文化交流平台(Cunningham and Jacka 1996,p. 170)。这就置寻求投资的英国公司于两难境地,对英国电视剧来说,问题显得更加严峻。

## 电视剧——处于“次主流的边缘”

英国电视剧有两个确定的终端用户——A&E 和 WBGH，常常非此即彼(Paul Sowerbutts, Managing Director, Channel Four International, Keighron, 2002a, p. 23)。

20世纪70年代，英国的历史和文学性电视剧被美国的公共电视网认为是一种新鲜事物，甚至是有潜在影响力的节目。但现在它们不再被认为与众不同了，在那些想通过创新节目来打造自身独特性的美国频道面前，它们逐渐失去了吸引力。付费电视频道，尤其是家庭影院，在90年代异军突起，因率先播放当代长篇连续剧包括《欲望都市》、《黑道家族》和《六英尺下》而广受好评。[①] 我们在后面的章节会看到，目前电视节目贸易的循环状况说明曾经投入到英国电视剧制作中的创新精神、精力和概念已经转向了其他方面——尤其是纪实节目和节目模式。然而，尽管在美国销售英国电视剧有难度，美国仍然是英国至关重要的合作伙伴，能够为制作高端英国电视剧提供必要的资金。如果缺少了美国公司的合作资金，许多备受瞩目、得到公共服务台滋养的英国电视剧就不可能面世。

从交易量的角度而不是价格的角度上来说，英国电视剧最重要的合资伙伴是波士顿的 WGBH 电视台，它代表公共电视网上演文学名著系列《经典剧场》三十多年。该栏目原来依赖从 BBC 购买根据文学作品改编的电视剧，现在则播放范围更广的历史和当代连续剧或单本剧。BBC 一直是 WGBH 最重要的伙伴，WGBH 常常参与 BBC 每年一度的高预算文学剧本的改编活动：2003年是乔治·艾略特的《丹尼尔的半生缘》，2002年是安东尼·特罗落普的《我们现在的生活方式》，2001年是伊丽莎白·加斯克尔的《锦绣佳人》。其他的合作伙伴包括格拉纳达(《王冠上的宝石》1984—1985年、《头号嫌疑犯》1995年、《福尔赛世家》2002年)、第四频道(《白牙》2003年、《安娜·卡列妮娜》2002年)和卡尔顿制作公司(《伯蒂·伊丽莎白》2002年)。《经典剧场》栏目每周日晚上9点上演，一年购买了25～30小时的新片，大部分来自英国，半数以上是联合制作的。然而，2002年12月，当自1971年就一直赞助它的埃克森美孚国际公司宣布将于2004年停止其赞助，公共电视网不得不一年弄到700万美元来维持节目外购时，这个栏目的生存问题

① 其中《六英尺下》主要讲述发生在美国城镇一间私人殡仪馆里的故事。纳撒尼尔·菲舍是一家殡仪馆的老板，每天都有死者运来这里处理，菲舍一家也见证了无数死者家属的悲痛，他们还担负着安慰死者家属的工作。而菲舍家的三个孩子——纳特、大卫和克莱尔渐渐长大，他们开始恋爱，经历人生的悲欢离合。——译者注

被打上了一个巨大的问号(Stewart,2003a)。

WBGH 的《谜案!》栏目迎合了历史和当代侦探系列的需要。这样的例子有文学作品改编的阿加莎·克里斯蒂的《大侦探波罗》(伦敦周末电视/格拉纳达)、彼得·拉佛西的《绚烂归去》(卡尔顿)、伊丽莎白·乔治的《警长林利之谜》(BBC)和柯林·德克斯特的《摩斯警长》(卡尔顿)。1993 年,埃克森美孚国际公司停止了对该栏目的赞助,2001 年,《谜案!》改为夏季播映,反映了公共电视网内部欲释放档期来播放更多美国电视剧的想法(Eaton,2002;Torrance,2001)。根据公共电视网总裁帕特·米切尔的观点,研究表明由于有线频道(BBC 美国频道、A&E 电视网和布拉沃电视台)也在放映英国节目,观众越来越为选择在哪个频道看英国电视剧感到困惑。因此,"我们发现我们作为电视播出机构的身份遭到了损害,不过,更准确地说,我们听到了需要更多国内制作节目的呼声",这些节目将不仅留住 50 岁以上的主要观众,也要吸引新的快达到 50 岁的观众群,他们一旦到了这个年龄就不愿调台观看公共电视网播出的节目(Marlow,2001,p. 8)。

然而,由于公共电视网缺少能与好莱坞或家庭影院匹敌的资金,转向制作本土节目的计划就难以实施了。这说明从英国输入节目的需求将继续存在。不过,增加美国原创节目的想法导致了与英国的其他合作形式。2001 年,卡尔顿国际公司与公共电视网和公共广播公司①斥资 2 000 万美元拍摄美国的电视剧和纪录片,由卡尔顿负责全球发行。首个项目《剥皮行者》②2002 年 11 月在《美国谜案!》栏目里开播,它是由罗伯特·雷德福监制,由格拉纳达的子公司——格拉纳达美国娱乐公司在美国制作完成的(Marlow,2002,p. 23)。

第二个主要合作伙伴是有线频道 A&E,它比公共电视网更清楚地认识到转向原创制作的必要性。20 世纪 80 年代,该频道超过半数的节目购自英国,90 年代末期发展壮大,出品了一些美国影片和连续剧以"使荧屏节目更多彩,也为美国的电视剧争得一席之地"(Delia Fine 引自 Hazleton,2000b,p. 11)。这些新栏目并未将英国节目排除在外,美国的法庭系列剧《中央大街 100 号》(已停播)和侦探系

① 公共广播公司负责管理国会对公共台的拨款,协调公共台之间的关系,但不能制作和分销节目;PBS(Public Broadcasting Service)是一个节目制作和分销组织,由 170 个执照单位(包括社区组织、大学、州政府和地方教育或市政机构)的 300 多个电视台组成。——译者注

② "剥皮行者"是西方关于狼人家族的久远传说,它们是一个介于纯种狼人与人类之间的神秘物种,有着闪电般的行动速度,以人类的血肉为食,酷爱吸血。它们以红色的月亮为出没的讯号。——译者注

列剧《尼禄·沃尔夫之谜》[①]都是和富曼传媒共同制作的，由富曼传媒国际发行公司在全球发行。[②] 截至2002年，转向美国制作的趋势使得有线频道A&E同英国的合作共同制作的“签名”节目减少到五到十部。这种节目不仅超越了文化障碍，也可以通过大力推广而提高频道的知名度(Fine,2002;Schwalbe,2002;Torrance,2001)。类似的例子有根据福雷斯特的拿破仑时代小说改编的历史冒险系列剧《霍恩布洛尔》和改编自文学作品的电视剧(如格拉纳达为第四频道制作的《经度》、BBC的《名利场》、BBC的《傲慢与偏见》、Sally Head制片公司为独立电视台制作的《卡斯特桥市长》)。主要的连续剧包括关于北极探险家的历史剧《沙克尔顿》(第四频道)和根据柯南·道尔的作品改编的、由美国影星彼得·福尔克主演的《失落的世界》(BBC)。在黄金时段长期播放的联合制作节目和从英国购得的谜案和侦探系列(《黄金拍档》、《沉默的证人》、《杀机四伏》)到2002年相应缩减，因为它们被认为吸引的观众年龄太大(54岁以上)且主要是女性，因而不能引起广告商的兴趣(Fine,2002)。

剧情片有时是和付费频道——家庭影院或娱乐时间——联合制作的，但只是偶尔为之，因为它们的工作重点是生产“优质”国内电视剧。家庭影院和BBC近期的合作主要是BBC对有英国演员参与的节目投入了少量资金，例如由阿尔伯特·芬尼和凡妮莎·蕾格烈芙主演的丘吉尔传记片《铁血风暴》(2002年)，和由肯尼斯·布拉纳主演的关于纳粹“屠杀方案”的《阴谋》(2001年)。其他频道偶尔外购的节目，如布拉沃电视台从格拉纳达购买的《临阵软脚》，从第四频道购买的《尼古拉斯·尼克比》[③]，从BBC购买的《罪与罚》，从BBC喜剧中心购买的《荒唐阿姨》和从科幻频道购买的《囚犯》，通常是直接购买而非联合制作的节目。

## 联合制作的重要性

英国和WGBH电视台以及A&E电视网的关系基本上是资金合作关系，双方在期望制作高品质节目的同时共同承担经济风险。随着20世纪80年代A&E电视网的建立，WGBH发现自己不得不提前委托制作需要的节目(Eaton,2002)。

---

① 尼禄·沃尔夫是美国推理小说作家雷克斯·斯托特创作的侦探形象。自1934年至1974年的40年间，斯托特共创作了“尼禄·沃尔夫系列”的33部长篇小说和39篇短篇故事。其中的《门铃响起》进入美国推理作家协会票选出来的史上最经典的一百部推理小说排行榜。——译者注

② 据估计，2001年A&E参与了30小时的美国原创电视剧的制作(不包括电视电影)(Fine,2002)。

③ 根据狄更斯的同名小说改编，作家用辛辣的笔调揭露了当时私立学校的苛刻与无望。——译者注

由于A&E电视网降低了对英国节目的依赖性，公共电视网又一次处于强硬的谈判立场上，因为它购买的英国剧情片比其他任何美国电视台都多。然而，“经典剧场”的续存有赖于英国公司保持对那些备受瞩目的电视剧的投入。但2002年英国国内执照费的下调和售后回租减税政策的取消造成的经济压力为英国公司尤其是英国独立电视台未来制作大型电视剧的可行性打上了一个问号(Clarke，2002)。对于BBC来说，向公共电视网出售节目的弊端是公共电视网投入的预算从来不超过25%(Eaton，2002)，也就是说，预算的不足需要通过并不太喜欢英国历史剧的国际市场上的其他渠道来弥补(见第六章)。

投资电视剧的经济风险意味着A&E电视网与WGBH电视台的合作伙伴主要是一些大型广电组织(如BBC、卡尔顿、格拉纳达、第四频道)或是一些与知名独立制片公司(如伙伴影业、嘉年华影业、虎势公司)有工作关系的广电组织，以确保能获得赞助和完成节目制作。A&E电视网与WGBH电视台都不是被动的合作伙伴，但作为一个对英国电视剧本身没有特别义务的商业频道，A&E电视网似乎更坚持进行反复的磋商，努力迎合目标观众与广告商的偏好。该频道的电影、戏剧和表演艺术节目部的副主任迪丽亚·法恩说：

> 你不能仅仅喜欢这个制作项目或构思，你和你的合作伙伴真的需要有共同的目标……例如，在第一稿中，如果脚本与观众所想的截然不同，或者，我感到满意的东西，制作人也非常高兴的，制作起来却很难，很有可能你们将不会有很好的合作关系，因为你们绝不会从中获得同样的东西。所以双方在对节目制作的看法、制作思路、演员阵容等几乎每一个方面，包括视觉风格，交流要开诚布公，要有目的性，这都很重要。如果你没有合作伙伴的话，那么你就得自己去面对重大问题。所以开始就有坦率的态度很重要。(Fine，2002)

随着美国的经济投入日益重要，法恩发现人们的态度有所变化，这使英国的制作公司更乐于接受“真正的创作伙伴关系”而不仅仅是经济关系：

> 起初，人人只想要我们的钱，却不想听取我们的意见，甚至听我们的意见时忿忿不平。但逐渐地，我发现与我交谈的大多数制片人的态度都很开放，很乐意考虑合作并接受这个事实：这是伙伴关系且必须是伙伴关系。(Fine，2002)

当然，合作的程度取决于资金投入的水平。WGBH的资金投入少，它参与各方面问题的协商及共同批准，包括挑选创作团队(编剧、导演、主要演员)和对脚本添加内容。例如，《经典剧场》和《谜案！》的执行制片人丽贝卡·伊顿提出简·奥斯汀的《劝导》(BBC，1995)中男女主人公之间的情感误会既然得到弥合，电影就应以主角的亲吻而结局。伊顿认为，原著中没有亲吻的情节，因为在简·奥斯汀的时代，人们不会在公众场合亲吻，但经过同编剧与导演的交流，她提出了令人信服的观点，最后在英国版本中也保留了亲吻的镜头。然而，尽管一些制片人重视这种创作思路上的建议，也重视那些“远离拍摄现场却清楚地了解素材和节目类型的合作伙伴的判断力”，但一些合作人只是做出“口头支持”(Eaton，2002)。伊顿认为《经典剧场》的赞助商埃克森美孚国际公司的直接影响不是问题，但：

我们对它们购进的节目类型有个大致了解。我们非常尊重它们购进的节目，所以我们会掌控局面，但在那范围内它们还是有很大的自主权。(Ibid.)

A&E电视网的资金投入一般在预算的7%到50%之间变化，并坚持高度的创作参与。合同详细列出了对脚本、导演、演员阵容、初步剪辑和最终剪辑的审批程序(Fine，2002；Torrance，2001)。像WGBH电视台一样，A&E电视网有时会删减节目以适应播出时段的长度，但A&E也利用这个办法在节目开头吸引住观众。法恩指出这样做的原因是美国的市场竞争更加激烈：

总的来说，我们需要故事播得更快些。我们需要故事从一开始就是快节奏的……通常我认为英国观众在节目的前二十分钟更有耐心地坐在电视机前，如果不是需要离开做别的事的话。我想这种现象在发生改变，但如果你在开始几分钟内没能吸引他们，你就完蛋了。(Fine，2002)

由第四频道委托制作的《沙克尔顿》(2×120分钟，2002年)反映了A&E电视网所喜欢的一种联合制作方式(Fine，2002；Keighron，2002a)。该片的编剧和导演都是查尔斯·史特里吉，他也参与了另一部A&E电视网和第四频道联合制作的电视剧《经度》。该剧重点刻画了一位魅力非凡的极地探险家，内容具有国际吸引力。而且，由肯尼斯·布拉纳领衔的演员阵容意味着A&E电视网能够利用明星效应推广这部电视剧。在1 000万英镑的预算中，A&E电视网投入了33%，包括支付用来推广电视剧的纪录片《沙克尔顿制作的幕后》的费用。作为回报，A&E电视网不仅在制作时有较大的发言权，还获得了在西半球的各种权利。

多年以来，A&E电视网和WGBH电视台对所购买的改编自文学作品的大型电视剧和悬疑片产生了各种期望，这些节目也得到了美国和英国合作伙伴的理解和接受。联合拍摄现代剧更不容易，它需要更大程度地适应美国人的口味。2001年，独立电视台播放了《我美丽的儿子》，这是一部格拉纳达公司和娱乐时间频道共同出品的时长两个小时的影片，主演是凭借美国情景喜剧《我为卿狂》而成名的保罗·雷塞尔和英国演员朱丽·沃特斯。这部影片非同寻常，因为它既有英国的场景和演员，也有美国的场景和演员。在这部电影中，美国的参与经验证明，为了提高节目对主流美国观众的吸引力，适当的妥协是必要的。格拉纳达国际的总裁卡罗琳·托伦斯认为，这是因为付费有线频道优先考虑的因素和基本有线频道与公共电视网大不相同：

其他的电视台，诸如娱乐时间、家庭影院和特纳[①]绝对是百分之百的联合制作

① 即特纳电视网，也称特纳电视台，是美国有线电视频道，由媒体大亨泰德·特纳创建，目前为时代华纳旗下的特纳广播公司所有。——译者注

公司，它们在编辑上的要求也很高。你得安插两个美国演员，通常至少是两个著名演员。故事得有些美国元素，开片场景必须是在美国，因为它们认为如果电视剧的开始场景不熟悉，观众只会停留二十秒就马上换到另一个频道。如果你留意了，你会发现《我美丽的儿子》开片场景就是在美国，必须在美国。在节目中看到的第一个演员也必须是美国演员，开片场景不能是朱丽·沃特斯在利物浦，即便她很有名气。(Torrance，2001)

家庭影院和娱乐时间之所以有底气提出这样的要求，是因为它们已经成功地凭借自己的实力推出了电视剧，而且更重要的是，参与联合制作的经济压力更小。

当《经典剧场》担负着在公共电视台展播英国电视剧的功能时，英国制作公司在其他电视台却面临激烈的竞争。A&E 电视网已经扩大了合作范围，与法国制片公司 GMT 制作了迷你系列剧《拿破仑》(2003 年)，与意大利制作公司德·安吉利斯制作了《伟大的安巴逊家族》(2003 年)以及关于美国革命战争将军的《本尼迪克特·阿诺德的故事》①(2003 年)。迪丽亚·法恩推测英国和其他国家之间的不同在于，欧洲制作公司特别关注国际市场，用英语拍摄，吸收世界闻名的演员，而英国电视“仍然在委托制作，在思考什么节目可以满足你的国家的观众的需求”。

## 英国电视剧的吸引力

WGBH 电视台和 A&E 电视网在经营理念上的差异可从联合制作的动机与节目的选择上窥见一斑。WGBH 把栏目命名为《经典剧场》(注意其英式拼写 theatre)，暗示着对节目“质量”的期待。电视剧可以识别的文学来源是一个决定性因素，迎合了那些拥有较高的文化、学历和较丰厚的经济资本的收视群的品位(Miller，2000，p. 178)。丽贝卡·伊顿认为：

历史著作的改编是我们首先考虑的对象，因为这正是这个系列的兴趣所在，也正是经典剧场观众想要的东西，我们努力长期提供这样的节目。所以引起我注意的事情之一是书名，书名的认知度，某部著作的预售特点或故事大纲。下一步会是脚本，或它们想让谁来改编……首先，你会发现这些是颇具文学色彩的脚本，文风高雅，有思想性，写得很高明，其次是制作价值，最后是演员阵容和表演质量。所以你若把自己命名为“经典剧场”，你就得树立一些高的标准。(Eaton，2002)

不是所有节目都符合《经典剧场》的传统期待，一些节目固守英国当代背景，但有时仍被选上，因为它们具有符合公共广播使命的更广的社会文化意义。伊顿举了两个例子，她认为尽管它们具有与生俱来的“英国特质”，却也有跨文化吸引

① 本尼迪克特·阿诺德是美国最有军事才华的将领，但在战争后期，为了奢侈的生活方式开始私通英军，出卖了曾经为之出生入死的独立事业，最终在孤独中客死英国伦敦。——译者注

力。第一个例子与制度性种族主义有关，第二个提供了一个理解莎士比亚作品的现代视角：

例如今年（2002 年），我们做了两件不同寻常的事。我们和格拉纳达联合制作了《奥赛罗》，我们还从格拉纳达购买了《斯蒂芬·劳伦斯谋杀案》[①]。现在我可以说，在它们自己的定义中，它们都是经典剧目。《斯蒂芬·劳伦斯谋杀案》于我简直就是用电视剧来阐释一个真实事件的绝好途径。我认为它的制作很出色，很有英伦风格，但也具有普遍意义，因为发生在斯蒂芬·劳伦斯身上的事在美国也在发生。我认为电视的创造性利用也值得注意。《奥赛罗》也具有当代特色，体现了莎士比亚的风格，对莎士比亚最好的演绎就是像安德鲁·戴维斯（编剧）和伦敦周末电视所做的那样。(Eaton,2002)

在 WGBH，"英伦特质"是一个卖点，从它的"完整性"和"真实性"来讲，保留长期的文学传统也具有一些吸引力（Eaton，2002）。人们认为公共电视台的观众熟悉英国虚构节目，对其缓慢的节奏也能容忍，因为"我们的观众不是典型的美国人，他们是亲英者"（Ibid.）。三十年来一直观看英国演员的表演使得 WGBH"很希望所有演员都是英国人，因为那种节目能吸引它们的目标观众群"（Torrance，2001）。然而，当英国电视采用更美国化的电视模式时，有人担忧这种独特性或许会丧失（Eaton，2002）。

A&E 电视网优先考虑的是完成商业目标，对英国电视剧并没有特别的兴趣。正如前面提到的，该频道已经有远离英国侦探系列的趋势，而转向关注能吸引更多、更年轻观众的高预算的大制作。人们认为当代英国电视剧没有"那种大制作的感觉"，即便它"写得好，演员强，它们可能缺乏那种恢弘气势"（Fine，2002）。相比之下，有些片子（如《沙克尔顿》、《失落的世界》）是因那些并非主要在英国流传的文学作品或故事而为人所知，可以被当作"美国观众容易接受的英伦风格"来推广（Ibid.）。把这些大片系列吸收进来可以达到商业目的："我们这样做的原因之一就是吸引新的观众来体验这个平台"（Ibid.）。

## 电视剧模式和本土制作

对英国电视剧来说，美国市场是获取联合制作资金的重要渠道，但显然作用

① 这是发生在英国并在国际上产生很大影响的案子。1993 年，时年 18 岁的劳伦斯及好友布鲁克斯在伦敦西南部某公交车站候车时，一伙白人青年横穿马路走过来，其中一人用种族歧视语言辱骂他们，双方扭打在一起。布鲁克斯逃脱，劳伦斯被连刺两刀倒地，在医院不治身亡。之后有 5 名嫌疑人被捕，其中 3 人接受非公开审讯，无人获罪。劳伦斯的父母四处奔走，希望严惩杀人者。2011 年 5 月，英国某上诉法院重审本案，最终裁定嫌疑人种族谋杀罪名成立。——译者注

有限。另外一种策略就是出售脚本模式，这使电视剧得到精心制作，最后“出于各种意图和目的变成了美国作品而不再是英国的东西了”(Root,2001)。这就为美国制作公司节约了一笔开发已经在英国获得成功的项目的开支。

1997年在洛杉矶成立的格拉纳达美国娱乐公司①一直处于为格拉纳达创作的节目格式获得试播交易的前沿(见表5.2)。美国人才中介威廉·莫里斯经纪公司协助格拉纳达与各家电视台联系，专门为格拉纳达代理黄金档的电视剧(Ibid.)。代理人的主要工作是建立关系，没有他们，同电视台的联系几乎不可能，因为这些不是直接的版权销售，而是制作销售。推销制作需要信誉，需要接触制片公司和人才，而人才中介可以通过其关系帮助引荐搭桥(Dilnott-Cooper,2001;Morris,2002;Schiff,2001)。

**表5.2 美国精选的英国脚本节目模式**

| 片名(美国) | 类型 | 年代 | 频道 | 所有者 | 播映时长 |
|---|---|---|---|---|---|
| 《淘气男人》 | 情景喜剧 | 1996—1997 | 全国广播公司 | 皮尔森 | 2个系列/35集 |
| 《解密高手》 | 电视剧 | 1997—1998 | 美国广播公司 | 格拉纳达 | 1个系列/16集 |
| 《抱着宝宝》 | 情景喜剧 | 1998 | 福克斯 | 格拉纳达 | 1998年8—12月 |
| 《非常大酒店》 | 情景喜剧 | 1999 | 哥伦比亚广播公司 | BBC | 1999年3—4月 |
| 《狂吻天使》 | 电视剧 | 1999 | 派克斯 | BBC/加拿大 | 1999年9月—2000年4月 |
| 《临阵软脚》 | 电视剧 | 1999 | 全国广播公司 | 格拉纳达 | 1季 |
| 《同志亦凡人》 | 电视剧 | 2000 | 娱乐时间 | 第四频道 | 3个系列 2000—2003年 |
| 《罗伊尔一家》 | 情景喜剧 | 2001 | 哥伦比亚广播公司 | 格拉纳达 | 试播 |
| 《百叶窗销售员》 | 情景喜剧 | 2001 | 哥伦比亚广播公司 | 格拉纳达 | 试播 |
| 《年轻人成为摇滚明星指南》 | 电视剧 | 2001 | 华纳兄弟 | 第四频道 | |
| 《格里姆利一家》 | 电视剧 | 2002 | 福克斯 | 格拉纳达 | 8集 |
| 《美妙人生》 | 情景喜剧 | 2002 | 美国广播公司 | 格拉纳达 | 试播 |
| 《人生如梦》 | 电视剧 | 2002 | 联合派拉蒙电视网 | 格拉纳达 | 7集 |
| 《热血警探》 | 电视剧 | 2003 | USA | 格拉纳达 | 试播 |

① 在母公司格拉纳达与卡尔顿合并之后，2003年11月，格拉纳达美国娱乐公司和卡尔顿美国公司也宣布合并，组建格拉纳达美国影视公司。该公司汇集在美国的7 000万英镑收入，每年会投入400万英镑为美国市场制作真人秀节目和电视电影。

续表

| 片名(美国) | 类　型 | 年　代 | 频　道 | 所 有 者 | 播映时长 |
|---|---|---|---|---|---|
| 《美容师》 | 电视剧 | 2003 | 美国广播公司 | 格拉纳达/BBC/GBTV | 试播 |
| 《库马斯一家》 | 喜剧 | 2003 | 福克斯 | 帽子戏法制片公司 | 试播/系列 |
| 《冤家成双对》 | 情景喜剧 | 2003 | 全国广播公司 | 哈斯伍德电影公司 | 2003年10月 |

资料来源：Broadcast，C21，Television Business International。

格拉纳达公司作为版权持有者和执行制片公司而不是出资方，和好莱坞的试金石电视公司及二十世纪电视公司一起制作了一些试播节目和连续剧。有这些公司帮助弥补一小时600 000美元的赤字，格拉纳达就避免了经济风险，但没有从辛迪加和国际收入中受益。相反，它从执行制作和节目模式费中获得了回报(Hazleton，2001，p. 68；Hazleton，2002b，p. 16；Root，2001)。英国公司运营规模太小，不能去冒险背负在美国市场制作连续剧所需要的巨大赤字。而且，像所有那些在垂直整合趋势愈加明显的美国电视系统中的制片公司一样，为了弄到生意，英国公司需要和电视台的制作部门紧密合作，这反而限制了它们操作的空间。

然而，英国节目模式的影响复杂多样，大多数节目在试播阶段就停播或在播映中期被叫停(见表5.2)。根据心理惊悚片《解密高手》改编的《菲兹》(Fitz)在1998年播放16集后被美国广播公司弃播。格拉纳达的当代情感剧《临阵软脚》在开播不久就因收视率不高被全国广播公司撤下，这毕竟是个"节目播映纯粹是数字和人口统计学游戏"的环境。根据格拉纳达推出的喜剧系列《格拉布斯一家》改编的《格里姆利一家》甚至在2002年开播之前就被叫停。2003年10月，全国广播公司在重拍哈斯伍德电影制作公司的BBC二台情景喜剧《冤家成双对》六集之后就放弃了。1999年为了营销电视剧模式而在洛杉矶创建的BBC和格拉纳达合资企业GBTV在2002年之前没有发挥重大影响。取得持续成功的是第四频道的同性恋电视剧《同志亦凡人》，2003年在付费电视台娱乐时间频道播放了第三季。到2003年夏天，为了满足电视网日益增长的需求，格拉纳达美国娱乐公司的关注焦点转向了真人秀节目。

然而，英国脚本模式没有取得持续成功的原因得放在大量创意起源于国内的背景下进行分析。格拉纳达娱乐公司的总裁安东尼·鲁特认为，这个事实限制了英国电视节目出口商所能达到的目标。

我们不会销售美国版本的关于医生或警察的英国节目，因为美国人自己能够想到那些素材，除非中心角色有非常与众不同的特点，就像《解密高手》/《菲兹》里

的那样。(Root,2001)

这种情形也需要放在电视网节目是如何进行委托制作的背景中进行分析。失败是很平常的事情。在任何年度的试播季节,都可能有5 000个素材被推销,以供一月份和二月份制作试播节目使用,五月份就决定节目是否被采用。5 000个素材或许变成500个脚本,然后变成50个试播节目,在严格审查之后可能变成五部连续剧(Root,2001;Hoskins and Mirus,1988,p. 505)。福克斯电视台节目部主任萨米·金证实了这种高失败率,他补充道:

这并不是英国脚本节目所特有的……美国的任何节目——不管它来自何处——也有异常高的失败率。大约85%的试播节目最终没有成为连续剧……光成为好的节目还不够——明星们必须通力合作促使节目火爆起来。营销策略要得当,还有播放时间问题……对每一个在美国遭遇失败的英国节目来说,我们自己都有25%的节目被淘汰。(Waller,2002a)

然而,由于有机会进入利润更丰厚的主流或付费电视台黄金时段,节目模式有很可观的收益前景。第四频道国际公司的营销部主任迈克·莫里斯在谈到第四频道向付费频道娱乐时间出售节目模式《同志亦凡人》时说:

我们做节目模式的原因是你能够离黄金时段更近,因而能获得更多的执照费……如果你在英国制作,再卖到美国,显然你会比卖模式赚更多的钱。但你在英国制作的东西,就不能获得那种执照费。(Morris,2002)

另一种销售英国电视剧的途径是为美国电视网进行节目的本土化制作——少数公司包括格拉纳达、卡尔顿和富曼传媒就是采用的这种策略。这种办法尤其适合有“影星”阵容的电视电影,这种影片在国际上销路很好,而且单本剧制作比连续剧制作的经济风险要低(Davis,2001)。有个英国发行商说,一部美国电视电影可以在其第一个五年的销售周期的国际销售中创利125万美元,与财政赤字更大而且通过国际销售来弥补赤字的前景也不太乐观的英国电视剧相比,美国电视电影要胜出一筹(Dilnott-Cooper,2001)。美国电视电影在2001年的平均预算是370万～400万美元,美国电视网一般出资在50%到80%之间,资金缺口通过发行预付,偶尔也通过联合制作和预售来填补(Davis,2001;Root,2001)。

例如,2001年卡尔顿国际公司驻洛杉矶的运营部——卡尔顿美国公司为电视网和有线频道购买或制作了大约16部电视电影(Davis,2001),这就为卡尔顿国际公司提供了约130部的美国影片节目库以供国际发行,一年创利1 000万～1 200万美元(Hazleton,2002b,p. 16)。格拉纳达娱乐公司也参与了美国电视电影的制作,包括为A&E电视网和BBC制作的《了不起的盖茨比》(2000年)和为WGBH电视台制作的《剥皮行者》(2002年)(Hazleton,2001,p. 70;Root,2001)。

然而,到2001年的时候,美国和全球需求量的下降使这种策略面临更大的挑战(Davis,2001;Fuller,2002;Root,2001)。在20世纪90年代末,据估计每年每一家美国电视网都委托制作30到40部电视电影,家庭影院、娱乐时间和星光映佳等付费频道每年自己制作、联合制作或购买65到70部原版电影(Fry,2001,p. 52;Root,2001)。同一些自1999年开始在黄金时段人气更高的真人秀和娱乐节目相比,电视电影价格不菲。和情景喜剧或长篇电视剧不一样,它们没有建立稳定的"定期收看"的收视群体。而且,由于本土制作的趋势愈演愈烈,国际需求量已然下降。2002年,随着德国基尔希帝国这个大购片商的解体,形势变得更加严峻(Fuller,2002;Root,2001)。

为美国各大播出平台制作剧情片所面临的挑战可以从富曼传媒(前身是皮尔森电视公司)的经历中找到例证。90年代中期英国富曼传媒采用在主要市场建立运营部的国际策略(Elliott,2001,p. 8)。美国皮尔森公司1995年收购了电视电影制作公司ACI,1997年又收购了制作过《海滩救护队》系列和《价格猜猜看》与《家庭问答》游戏节目的All American。这些收购活动为英国提供了制作国际上有需求的美国电影和系列片的机会,该公司过去每年发行或联合制作8到10部电视电影和一部长篇电视剧(Kuzmyk,2002)。然而,2001年,随着市场对英语电视剧需求量的下降,特别是在欧洲,富曼传媒宣布放弃能弥补赤字的美国电视剧,而转向在当地的制作部门可以开发的电视剧和娱乐节目(Hazleton,2001;Hazleton,2002b,p. 17;Kuzmyk,2002;Winstone,2002)。

## 纪实电视

在贸易量上,英国的纪实节目超过了虚构节目,因为它更便宜,风险小,更容易"美国化"。纪实节目市场的扩张是相对新近的事,可以追溯到20世纪80年代有线电视的发展时期,特别是1985年探索频道的建立。在此之前,由于收视率低,赞助商和广告商不感兴趣,纪实节目很少登上电视荧屏(Curtin,1995)。因此,英国的出口商主要依赖美国公共电视网来销售节目。

探索频道的建立不仅加剧了竞争,而且也通过开展瞄准细分受众的有生命力的业务改变了业界对非虚构性节目的看法(Chris,2002)。然而,20世纪90年代在有线频道亮相的非虚构性节目和早期的节目形式大不相同。早期的纪实节目虽然不多,却具有深入关注和调查社会和政治问题的特点。探索频道巧妙地挖掘出纪实节目的娱乐性及故事价值,创作了像自然历史这样的主题恒久、"无可争议"的节目,这些节目可以在全球市场的相关频道反复播放。克里斯认为,有线电视播放纪实节目的行为催生了一些这样的节目:"强调轰动效应,推动娱乐行业本身的发展,或者提供有不确定的历史或科学价值的内容",这些内容主要包括自然灾害、不可解释的现象、外科手术和普通人、名人和动物的生活(Chris,2002,p. 11)。

## 探索通信公司

探索通信公司是一家在纪实节目领域占统治地位的公司，旗下拥有大量不断壮大的子公司，被视为独特的国际品牌。其中包括旗舰电视网探索频道，2002年就覆盖了8 500万个美国家庭，节目主要是关于探险、冒险、自然、科学、古代文明和当代历史的内容。学习频道是第二大旗舰电视网，一些时事节目与探索频道有交叉，但更偏重真人秀和生活节目如《交换空间》，其灵感来自恩德莫尔英国娱乐公司的家庭改头换面节目《改变你的房间》。其他隶属探索通信公司的主要频道包括动物星球频道、探索健康频道、旅游频道和探索儿童频道。自1997年以来，该频道的投资组合扩大了，包括一系列数字电视台——科学频道、探索文明频道、探索家庭和休闲频道、探索双翼频道和探索西班牙频道。

尽管探索公司和许多英国公司有合作业务，其主要的合作伙伴还是BBC环球公司，自1997年7月以来，探索公司与之建立了合资关系。2002年，这种关系又延伸了十年，这样，探索频道可以从BBC获得节目供应，同时防止BBC同国家地理频道这样的竞争对手签署同样的协议(Keighron，2002b，p. 15)。协议规定BBC不能在全球范围"独自经营"，并最好与一个商业伙伴合作，充分利用其在纪实节目方面的优势和商业雄心(Tunstall and Machin，1999，pp. 181-182)。

在第一层次，协议允许探索公司首先了解BBC关于纪实节目(如《与恐龙同行》、《五官奥秘》和《蓝色星球》)联合制作的提议。根据BBC的报告，联合制作协议在第一个五年就吸引了1.75亿美元的投资(BBC，2002，p. 20；Keighron，2002b，p. 15)。大部分投资来自北美，这样就减少了在其他地区追加预售的必要性。作为回报，探索公司得到了在北美的播映权，而且根据投资多少，还可以分享国际版权。BBC销售公司是1998年BBC环球公司和探索通信公司合资创建的，代表BBC和探索通信公司在美洲授权、联合制作和发行纪实节目。第二个层次涉及国际频道(拉丁美洲、亚洲、欧洲、加拿大和日本的《蓝色星球》和拉丁美洲的《人与艺术》)的共同所有权及在美国的《蓝色星球》20%的股份。第三个层次是探索公司负责发行和推销BBC环球公司的独资美国频道——BBC美国频道所制作的节目。

BBC的风险被降到最低程度，因为它不分担合作关系之外的任何损失，却可以分享合作频道的收入和节目销售收益。它的风险源自经不起诱惑，去制作一些迎合美国市场而非国内观众需求的节目。BBC纪录片和历史部的前任主任保罗·哈曼强调了商业利益优先和公共服务目的之间潜在的冲突：

探索是一个精彩品牌，它赞美你所身处的世界，这也是BBC在观众面前所扮演的角色的一个重要方面。但另一个重要方面是它的一些节目敢于挑战政客、调查我们周围的世界和政府。总的来说，我在美国电视上没有看到许多这样的节目。(引自 Keighron,2002b,p.15)

## 其他频道

英国公司和其他频道也进行广泛的节目交易和联合制作活动，这些频道包括美国公共电视网、历史频道(A&E 电视网的一部分)和国家地理频道。

美国公共电视网的大多数纪实节目的联合制作是通过其附属台——波士顿的 WGBH 和纽约的 WNET 进行的。主要节目包括 WGBH 的科普系列《新星》[①]、WNET 的《自然》和 WGBH 的时事栏目《前线》。贾维克把《新星》描述为“WGBH 珍藏的英国系列片”(1997,p.207)。这个栏目是迈克尔·安布西诺在 1974 年创建的，此人是 WGBH 的一位管理人员，1973 年服务于 BBC 的《地平线系列》。然而，由于 BBC 和探索公司关系日趋紧密，WGBH 和 BBC 的节目交易量下降了。在《新星》每年委托制作的 18 部到 20 部新片中，大约 60%是联合制作或购买的，2002 年第四频道国际公司成为此栏目主要的制作伙伴(Marlow,2002, pp.22-23;Willis,2002)。WGBH 是探索公司的一个辅助平台，因为它的兴趣点在于时事、科学、商业和宗教，而这些却不是探索公司的议题(Willis,2002)。

历史频道与英国合作或从英国直接购买的节目每年有 30 至 35 小时，其中联合制作节目约 15 小时(Maday,2002)。联合制作的节目有 BBC 历史栏目《时代瞭望》的部分剧集，第四频道的历史栏目《真实的……》和 BBC 系列《西蒙·沙马的英国历史》[②](Ibid.)。然而，随着历史频道转向委托制作更多的原创节目，外购节目的数量减少了。法庭电视是一个日间播放庭审报道、黄金时段播放犯罪调查纪录片的频道，它断断续续地购买了一些适合其特殊调查风格的节目(大约一年 10 部)(Fichandler,2002)。

## 独立制片公司的机遇

非虚构性节目频道的增加以及 BBC 环球公司和探索公司两者之间的紧密关系，迫使其他频道转向寻找其他的供应商，包括数量较小却在不断增长的英国独立制作商，如雌雄双虎制作公司、雄狮电视、沃特沃电视、大洋彼岸影业、RDF 传

---

① 即 Nova，节目由美国国家科学基金会资助。——译者注

② 西蒙·沙马是英国最著名的明星学者。他戏剧化、通俗化的历史讲解，让历史节目收视率一度超过了最流行的肥皂剧。《英国历史》共 15 集，再现了英国文明的成长历程，从新石器时代一直讲到当代。——译者注

媒、达尔洛·史密森制片公司、大西洋制片公司和万福影业。其中一些公司，包括雄狮电视、RDF传媒和雌雄双虎制作公司在美国建立了办事处，以便随时关注电视领域的发展并同主要公司保持密切联系。然而，购片商怀疑还有多少英国独立制片公司愿意冒险独立在美国做生意，因为当全额投资委托制作出现在英国时，这样冒险就没有多大的动力了。

单本节目或短系列片的低风险和日益增长的节目模式贸易为英国提供了摆脱对广播电视公司发行部门的依赖而独立打入美国市场的机会。例如，沃特沃利用各种策略在美国开辟了业务，包括筹集联合制作资金（为学习频道制作《婴儿的世界》和《古代埃及人》）、节目模式的本土制作（为WNET制作《边境住宅》）和全额投资制作节目（见第4章）。

## 联合制作的重要性

联合制作是针对有国际吸引力的“里程碑式的”昂贵节目的，如自然历史、科学、考古、历史之类的节目。由于制作费用太高，一个广播电视公司无力独自承担。随着20世纪90年代末期有线频道的发展壮大，经历了从购片到原创的转向，包括国际联合制作，目的是为了在市场上获得更高的关注度（Fichandler，2002；Hazleton，200b，p.12）。学习频道和探索健康频道的管理人员估计原创节目（委托制作和联合制作）占了2002年播出节目的80%。尽管购买现成节目是一种填满节目单的廉价途径，但联合制作使各个频道可以承诺推出能胜出竞争对手的原创节目。它也提供了一些根据某频道特殊的商业需求来塑造节目的机会，这是购片方式不可能做到的。

在竞争激烈的美国市场，如果某些类型的节目供应不足，那么早日参与联合制作显得尤为重要。例如，播放自然历史节目的有好几个平台（国家地理、探索频道、动物星球、公共电视网），而播放人类历史节目的只有一个重要平台——《历史频道》。《历史频道》专注于美国题材，因而早期交付节目的压力不大，所以该频道更愿意对95%的原创节目给予全额资助，而不愿意与国际伙伴联合制作节目（Maday，2002）。国际联合制作往往限于少数预算在每小时50万美元以上的节目（Maday，2002；Hazleton，2000b，p.12）。相比之下，在探索电视网，尽管探索频道和学习频道常常能战胜像探索健康这样的小型专业频道，但要得到最佳联合制作节目还是要经过一些内部竞争（Egger，2002）。

英国制作公司能从在欧洲的预售中获得其他资金来源的能力被美国购片商视为一种优势。通常，作为对美国拥有一定许可期限内版权的回报，一个美国合作方会为一个预算30万美元的52分钟节目投入25%～40%的资金。超过25万美元的预算适宜于知名度高的旗舰频道，如探索频道、学习频道和历史频道。其他频道(如探索健康频道、旅游频道、法庭电视)的预算相对较低,从13万美元到30万美元不等。有了美国投入的30%～40%和BBC投入的30%～40%,剩余的可以从在欧洲主要市场的预售中获得。

作为投资的回报,美国联合制作公司期望它们参与编辑的程度能同委托制作的编辑参与程度旗鼓相当。谁投入的资金多,谁就"有权编辑节目"(Egger,2002)。在探索通信公司和法庭电视频道,由内部的监制人进行编辑工作,他们监制许多节目并同合作方"洽谈编辑意见"。这是一个连续不断的过程,根据一位探索通信公司经理的观点,它涉及很多的商议成分:

先是一个脚本……然后我们同意制作,制片人将和监制人交流……然后监制人会和开发部以及我们电视台的总经理讨论,以确保我们在对节目的期望上能达成共识……我们的监制人想一直密切关注我们所期望的东西,并确保它的实现。所以他们会坐下来面谈,如果合作方是英国人,会举行电话会议。还要看项目的大小,如果是个很大的项目,就有更多的面对面的交流。如果是更大的项目,他们会讨论应该怎样导演,各种制作意见都会听。然后制片人通常会去找英国的制作伙伴并和他们交流。如果利益有冲突,我们得想办法解决,这样就完成了第一阶段的事情,脚本也写好了。我们的监制人和合作伙伴将会再次阅读脚本,把意见告诉制片人,制片人负责平衡各种意见。如果有一些不能解决的问题,打电话找合作伙伴,努力解决它。(Executive,DCI,2002)

## 英国节目的吸引力

许多中等预算的自然历史系列在观念和资金上是非常具有英美混合特色的,但美国通常偏爱在更有异国情调的地方拍摄的英国系列片。BBC的自然历史制作人已经习惯了从美国弄到四分之一或三分之一的预算资金。这笔美国资金,和其他国家的(如澳大利亚、日本、德国、加拿大及其他地方)资金一起成为确保英国纪实节目"高品质"的要素。(Tunstall and Machin,1999,p.95)

正如汤斯顿和梅钦所指出,人们对与英国当代生活不大相关的一类英国节目有一定的需求。因此,廉价的纪实肥皂剧和20世纪90年代英国荧屏充斥的真人秀节目的销售比较少。然而,像探索通信公司这样的买家最初感兴趣的是一些如《蓝色星球》一样知名度高的自然历史系列和《与恐龙同行》这样利用电脑成像技术摄制的史诗巨片,这类节目可以大力推广并作为节目单上的重头戏推出。

英语语言是使英国节目具有吸引力的因素之一。从某种层面上讲,管理人员之间可以用一种共同语言面对面地协商。从节目的角度来讲,主持人或角色对白使用英语以外的语言使美国购片商面临许多困难:

要分集连续播放就更难了。当听到节目中的人物讲别的语言时,美国人觉得很难理解，因为他们不喜欢读字幕。外语节目把美国观众拒之门外，因为他们不得不看字幕，要么节目配了音也行。他们希望看电视轻松一些。(Executive，DCI，2002)

也有一些例外，例如，历史频道和德国电视二台紧密合作，共同制作关于二战题材的纪录片(如《希特勒的大屠杀》、《希特勒的追随者》)。这些节目吸引了男性目标受众(Maday，2002)。

然而，与英国拥有共同语言并不意味着美国电视台愿意在节目中添加英国内容或接受荧屏上的英国元素。沃特沃的商业部主任萨莉·歇尔认为：

他们基本上是在购买国际节目，而不是英国节目。如果你问“你为何要买这些英国节目”，他们会很不高兴，因为这是他们的节目，我们和他们之间的关系就是这样……他们弄到了在他们的市场上畅销的好节目。如果是他们自己制作，他们就出一部分自己不得不付的钱。(Shell，2001)

一位探索通信公司的经理证实了调整节目使之符合频道风格和观众兴趣的需要：

没有什么理由反对英国节目，因为我们播得如此多。可是如果我们到处去把它作为英国节目推广，它就和《经典剧场》的节目成为一类节目了，那就没有我们频道的魅力了。(Executive，DCI，2002)

多数美国观众不愿承认某个纪实节目是英国制作的。事实上，美国公共电视网下属的各家电视台和商业有线频道的管理人员都热衷于把美国故事或视角融进合作节目中。这种做法可以理解，可以吸引国内观众。如果是有线频道，这样做也是出于商业利益的考虑。例如，在探索通信公司：

我们总是留意有没有美国故事在里面……我们关注能否把一个美国人或美国专家或某个人的故事嵌进去。如果我们做的节目是关于鬼屋的，会从英国制作人那里得到很多建议，因为英国有很多遗留下来的鬼屋。他们会跟我们交流想法，都是关于英国的鬼屋。但美国观众不一定喜欢，即便节目有一种特别的氛围或神秘的色彩。美国观众想要看自己国家的东西。他们也不完全是不想看没有镶嵌美国故事的节目，只是看的人不多……(Executive，DCI，2002)

在第一种情况下，可以添加美国叙事使节目美国化。如果是联合制作的节目，有时脚本要重新写，并添加能反映美国兴趣的新素材，尽管另外拍摄的情况很少，因为它会增加成本。在WGBH的科普栏目《新星》中，节目开头部分设置了序言，以吸引观众注意关键的主题，不过这种方法也使节目适合公共电视网的空档时段，克服了一些英国节目片长较短的问题。WGBH的国内节目部副总裁约翰·威利斯认为，这种方法反映了公共电视网的风格与众不同，节奏也比较缓慢(Willis，2002)。在学习频道、探索健康频道和历史频道，节目更有可能为了插播广告而进行改造，有时也为了加强连续开场的效果和加快播放节奏而改造节目。

探索健康频道开发部副总裁托尼·艾格尔说：

多数时候，为了吸引观众，我们要在节目开始部分做点工作，因为英国节目比美国节目的节奏要慢，所以我们改编节目的开头部分……如果节目中有美国角色或美国专家，我们或许会尽量把他们移到节目前面，使观众感觉舒服些，这样观众就更容易接受那些角色……除了少数例外的情况，我们一般不用英国主持人。(Egger,2002)

然而，为了呈现美国视角而干预节目并非总有成效。历史频道的历史节目部高级副总裁查尔斯·麦德回忆了它们与BBC合作系列片《船舶》(2002年)的经历，节目中一群来自多个国家的船员接受挑战，沿着18世纪库克船长史诗般的航程进行环球航行：

在制作《船舶》之前，按照联合制作合同，我们请求把美国人加入进来当船员，我们稍微做了修改，要在节目中看到美国人……澳大利亚的制片人会做点修改，让澳大利亚人成为船员……但效果有限，一些最好的角色不是美国人，而是英国人。不是黑人与白人的问题，是谁是船上最有趣的人的问题。(Maday,2002)

英国在制作纪实节目方面的长期经验是美国使用英国素材的另一个原因。有时会有些直接的影响，例如，WGBH的《新星》受到了BBC科普栏目《地平线》的启发。购片商经常考虑质量因素，但英国元素的存在似乎也是美国有线频道“非虚构性节目”追求相对“新奇性”的结果。有了需要纪实节目的公共服务环境，英国制片公司就有更多为主流电视台制作纪实节目的经验，也有更多的机会去检验运用这些制作经验的效果。对BBC来说，它甚至都无需担心是否能吸引广告商和赞助商。

然而，随着有线市场的成熟壮大，尽管像学习频道和探索这样的旗舰频道仍然需要“里程碑式的”大片，但能够插入到栏目中的传统单本纪录片的市场似乎正在缩小。在一些频道，尤其是学习频道和探索健康频道，大量国内制作的“真人秀”和生活方式类节目已经加快了这种趋势的变化。这些节目的优点是可以长期上演，但成本却低于单本纪录片。

## 探索健康频道——转向本土制作

转向更多国内制作的趋势在探索健康频道中显而易见。在2001年至2003年间，委托制作时间涨了两倍多(见表5.3)。英国节目的数量保持不变，但由于探索健康频道委托美国制片公司制作了更多节目，其份额实际是下降了。同时联合制作节目的时间却有所增加，因为更多节目是与美国制片公司联合制作的，这些公司希望通过海外销售弥补经济赤字(Egger,2002)。

表 5.3　探索健康频道的委托制作和联合制作趋势

| 年代 | 委托制作的总小时数 | 委托英国制作人的比例 | 联合制作的总小时数 | 英国合作方制作的比例 |
|---|---|---|---|---|
| 2001 | 102 | 11.7(12 小时) | 45.5 | 24.7(11 小时) |
| 2002 | 128 | 12.5(16 小时) | 162 | 10.5(17 小时) |
| 2003 | 220 | 5.4(12 小时) | 133.5 | 12.7(17 小时) |

资料来源：Mullin，2002。

探索健康频道开发部副总裁托尼·艾格尔认为，更多的美国内容是受到了电视台所认为的大部分女性观众的需求影响，英国单本纪录片特有的“客观性和那种空灵的叙事声音”对女性观众没有吸引力。例如，探索健康频道不是去寻找有关机器人手术的“严肃”纪录片，而是去寻找有“完整剧情”的故事性强的节目，内容是关于病人和受训操作机器人做手术的医生，而不是关于机器本身(Egger，2002)。然而，转向个人故事对英国电视出口商也不利，因为“当开始讲个人故事时，讲美国故事会更赚钱”，这种趋势对美国制片公司更有利。

## 纪实节目模式

向国内制作的转向或许正影响着从英国直接进口节目，但也激发了人们对能针对美国市场进行改编的纪实节目的兴趣。购片商把英国看作创新的源泉和新点子的试验地，能降低美国电视台所面临的风险：

向英国寻求节目源的优势在于这样更便捷。它们总是比我们先行动。但我们的优势是我们可以看到节目成品而不仅仅是接受一个提议，所以做决定更容易些。如果你能看到屏幕上的东西而不是纸上的东西，你就可以看出它是否适合美国观众。(Executive，DCI，2002)

学习频道已经成为英国纪实节目最积极的买家，2000 年 11 月，它把恩德莫尔英国娱乐公司的家庭改造节目《改变你的房间》改编成《交换空间》。这次购片活动是受到 BBC 美国频道播放英国原创节目的启发(Lee，2002)。《交换空间》被安排在 2002 年每天下午 4 点播出，把学习频道的平均空档提高了 180%，成为“定时观看的节目”，然后安排在周日晚上 8 点的黄金档就自然而然了(Waller，2002b)。2002 年 5 月，它成为学习频道有史以来收视率最高的节目，拥有 600 万观众(Ibid.)。

一些纪实节目，如《美国家庭滑稽录像》(美国广播公司)和利用闭路电视录像拍摄的犯罪节目《美国通缉要犯》(福克斯)，自 20 世纪 80 年代以来在各大电视台黄金时间循环播放。然而，家庭、园艺和烹饪类的生活方式节目和纪实娱乐节目主要限于美国日间播出，主流电视网从不播放发生在“普通”家庭的节目。但英国的经验告诉美国电视管理人员，纪实娱乐能够在黄金时间赢得主流观众，大量的委托制作节目在2002年和2003年跟进。与更传统的单本纪录片相比，连续性、娱乐价值、原创制作的诱惑和低成本使得纪实娱乐节目更具吸引力(Egger，2002；Fine，2002)。

2002年，英国的RDF传媒公司与学习频道签署了一项节目模式制作协议，因为它制作的《火眼金睛》在第四频道播放后风靡一时。节目中，参赛选手接受挑战，扮演成与他们自己的职业不同的职业人。[①] 在2003年3月的一个晚上10点首次播出(Waller，2003a)。2002年12月，美国广播公司根据RDF公司为第四频道制作的系列片《换妻俱乐部》订购了一个试播节目，内容是关于一个新时代的混合种族家庭和一个白色人种的工人家庭交换妻子的经历。美国版本的节目引进了一个主持人，负责介绍节目模式并在节目末尾调解妻子之间的不同意见，因为“观众对极端事物的容忍度在美国要低一些”，特别是在电视网的黄金时段，观众对极端事物的容忍度最低(Cathy Rogers，RDF LA President，引自Hughes，2003，p. 20)。2002年美国广播公司家庭频道订购了原来在BBC二台上播放过的RDF出品的13集相亲节目《天生一对》(Waller，2002c)。这些节目交易和美国菩提树制片公司推出的《交换空间》的区别在于：RDF出口的是其洛杉矶分公司自制的美国版本的节目，因此从模式销售和制作费中均获得了经济收益(见第四章)。

2002年其他纪实节目交易包括BBC学习频道为BBC二台周六黄金档联合制作的“严厉的爱”时尚改造系列《穿衣禁忌》。这个节目在2003年3月首次播出，时长一小时，由美国的时尚设计师担任节目主持人(Stewart，2003b)。2003年，学习频道也购买了两个节目模式，一个是BBC二台的节目《好坏丑》，跟拍一个职业人士、一个失败者和一个新手求职过程；另一个是相亲节目《想去约会》，由富曼传媒制作、曾在BBC二台上播放(Waller，2003c)。沃特沃电视集团分别在2001年和2002年与美国公共电视网的附属频道WNET联合制作了《边境住宅》和《殖民者住宅》，这两个系列片模仿公共电视网成功播出的由沃特沃为第四频道制作的住宅系列片《1900的房屋》，内容是让时光倒流，邀请美国家庭再现早期美国殖民者的生活(见第四章)。

纪实节目模式是英国独立制片商抢占的一块宝地，因为它们保留了版权，有时也能率先提供制作一部成功节目所必需的制作经验和技巧——正如RDF传媒公司和沃特沃公司所证明的。然而，如果一档节目被取消，节目模式在美国的成功也会使小型英国公司面临收入的下跌，正如当维亚康姆旗下的国家广播公司在

① 每集节目会跟拍一名来自某一行业的自愿报名者，让他和来自截然不同行业的一位专家一起生活并学习此行业的知识。在接受了专家导师的速成辅导四个星期后，节目会安排这位志愿者与真正的从业者进行一场比赛，然后要求评委找出那个“假货”。——译者注

2002 年决定不再委托制作另外一部《机器人大战》的美国系列时电视集团所发现的那样(Vaughn-Adams,2003;Waller,2003d)。美国制片公司也意识到了纪实娱乐节目的潜力,设计了自己的名人真人秀节目,如《奥兹家庭秀》和《安娜·妮可秀》,说明它们在努力跟上,也准备参与竞争(Waller,2003a)。美国非虚构性节目市场或许曾需要英国纪实节目和模式来引导新的潮流,但随着美国国内制作的转向,英国公司的持续成功可能需要以本土制片公司的身份参与进来,把制作技巧、经验和新的创意直接卖到美国市场。

## 儿童电视

多年以来,儿童电视的"圣杯"①打入网络电视——美国广播公司、全国广播公司或哥伦比亚广播公司的周六晨间动画时段。这些电视网提供的资金支持通常很可观,每半小时节目就超过 30 万美元,两年内播出两次。儿童节目没有必要采用海外预售,制片公司在本地辛迪加和海外市场可以赚得数百万。然而,市场上只有三家公司,而且对美国以外的国家的节目兴趣也不大。幼儿节目主要局限于公共电视网,它的长篇系列片《芝麻街》是唯一获得国际性成功的学龄前节目。占据市场的主要是针对 6 岁到 12 岁儿童的传统手绘动画,英国制作公司在这方面尚无丰富经验。

有线电视戏剧性地改变了儿童电视图景,到 20 世纪 90 年代末,有线频道尼克国际儿童频道、卡通电视网和迪士尼频道成为美国儿童电视的主导力量。这一地位得益于业界的合并潮流及电视网退出制播分离。迪士尼 1995 年收购了美国广播公司,2001 年又收购了福克斯家庭频道,利用这些平台来播放自己的节目。尼克国际儿童频道的母公司维亚康姆 1999 年和哥伦比亚广播公司合并。自 2000 年 12 月开始,尼克把一个学龄前节目《尼克幼儿节目》提供给哥伦比亚广播公司在周末晨间播放。2002 年,福克斯把它周六晨间板块出租给日本动画系列《宠物小精灵》的供应商(Johnson,2002)4Kids 娱乐公司。全国广播公司的周六晨间板块由探索儿童频道提供节目。美国的儿童电视现在被三家公司主宰——美国广播公司/迪士尼(迪士尼频道、迪士尼游戏屋、美国广播公司家庭频道、迪士尼第二有线电视网),维亚康姆/哥伦比亚广播公司(尼克国际儿童频道、诺金频道②)和美国在

---

① 圣杯是基督教里的圣物,在交易圈里,其寓意是发财的市场秘密——所有市场运作的秘密。——译者注

② 该频道从 1999 年 2 月 2 日创立到 2009 年 9 月 28 日被称为 Noggin,后更名为 Nick Junior。——译者注

线时代华纳(卡通频道)。全世界大约100个儿童专业频道中有60%全部或部分归这三家公司所有(Jeremy,2002)。

合并的潮流使得独立制作人更难跻身电视网。尼克国际儿童频道利用自己的工作室制作大部分节目,它在2001年至2002年度制作了450小时的节目(比2000年至2001年度增加了30%),并和旗舰节目《淘气小兵兵》的制作公司Klasky-Csupo制片厂签有独家制作协议(Ibid.)。2000年至2001年度,美国广播公司只是委托迪士尼旗下的企业——DIC娱乐公司、巨画制片公司和沃特迪士尼电视动画公司制作节目(Anon.,2001b)。海外供应的节目主要是大量的日本动画系列(如《宠物小精灵》、《金属机器人大战》和《数码宝贝》),它们和玩具公司进行联合促销,为各个频道提供了前景很好的特许商品经营途径(Newhouse Calcaterra and Garrity,2001)。

在生存艰难的美国市场,少数英国出口商,包括HIT娱乐公司、碎布娃娃制作公司和BBC环球公司,充分利用当时仍供不应求的儿童节目市场,尽管该市场自那时起逐渐趋于饱和(Fry,2002a)。它们和最重要的学龄前频道尼克国际儿童频道以及公共电视网建立了联系,以确保进入一些能用来开创附属权利的市场平台,这是美国儿童节目的真正黄金时期。HIT公司通过在2001年收购总部在达拉斯的莱瑞克制片厂继续建立在美国的永久地位,莱瑞克制片厂持有公共电视网播放的长篇儿童系列《小恐龙巴尼》的版权(见第四章)。

儿童电视的首次突破发生在20世纪90年代,布里特·奥克罗夫特①公司把《火车头托马斯》卖给了公共电视网。节目改编后,添加了当地主持人,更名为《美好时光车站》播放,拓展了许可业务的商机,使其他英国制作公司相信学龄前儿童节目是一个它们可以竞争的领域(Fry and Curtis,2000)。1998年BBC环球公司跟进,推出《诺迪的玩具城》,每集半小时,由本土制作的实景和20世纪90年代早期制作的10分钟的逐帧动画组成(Fry,1998,p.14)。1998年,碎布娃娃公司的《天线宝宝》成为公共电视网的特有风景。和其他儿童节目一样,它为插入实景的本土改造提供了机会,同时也表明婴幼儿的节目市场存在较大的空白。该节目供应量大,可以每天播放。这样做既提高了知名度,也为许可业务创造了国内平台。尽管《天线宝宝》是BBC委托制作的,但是碎布娃娃公司保留了在美国的版权,据报道,该节目在第一年的9个月里就从美国的许可业务中获得10亿美元的收入(Elliott,1999,p.8)。2003年,《天线宝宝》仍在播放,但观众对它的狂热已逐渐平息。2001年,HIT与公共电视网签约周末播放《芭蕾小精灵》,这是一部关于一只老鼠的动画片,根据美国作家凯瑟林·霍拉伯德和海伦·克雷格的著作改编。

公共电视网是幼儿节目的一个重要播映平台,但由于长篇的旗舰系列片《芝

① 布里特·奥克罗夫特是电影《托马斯和神奇铁路》的导演。——译者注

麻街》和《大红狗克利福德》的播放，幼儿节目的播放时段很有限(Fry，2002a)。虽然诞生于20世纪90年代中期的尼克国际儿童频道的晨间学龄前板块节目《尼克幼儿节目》能够替代英国制作的系列片《精灵鼠梅奇》(宝丽金/环球)和HIT公司持有的《巴布工程师》、《绅士狗卡皮》和《浴室大冒险》，但作用仍有限。二线平台有探索儿童频道和诺金频道(属尼克国际儿童频道)分别播放BBC的幼儿热剧《好玩小天地》和尼克幼儿频道的主打节目《巴布工程师》。尼克国际儿童频道利用实景真人和喜剧节目所吸引的6岁到12岁的儿童是美国最重要的目标受众，它们构成了美国生活的特殊文化领域。英国和其他海外制作公司还很难叩开其大门。

## 美国对儿童电视的资助

随着受众的细分和执照费的下降，为儿童节目提供资金支持愈加困难。执照费从20世纪80年代末期每半小时25万美元已经下跌到2000年的每半小时5万～7.5万美元，但成本还是保留在每半小时15万～30万美元(Fry，2002a；Newhouse Calcaterra，2001；Westcott，2000，p. 18)。更大的预算赤字使联合制作、海外预售或者寻找赞助商等方式变得必不可少，除非制作公司能独立出资制片，就像HIT娱乐公司制作《巴布工程师》一样(见第四章)。生意不再只依赖节目制作，而是期望从节目热播之后的录像/DVD、出版和玩具中获得利润。例如，2003年碎布娃娃公司将它在英国独立电视台推出的最新幼儿系列片《泡泡宝宝》卖给公共电视网，实际上就是一个三重交易，即玩具生产商孩之宝和学者出版社分别持有北美主打玩具生产许可和出版权(Waller，2003e)。

各家广播电视公司意识到这些有利可图的机会，也期望获得录像和许可收入(Caminada，2001；Fry，2002a；Jeremy，2001a，p. 16)。它们降低了资金投入并参与赚取辅助性收益，理由是它们是附属权利开发的重要平台。给予一家广电机构附属权利会使它们更乐意经常播放这个节目。尼克幼儿频道的执行副总裁布朗·约翰逊在评论中强调了这一点：

> 幼儿节目的执照费很可能已下跌到每半小时零到2.5万美元。我认为这几乎不算什么，但如果我们在尼克幼儿频道这样的电视台上播放节目，而且每天播放，我们就能推广它。我们提供的基本上是价值数百万美元的电视宣传和支持，因为它登上了我们的网站，登上了我们的杂志。(Johnson，2001)

公共电视网的资金投入水平比有线频道低得多，一些制作人显然在免费赠送节目，目的是为了节目能够长期在国内播放，这样就有助于开展附属权利业务(Fry，2002a；Jeremy，2001a)。作为回报，公共电视网期望获得一份辅助性收益。例如，2001年，公共电视网17%(5 500万美元)的资金(不包括赞助商同意负担的费用)来自教育性产品的销售，另有19%的资金(6 200万美元)来自版税、执照费和投资收入(PBS,2001)。

## 英国节目的改造和吸引力

只有少数英国幼儿节目销售到了美国市场,主要是公共电视网的《天线宝宝》和《芭蕾小精灵》、尼克幼儿频道的《巴布工程师》、《精灵鼠梅奇》和《浴室大冒险》及诺金频道的《好玩小天地》。大部分节目都进行了改造以吸引美国观众,对年幼的观众或他们的父母来说,已不能识别它们的英国渊源了。在尼克国际儿童频道和尼克幼儿频道,要预先检验这些节目,以测试孩子们的记忆能力、对故事的理解度以及他们在多大程度上认同那些角色(Johnson,2001;Walker,2002)。在美国公共电视网,节目必须呈现教育性内容,大部分节目被重新配音。在尼克幼儿频道,这种做法被视为提高收视率和商业吸引力的必要策略。当说起《巴布工程师》时,尼克幼儿频道的执行副总裁布朗·约翰逊评论道:"我想它会成功的,但要让它成为风靡一时的电视节目,成为真正的零售畅销产品,我想美国口音功不可没。"(2001)随着市场的饱和,对购片商来说,通过图书预先了解节目是一个重要因素(如《芭蕾小精灵》),不过有些节目如《巴布工程师》和《天线宝宝》没有相关的图书出版。

逐帧动画节目在美国市场一直比较稀少,但《巴布工程师》吸引了尼克幼儿频道,因为"巴布自己说话,那些车辆都说话,这起了很大作用"(Ibid.)。此后,尼克幼儿频道购买了 HIT 公司的后续逐帧动画系列片《浴室大冒险》。管理人员们喜欢强调故事和角色的重要性,而不是强调强有力的角色刻画所带来的潜在许可收入(Ibid.)。英国的幼儿节目能登上尼克幼儿频道也得益于该频道愿意接受小型节目和时长短的节目,而不是强调传统的半小时商业片。尼克幼儿频道把每集 10 分钟的 13 集系列片按"棋盘格式"编排播放,两部系列片(如《精灵鼠梅奇》和《绅士狗卡皮》)隔日交替播放。节目量的不足并不是难以克服的问题,问题是英国制作公司投资更多剧集所面临的经济风险。

站在英国制作人的角度上,我可以理解他们为什么不想投资那么多的钱制作 26 集半小时的片子,那太多了,制作费用要数百万。所以我理解为什么他们更谨慎,为什么他们制作的节目在减少。(Ibid.)

少数幼儿节目在美国市场的成功并没有惠及针对年龄大一些的孩子所制作的实景真人系列片,只有流行音乐经纪人西蒙·福勒的 19TV 和 BBC 联合制作的《迈阿密的七小龙》例外。该片关注一个英国流行乐队在美国的冒险之旅,吸引了年龄稍大的青少年观众(10 至 12 岁),但显然该片与其他台播放的节目不同。福克斯家庭频道的儿童节目和开发部执行副总裁乔尔·安德里克认为这个例子很好地说明了节目可以同时满足两个市场的需求。

《迈阿密的七小龙》是一个说明我们能整合概念的好例证。它们触及到音乐，音乐很受欢迎，非常好传达思想情感，能超越国界……几年前它们就能够预测到关于流行乐队的全部情况，并能利用它。还有它们为乐队选的演员——一群比我们的目标受众稍大的漂亮孩子，非常时尚。孩子们总是喜欢向上看，看比他们大一点的孩子……还有提出的创意内容真实可信，这样看起来不像是纯英国节目。它们找到一群英国的明星孩子，再放到美国。他们在这儿也是有原因的，他们想在美国一举成名，想冲进好莱坞。所以这档节目满足了我们的两种需求——它看起来不像是直接外购的节目，因为是在美国拍摄的；但它也适合你的需求，因为你看到了从英国来的重要明星。(Andryc，2001)

# 娱乐节目

有趣的是，当《谁想成为百万富翁》面世时，美国的每个人都认为它是档美国节目，没人知道它来自英国。(Schiff，2001)

实际情况是，节目模式业务已经泛滥了，因为它把文化差异考虑在内……这些参赛者属于我们的文化，主持人也是我们常看电视认识的。这是我们喜欢在电视上看到的。我们不想我们的电视有真正的外国风格……美国人并不比任何其他人更想听到外国口音，我不认为我们美国人在这一点上独一无二，各国人都是如此。(Ibid.)

尽管把节目成品销往美国越来越艰难，但有三个电视领域自1999年就引起了巨大关注：英国的益智节目(如《谁想成为百万富翁》、《智者为王》)，欧洲的真人娱乐秀混合形式(如《老大哥》、《幸存者》)和真人才艺秀(如《流行明星》、《流行偶像》)，这些节目模式都销往了美国。正如驻伦敦的威廉·莫里斯经纪公司的英国副总裁汉斯·希夫所指出的，美国观众完全不知道许多新节目其实源自英国。这些为美国观众制作的美国节目，是它们成功的核心要素。

1999年，美国的娱乐节目发生了突破性的进展。塞拉多公司将《谁想成为百万富翁》卖到美国广播公司，紧接着2000年真人秀节目《幸存者》在哥伦比亚广播公司播出大获成功。2000年9月，美国马克·伯内特制片公司制作的第一辑《幸存者》的最后一期节目吸引了7 200万观众，收视率高达28.6%，收视群中18到

49岁人口占45%，成为美国继橄榄球超级杯大赛①之后第二个收视率最高的节目，每30秒钟的插播广告就赚取了60万美元（Hazleton，2000c；Sofley，2000b）

在《谁想成为百万富翁》之前，除了1998年在美国广播公司首播的帽子戏法公司制作的即兴表演喜剧《到底是谁的台词》以外，没有任何英国公司在美国经营节目模式生意。最重要的是，《谁想成为百万富翁》和《幸存者》的成功打开了通向电视网和黄金档的大门，这些大门以前对娱乐节目都是紧闭的。然而，值得注意的是，要保持连续播映仍然和以前一样困难，只有少数英国节目播出第一辑之后幸存下来，它们包括：

《到底是谁的台词》（帽子戏法制片公司）——1998年在美国广播公司首播；

《谁想成为百万富翁》（塞拉多公司）——1999年在美国广播公司首播；

《幸存者》（卡斯特维公司）——2000年哥伦比亚公司首播；

《智者为王》（BBC环球公司）——2001年全国广播公司首播；

《狗咬狗》（BBC环球公司）——2001年全国广播公司首播；

《流行明星》（塔吉特公司/屏幕时间公司②）——2000年华纳兄弟首播；

《流行偶像》/《美国偶像》（19TV/富曼传媒）——2002年福克斯首播。

然而，节目热播后潜在的收益非常高。据说格拉纳达公司和美国广播公司2002年交易的真人秀节目《我是个名人，让我离开这儿！》连续多年保持1 500万美元的价值。BBC环球公司和美国全国广播公司交易的《智者为王》连续播放6年，据说也是价值1 500万美元（Wells，2001）。据报道，《流行偶像》从美国净赚10亿美元，一半的收入来自第三方交易，包括艺术家管理、音乐专利授权，以及可口可乐公司、福特公司和美国电话电报公司的赞助（Hodgson，2003）。

然而，1999年之前，游戏节目并不被黄金时段看好，整个80年代和90年代期间，白天的辛迪加电视都由谈话节目和法庭节目占据（Moran，1998，p. 48；Schiff，2001）。与此同时，像恩德莫尔荷兰公司（推出《老大哥》、《他们眼里的明星》、《爱即所求》）和富曼传媒（推出《财富幸运轮》、《家庭问答》）这样的欧洲公司填补了欧洲娱乐节目模式的空白，它们的节目在欧洲继续受到欢迎。然而在美国，70年代以来，轻松的娱乐模式在电视台的黄金时间"几乎绝迹"，因为黄金时段是留给电

---

① 橄榄球超级杯大赛（Super Bowl）是美国国家美式足球联盟（也称为国家橄榄球联盟）的年度冠军赛，胜者被称为"世界冠军"。一般在每年1月最后一个或2月第一个星期天举行，那一天称为Super Bowl Sunday。Super Bowl是比赛的名称，其奖杯名称为文斯·隆巴迪杯。参与球队为该赛季的美国美式足球联会冠军以及国家美式足球联会冠军。该比赛多年来都是全美收视率最高的电视节目，并逐渐成为一个非官方的全国性节日。在美国国家橄榄球联盟（NFL）中国官方网站上，Super Bowl一词被译为"超级杯"而并非"超级碗"，原因是该奖杯是杯而不是"碗"，本书采用此译法。——译者注

② 是新西兰最大的制片公司。——译者注

视剧和情景喜剧的。当《谁想成为百万富翁》传播到美国时，人们意识到一直忽略了这个领域的开发(Schiff，2001；Van de bussche，2001)。卡斯特维影视制作公司的共有人同时也是《幸存者》创作者查理·帕森斯认为："美国电视在日渐衰落，直到欧洲节目模式拯救了它，因为公司开始变得慵懒，创造性的人才不再受到尊重。"(Clarke，2001)引进节目模式的成功不仅使各电视网意识到游戏节目在黄金时段播出的可能性，也意识到"真人秀"节目在黄金时段播出的可能性，这种新的节目模式不是监控镜头方式拍摄的《警察》(福克斯)或《美国通缉要犯》(福克斯)，而更多的是"普通"人在摄像机下的互动(Dovey，2001；Fraser，2002a)。

节目模式很有吸引力，其优势在其他领域也得到印证。它们节约了制作费用，尽管据报道美国版的《智者为王》和《谁想成为百万富翁》每集耗资约50万美元，但其最初的费用只相当于一小时脚本电视剧的三分之一到二分之一(Boddy，2001；Bruneau，2001，p. 26；Fry，2002b)。然而，过度曝光也会使节目功亏一篑。《谁想成为百万富翁》成为美国广播公司火热一时的荧屏现象，但每周播出四次，电视台没有把这档节目当作新节目的登陆平台，最终导致2002年收视率的下滑，该节目逐渐退出黄金档(Hazleton，2002c)。2002年，全国广播公司决定"停播"BBC的《智者为王》，因为观众数量已经从1 750万的高点跌到了700万(Waller，2002e)。尽管这些节目在黄金时段的电视网上不再风光无限，但新的版本已经在日间的辛迪加市场诞生，它们的创作者将继续在美国市场赚得盆满钵满(Smith，2001)。

## 销售娱乐节目模式

向电视网销售娱乐和真人秀节目模式不同于向有线频道和美国公共电视网销售节目成品，因为"它不是销售录像带，而是利用录像带来销售创意"(Schiff，2001)。电视网领域有影响力的人只是少数，登上电视的机会很渺茫，除非你有一个经纪人。像奋进精英经纪公司、创新艺术家经纪公司[①]或威廉·莫里斯经纪公司这样的美国中介机构在聚集制作公司、广播公司和艺术人才以确保找对握有权力的人方面起着至关重要的作用。富曼传媒公司的大卫·莱尔说："经纪人就像把关人一样，只不过小费要高得多。"(Lyle，2001)

在伦敦设有办事处的威廉·莫里斯经纪公司在帮助英国脚本节目模式和非脚本节目模式打入美国电视网方面发挥了重要作用，也参与了推荐《谁想成为百

① 创立于1975年，是世界排名第一的精英人才经纪代理公司，代理范围包括电影、电视、音乐、戏剧、体育、电子游戏、互联网等众多领域中最有创意和最成功的艺术家。好莱坞共有五大文化经纪公司，除这里提到的三个之外，还有国际创新管理公司和联合精英经纪公司。——译者注

万富翁》、《智者为王》和许多其他节目。从电视台的角度来看，经纪人是节目摄制的一部分。威廉·莫里斯经纪公司驻伦敦办事处的汉斯·希夫认为：

无论是了解人们需要什么，去见谁，还是敲开门说："喂，我是一个你从未听说过的制作人，我有一些很好的东西，你愿意见我吗？"经纪人都很重要。一般来说，美国的购片商不会见你，因为他们会依据制度保护自己，以免卷入一些似是而非的诉讼。他们会说："如果你有经纪人，我就会跟你谈。"(2001)

从制作人和发行人的角度来看，经纪人的角色不仅是帮助找到最赚钱的生意，也是帮助节目模式持有人获得一定的创作控制权。希夫说：

他们会达成交易，防止自己的知识产权受到损害，这样他们对最终产品有一些创作影响力及创作控制权。现在这些节目成了国际资产，所以你也要努力控制好质量。(Ibid.)

当《谁想成为百万富翁》于1998年9月在英国开播时，美国广播公司的特别节目部主任迈克尔·戴维斯找到伦敦的威廉·莫里斯经纪公司而不是直接找制作人进行会谈(Smith，2001)。会谈在1998年末进行。塞拉多公司在英国制作了一个试播节目，参加节目的是美国人，主持人是美国的里吉斯·菲尔宾。得到迪士尼公司的同意之后，塞拉多的总经理保罗·史密斯于1999年8月到达美国，按照操作宝典监制最初的13集节目中的前几期。该节目1999年夏季开播，由美国广播公司的内部制作部门出品，成为美国广播公司夏季收视率最高的系列节目，公司接着又订购了18集。《谁想成为百万富翁》的成功为其他公司打开了电视网的大门，包括格拉纳达(2001年把《新兵训练营》和《地狱酒店/酒店逃离》卖给福克斯，2002年把《我是个名人，让我离开这儿！》卖给美国广播公司)、BBC环球公司(把《智者为王》和《狗咬狗》卖给全国广播公司)、富曼传媒、塔吉特和动作时间(2002年把《城堡之王》卖给哥伦比亚广播公司)以及电视集团公司(2003年把《天堂酒店》卖给福克斯，2004年把《永远的伊甸园》卖给福克斯)。

英国制片商若想打入美国电视节目模式市场，除了需要经纪人，还需要和一些著名的美国娱乐节目制作公司建立联系，如斯通斯坦利、LMNO、古林公司、奋进公司和白蚁艺术公司，它们有为电视网推荐和制作节目的经验。例如，格拉纳达的《新兵训练营》是LMNO制片公司制作的，格拉纳达的收益来自向制作公司授权的节目模式和监制费(Waller，2003a)。同样地，BBC的《智者为王》作为一个节目包卖给美国全国广播公司，以确保利润更高，但在美国，节目由古林公司制作。人们普遍认为美国电视网不愿意购买没有美国制作人参与的创意，因为它们喜欢与它们了解的、同时也了解美国多种族观众的制片公司合作(Clarke，2001；Gurin，2002；Stephens，2001)。

然而，到2003年，格拉纳达公司做了一个战略性决定，不再向美国制作公司授权节目模式，而是销售自己的制作技巧和经验。例如，为美国广播公司制作的美国版的《我是个名人，让我离开这儿！》是由格拉纳达的澳大利亚制作前哨在澳大利亚的丛林里拍摄的(Waller，2003a)。这种做法是可行的，因为节目模式的需求量很大，公司能够利用其地位获得利润丰厚的制作交易(Ibid.)。自此，公司获得了更多的订单，由它的洛杉矶前哨——格拉纳达美国娱乐公司制作，该公司现在已同卡尔顿美国公司合并为格拉纳达美国公司。这些订单包括为全国广播公司制作的6集真人秀系列《美国公主》、为A&E制作的纪实肥皂剧《航空公司》和为福克斯制作的娱乐试播节目《周六晚上外卖秀》(Ibid.)。为电视网生产娱乐节目模式反映了有线市场已经形成娱乐特色。自2001年以来，RDF传媒公司已经为学习频道制作了几部废金属挑战系列《废物拼装大赛》，这是一部第四频道的热门节目《垃圾堆挑战》的美国版。同样，电视集团旗下的门托恩公司为纳许维尔电视网和尼克国际儿童频道制作了几部《机器人大战》的美国系列，这个节目在2002年被取消。对这两个公司来说，在美国进行本土制作已经成为一个重要的收入增长的来源(见第四章；亦见Hughes，2003)。

## BBC美国频道

英国在美国的电视节目出口活动主要集中于节目和节目模式的销售。然而，英国节目也通过参与播映活动本身进行流通。BBC环球公司旗下的美国频道成立于1998年，环球公司的合资伙伴探索通信公司给予它1亿美元的经济支持，用以开展营销和发行业务(Hazleton，2002b；Lee，2002)。在此之前，美国还从未有过外资的英语频道。截至2003年，BBC美国频道已经覆盖了3 450万个美国家庭，形成了另一个节目输出的途径。

对于BBC环球公司来说，美国频道为其传统的节目销售和联合制作活动锦上添花，是该公司最适合采用的一种策略，因为它的节目收藏量大，品牌享有盛誉，和探索通信公司具有紧密的合作关系。美国频道也代表一种保障，避免将来在日益强大的美国电视格局中销售的英国节目的减少。根据行政长官保罗·李的观点，美国频道从四个方面增加了BBC的价值(Lee，2002)。第一，美国频道按市场汇率从BBC环球公司购买节目，获得的收益对执照付款方有利；第二，作为一个以有线付费和广告收入为经济来源的商业电视台，美国频道承诺把利润返还给BBC；第三，作为一个联合制作伙伴，美国频道对BBC的节目制作的贡献目前虽小，却在不断增大，例如，它和美国频道喜剧中心共同投资制作情景戏剧《荒唐阿姨》的第三系列；最后，美国频道属于商业资产。

随着经典电视剧、老牌情景喜剧和纪实大片纷纷销售到有线频道和公共电视网，美国频道却反其道而行，把精力放在播放美国电视网一般不会播放的英国节目上。2003 年 7、8 月间，黄金时段播出的节目有：生活方式大改变类（如《改变你的房间》、《地面部队》），纪实娱乐类（如《火眼金睛》），情景喜剧（如《冤家成双对》、《荒唐阿姨》），当代电视剧（如《幻术大师》，《红帽子》）和第四频道夜间播放的名人谈话节目《格拉汉姆·诺顿秀》。然而，除了为英国节目提供另外一个销售渠道，美国频道也开始聚集人气，为英国的节目形态提供一个推广的跳板。例如，尽管在节目遭弃之前，美国评论家对它的评价毁誉参半，《冤家成双对》还是被重新改版，2003 年 9 月在美国全国广播公司的电视台播放（Jury，2003，p. 3）。学习频道已经购买了《改变你的房间》和《火眼金睛》的节目模式。2003 年 9 月，美国全国广播公司和制作公司莱维尔以及环球网络电视（现隶属于全国广播公司）进行协商，欲试播 BBC 二台出品的讽刺性纪实肥皂剧《办公室风云》。

对娱乐节目的关注反映了美国公众和世界其他地区的观众对 BBC 的看法有所不同。在世界其他地方，BBC 首先是因其新闻播报和环球服务而闻名遐迩。保罗·李认为，在美国，主要是那些观看公共电视网的《经典剧场》或《谜案！》的年长且受教育程度高的都市观众对 BBC 有所了解。对绝大多数美国人来说，BBC 无足轻重。除了展示原创节目之外，美国频道也被利用来提升 BBC 在年轻的都市高端观众心目中的形象，人们认为这些观众喜欢一些比美国国内频道所提供的节目“更前卫”的电视节目（Lee，2002）。保罗·李把该频道称为“基础有线的家庭影院”，重点播放当代英国电视剧（如《今生》）、“恐怖”喜剧（如《绅士联盟》）、娱乐节目（如《格拉汉姆·诺顿秀》）和生活方式类节目（如《改变你的房间》）。但要想这个策略取得成效，还要降低门槛，把美国观众吸引进来。这就有必要利用美国观众熟悉的名人（如乌比·戈德堡、鲁伯特·埃弗里特、科洛·塞维尼）来推介节目，并采用美国观众熟悉的每天定时播放的节目表。但保罗·李认为“具有英伦特色”不足以吸引观众，英国节目需要有更广泛的吸引力，既明白易懂，又有一丝异国情调，面向受教育程度更高的年轻观众：

> 其他电视网拿到一个晦涩难懂的节目，配上英国人的声音和英国人的说话节奏，然后把它改造成浅显易懂的节目以易于观看，但内容基本上一样。我们改造时会保留一部分异国特色。换句话说，节目有点异国情调实际上还挺有趣，这也是人们开始喜欢这个电视网的原因……我们不能因为我们台充斥着英国口音的节目就把这个节目美国化。我们做了大量工作就是想说，这是个你可以观看的不错的电视台，有很多你知道的节目，和你有关联的节目，即便许多节目是英国节目。（Lee，2002）

# 本章小结

尽管美国作为英国最大的出口市场而意义非凡，但英国节目在美国电视屏幕上的占有率并不高，并且也不可能会有重要的地位，因为英国公司太小，竞争不过美国的大公司，美国公司具有强大的制作实力和打入国内频道的有利机会。毋庸置疑，由于历史上语言和文化的共性和一些美国电视人的亲英态度，英国和美国之间的关系非常特别，这就使英国公司比非英语国家的出口商具有一定的优势。①这种关系，特别是在联合制作大型电视剧的资金筹措方面，可以说，对于那些正在为制作独特的英国节目寻求经济支持的英国制片公司尤其重要。

对于绝大多数美国人来说，英国电视是微不足道的。联合制作的纪实节目和为美国主流电视台改造的英国节目模式只是被当作美国节目而已。和其他国家不同的是，美国电视台对来自外国的节目持抵制态度。除了娱乐节目，自 20 世纪 60 年代起，英国节目一直在边缘位置流通，最早是在公共电视网，80 年代以来沦落到定位更窄的有线电视台。在美国没有普遍主宰的、商业吸引力不大的利基领域，英国制片公司已经呈现出成功的趋势，如自然历史、野生生物和幼儿电视，这些类型的节目不大具有文化特色。

为了应对美国对英国节目的抵制，英国也采用了一些其他的策略。这些策略或成功，或失败，包括通过驻扎在美国的子公司（格拉纳达美国娱乐公司、卡尔顿美国公司）来为美国市场制作电视剧，以及 1998 年 BBC 为美国市场建立专门频道——BBC 美国频道。近年来节目模式获得的成功，尽管这些模式通常是起源于美国的节目形态的混合体，以及销售节目成品的艰难，都强化了一种观念：要想得到美国市场的青睐，就需要做出权衡，尽量使节目的外观和感觉不表现出英国的特点（Sinclair，1996，p. 45）。美国对英国作为创意、创新和人才的发源地感兴趣②，它可以刺激国内的创作，但对英国节目内容的兴趣却很有限。英国电视剧往往吸引公共电视网式的窄众群体，这些观众在教育程度、财富特别是年龄上有一

---

① 在美国市场，相同的语言确实赋予英国相对于除加拿大之外几乎所有电视节目出口国的一定优势，加拿大具有讲北美英语的额外优势，为它将节目销往美国商业电视台提供了极大的便利。

② 正如在电影里一样，越来越多的英国演员出现在主流电视节目里，例如，《欢乐一家亲》里的简·丽芙丝，哥伦比亚广播公司的《一站到底》里的马克·艾迪，美国广播公司的《牙科硕士》里的约翰·汉纳，全国广播公司的《老友记》里的海伦·班克塞恩德利。全国广播公司因播放《智者为王》留住了英国主持人安妮·鲁宾逊，2002 年福克斯台因播放《流行偶像》的美国版《美国偶像》留住了以尖刻严厉的点评而著称的英国评委之一西蒙·考威尔。

定的特殊性，除非它能够跨越文化障碍，在演员阵容和故事情节方面更具普遍性或美国吸引力。纪实节目局限于有普遍吸引力的大片，一些公司日渐成熟，引领潮流远离联合制作的单本剧而转向本土制作。英国在儿童电视领域的成功主要是牢牢占领过度供给的幼儿节目市场，这个市场严重依赖从特许经营商品和录像中获得的辅助性收入。

我们并不是说美国市场对英国电视不重要。实际上，无论是在收入方面，还是作为销往其他市场的窗口，美国市场比其他任何市场都更意味着国际成功的关键。在已经渗透到美国主流电视网的娱乐节目模式所获得的国际性成功方面，在那些试图在美国市场取得一席之地的少数独立制作公司所付出的不懈努力上，这一点表现得尤为明显。这些使人们更加相信：要在美国大众市场获得持续性经济成功，最终需要隐藏节目的英国身份，以及具有为美国电视台本土制作或联合制作电视剧、娱乐节目和纪实节目的能力，而不是销售为英国观众在英国制作的节目。

# 第6章

# 你不可能卖出所有的东西：欧洲的独特之处

除北美之外，西欧地区是英国电视节目最大的市场。但与北美不同的是，西欧市场包括许多不同国家的市场，服务于不同的语言和文化群体，这使得销售过程比在市场更大、收益更高的北美更为艰难，也更支离破碎。2003年，英国向欧洲出口的节目高达2.8亿美元，占总额的30%(BTDA，2004)。据估计，1996年至1997年度，英国在几大地区进口节目中所占的份额分别是德国占3%，法国占8%，意大利占1%，西班牙占3%，远远落后于美国所占的66%～87%(DCMS，1999a，p.17)。美国进口节目的优势体现在欧盟与北美的音像贸易逆差上，2000年两者间的贸易总额高达82亿美元，而美国向欧盟出口的电视节目达43.8亿美元(EAO，2002)。

尽管欧盟在1989年发布了《无国界电视指令》，试图打造统一的广播电视市场(EC，1997)，但是由于各国普遍关注的语言差异以及广播和后来出现的电视的历史起源，欧洲的电视业在很大程度上仍是基于地域的行业。2002年，在西欧开播的1 500个频道中，全国性频道只有55个，却占有75%的观众份额(Reding，2002，p.5)。20世纪80年代开播的泛欧洲电视台在与定位于本国范围的频道竞争中多铩羽而归(Collins，1989；Tracey，1988，p.16)。美国拥有的主题频道(如动画世界、CNN、MTV、国家地理频道、探索频道、尼克儿童频道、福克斯少儿频道、热门录像带一台[①])所占的观众份额鲜有超过1%的。面对这一情况，这些频道不得不进行本土化，以克服文化差异，并更有效地与本土电视频道竞争(Chalaby，2002)。

然而，在所有权结构层次上，随着传媒集团(如RTL集团、维旺迪环球集团、新闻集团)在不同国家经营电视频道，参与传媒风投项目，欧洲电视业逐渐跨出国界，而欧洲各国所有权规定的放宽也有望延续这一潮流(Iosifidis，2005)。尽管如此，对于像RTL集团这样在卢森堡、比利时、法国、德国、荷兰和英国(第五频道)

---

① 是一种播放录像带的有线电视频道。——译者注

都经营电视频道的机构来说，其经营的核心仍是占据本土市场，提供本土电视节目，即便只是节目模式。这是因为欧洲电视业深深植根于本土传统和文化实践中。这一原因同样可以解释地区间电视节目的巨大差异，这些差异不仅关系到观众的喜好，而且涉及电视节目播放时间如何拟定以便符合各国已有的安排和推广特定节目类型的惯例。

在这个错综复杂的市场中，本章着重讨论英国电视节目在西欧最重要的几个地区的销售情况，包括德国(2003 年销售额达 6 800 万美元)，法国(5 000 万美元)，西班牙(3 200 万美元)和意大利(2 500 万美元)(BTDA，2004)。本章同样关注如瑞典和荷兰这样较小的国家，它们热衷于购买英国电视节目，在 1996 年至 1997 年间进口的电视节目中，估计英国节目各占 12%和 9%(DCMS，1999a，p. 17)。基于 2002 年 1 月至 7 月期间对购片商的采访，本章将在不同国家市场间存在差异和这些市场内部同样存在差异的背景下探讨英国电视节目的流通。在每个电视系统里，最显著的差异是公共服务频道和商业频道之间的差异；而在另一个层面上，主流地面频道与有线和卫星市场的小众频道之间也存在差异。

## 市场概览

在西欧电视业短暂的历史中，它发生了翻天覆地的变化，其中一个主要方面就是从占主导地位的公共服务模式向商业模式的转变。公共服务频道的垄断在 20 世纪 80 年代初十分盛行，而现在许多国家都采用商业电视和公共服务电视并存的双轨制。电视市场进一步开放，向新的商业频道出售电视节目的机会也由此增加。

20 世纪 80 年代，各大公共服务广播公司凭借其在各自市场的垄断地位成为英国电视节目的主要购买者。在德国，主要的免费公共广播频道是德国公共广播联盟，这是一个由十个地方电视台组成的联合会，它的起源和理念要归功于英国占领军在二战后期在德国北部地区建立的公共服务电台 NWDR。① 德国公共广播联盟提供全国联网的德国第一电视台的电视服务。德国电视二台是一家集中式管理的广电机构，是第二大公共电视网。德国公共广播联盟下属的电视台或独立或通过合作提供八个地方频道，可通过有线和卫星覆盖整个德国。在法国，主要的公共服务免费电视网是更主流的法国二台和法国三台以及以提供信息为主

① 美国和法国的占领军在占领区也采用公共广播服务的政策，违反了各自国内的商业和国有广播体制。在后来成为德意志民主共和国的苏联占领区，广播系统成为国有机器的一部分。自 1989 年东、西德统一之后，前民主德国的广播电视融入公私并存的二元体系。

的法国五台。意大利公共电视台的代表是意大利广播电视公司①,它经营三个地面电视频道:国家电视一台、二台和自 1979 年起更关注文化类节目的三台。西班牙的国营频道②负责提供两个全国性频道:较主流的一台和以提供信息为主的二台。还有一个由独立地方性广播电视公司组成的网络,共同从一个叫 Forta 的机构获得节目。荷兰的公共服务电视比较复杂,NOS 旗下有三个频道:N2 的目标受众是年轻人,提供娱乐和体育节目;N1 是较主流的频道,目标受众是年纪较长的观众;而 N3 是以播放关注文化进展和社会热点的节目而闻名。与政治、宗教和社会团体有不同程度联系的八个广播电视公司提供了大部分的电视节目,这八个公司分别是 AVRO、BNN、EO、KRO、NCRV、TROS、Vara 和 VPRO。其他两个独立的广播电视公司 NPS 和 Teleac/NOT 分别为 N3 台提供多元文化和教育节目。瑞典的公共服务电视以 SVT 为代表,经营两个地面频道:SVT1 和不太主流的 SVT2。

对节目销售而言,最赚钱的频道是主流的商业免费频道。在德国,主要的商业频道被控制在两大互为劲敌的公司手中。贝塔斯曼公司旗下的卢森堡广播电台(RTL)集团控制 RTL 台(100%)、RTL 二台(35.9%)、Vox 台(99.7%)和少儿频道超级 RTL 台(50%)。而它的竞争对手,2002 年 4 月宣布破产的基尔希集团控制娱乐频道卫星一台(SAT.1)、ProSieben 和有线电视一台(Kabel 1)③以及麻烦不断的数字付费电视平台首映世界。法国的主要免费商业频道是法国电视一台(TF1)、M6 和付费频道 Canal Plus④。在意大利,RAI 公司经营的频道与总理西尔维奥·贝卢斯科尼的公司梅迪亚赛特经营的 Canale 五台、意大利一台和电视四台竞争。西班牙的免费商业电视频道是由电视五台和 Antena 三台主宰。在荷兰,NOS 频道的主要竞争对手是 RTL 拥有的荷兰传媒集团旗下的频道,包括大众娱乐频道 RTL 四台、男性频道 RTL 五台和面向年轻人的 Yorin 台。另一个商业媒体集团是 SBS 广播公司,其下属频道有 SBS6、Net5 和 V8。瑞典的商业电视节目是由免费地面频道四台、卫星频道三台和有线电视五台(SBS 的一部分)提供。

在多数国家,主流免费频道,无论是公共频道还是商业频道,占据的收视比率都高达 80%。这些频道大多重视本土节目,尤其是在黄金时段(Rouse,2001)。剩

---

① 主办全国性广播电视。广播、电视节目各 3 套。三套电视节目均为综合节目,每天播出 24 小时。节目由各台独立编制。——译者注

② 西班牙国营频道(西班牙语全称 Televisión Española),隶属西班牙国营电台及电视频道公司(RTVE)。——译者注

③ ProSiebenSat.1 传媒公司是美国的 Saban Capital Group 2003 年 8 月从德国基尔希传媒收购的。

④ 在法语中的意思是"提供更多内容的电视台"。——译者注

下的第三种较小的频道有综合性的也有专业性的，由于节目预算较少，它们更多地依赖进口节目，很少花钱制作节目。有些小众服务频道是由公共服务广播公司经营的，其中包括德国公共广播联盟和德国电视二台经营的少儿频道 KiKa，以及提供数字卫星收费频道的 RAI 的单独分支——RaiSat。更多的商业综合性频道和专业频道主要依赖有线电视和卫星电视。比如，法国的第二类私有频道包括 RTL9（RTL 控股 35%），以及相互竞争的两家卫星付费电视运营商 Canalsatellite 公司和 TPS 公司的部分频道。

## 剧情片销售

电视剧是交易最频繁、最有价值的节目类型，但是销售给主流电视台的英国电视剧[①]数量极少。在德国、法国、意大利和西班牙，来自主要地面频道的购片商列出的所购英国电视剧的数量很有限，而这些数量有限的电视剧主要是购自 BBC 环球公司和格拉纳达的侦探系列片或连续剧（见表 6.1）。

**表 6.1　2001—2002 年度德国法国意大利和西班牙的免费电视频道购买的电视剧**

| 国　家 | 节　目 |
|---|---|
| 德国 | |
| 电视二台 ZDF（公共） | 《林雷调查员》 |
| Prosieben（商业） | 《冤家成双对》、《七小龙》 |
| RTL 电视台（商业） | 《危险地带》、《沉默的证人》、《失落的世界》 |
| 法国 | |
| 法国三台 FR3（公共） | 《杀机四伏》、《达尔齐尔和帕斯科》、《海蒂·温斯洛普调查》、《大侦探波罗》、《威克利夫》、《福利斯特探案集》、《福尔摩斯探案集》 |
| 电视一台 TF1（商业） | 《沉默的证人》、《危险地带》、《失落的世界》 |
| 意大利 | |
| 国家电视台 RAI（公共） | 《失落的世界》 |
| 梅迪亚赛特（商业） | 《大侦探波罗》 |
| 西班牙 | |
| 国家电视台 RTVE（公共） | 《失落的世界》、《告密者》、《遇上你这样的女孩》 |
| 电视五台电视五台（商业） | 《入侵地球》、《腥红色的繁笺花》 |

资料来源：对购片商的访谈。

① 这里所定义的电视剧包括专门为电视制作的虚构节目而非剧情片，其中有系列片、连续剧、情景喜剧和电视电影。

欧洲电视台之所以很少播放英国电视剧,确实一部分是因为节目内容、长度和模式不对路(见第三章)。但是更深入的调查表明许多其他因素也影响着购片活动,这反映出各个地域的特色以及主流电视网的购片数量在下降。

购片商经常声称英国电视剧不能满足意大利、法国、西班牙和德国商业电视网对电视剧至少要有十三集的要求。除此之外,欧洲电视台还与美国的主要供应商保持长期的合作关系,因为他们除了能提供颇受欢迎的剧情片,还能提供长篇连续剧和电视电影。尽管意大利和西班牙的买家过去主要购买美国产品,但是他们现在已经减少了从美国供应商处购买节目的数量。这不仅是由于国内作品的增加,2000年至2002年期间广告收益的下降,节目存储的过剩,还因为美方制片厂逐渐不能提供最有吸引力的剧情片,最终使得买家更加精挑细选,择优而取(Grignaffni and Stewart,2002;Pugnetti,2002;Ramos,2002;EAO,2001a)。

随着市场日渐成熟,主流频道开始在黄金时段播出国产电视剧或娱乐节目来提升它们的形象和收视率。欧洲剧情片项目组在五个最大的西欧国家进行的研究表明,从1996年到2000年国产电视剧首轮播出时间稳步增长,从4 127小时增至5 564小时(EAO,2001b,p. 161;EAO,2001c)。虽然这些播出时间的增长还不足以填满整个欧洲电视播放时间的增加所造成的缺口,但是这股潮流已经影响了包括美国连续剧在内的所有进口节目,尽管这些连续剧仍然丰富多彩,却只能占据节目单上更边缘的位置(De Bens and de Smaele,2001;Rouse,2001)。现在在德国、西班牙、法国和意大利的主要免费频道上,除了特别好看的美国剧情片还在黄金时段播出,美国连续剧通常在白天或午夜时段播出。很多购片商亦证实了这种变化,而且在像荷兰和瑞典这样较小的国家也明显有增加国产节目在黄金时段播出时间的要求。

例如,2002年德国公共广播联盟的主要采购部门Degeto除了购买剧情片之外,不再购买任何进口电视剧,转而投资制作黄金时段播出的国产节目(Kunz,2002;Herfurth,2002)。对英国的节目出口商来说,这意味着电视剧仅限于德国公共广播联盟地方频道购买的有限节目的销售,其中包括公共广播联盟下属的西德意志广播、巴伐利亚广播、西南德意志广播和黑森州广播每年购买的两到三部惊悚片,如BBC的《霍恩布洛尔》和《冰屋》,格拉纳达的《主要嫌疑人》和《奥赛罗》(Kunz,2002)。德国电视二台购买的进口电视剧同样很少。2001年,电视二台仅从英国购买了一部电视剧——《林雷调查员》,这是BBC和美国的公共电视网WGBH联合制作的一部侦探连续剧(Lehmann,2002)。伊丽莎白·乔治的作品在德国广为人知也是确保该剧成功销售的一大因素。

尽管出口交易逐渐下滑,但美国仍然在剧情片交易中独占鳌头。据一位法国商业台电视一台的采购商估计,美国制作的节目至少占了所购电视电影的95%,所购系列片的70%(Leveaux,2002)。据估计,在意大利公共电视网RAI所购买的所有剧情片中，排除联合制作的，美国制作的影片至少占95%(Pugnetti,2002)。在意大利梅迪亚赛特商业频道上播放的所有节目中，英国电影所占的比例不到4%，紧随其后的是电视电影(0.5%～1.5%)和电视连续剧(低于0.5%)(Grignaffni and Stewart,2002)。西班牙TVE电视台的外购节目中美国节目估计占到90%，剩下10%的节目来自拉丁美洲(Ramos,2002)。特别是对于商业频道来说，美国节目可以用来填满白天或午夜的空档时段，廉价而又便利，无需花时间也无需讨麻烦去为购自英国的单部电视电影和短剧签订无数个合同。

英国电视剧在欧洲电视屏幕上的出镜率不高，其他欧洲国家的电视剧也同样很少在欧洲电视上播出。德本和德斯梅尔在1997年对欧洲六个国家进行了为期两周的调查，他们估计播出的连续剧中只有8.5%是由欧洲国家拍摄的(包括英国制作的2%)，与1988年的14%相比有所下降(2001,p.65)。而美国制作的占了64%，国产节目占20%(Ibid.)。1998年博南诺做了为期一周的抽样调查，列出了欧洲剧情片的播出情况：英国为0，西班牙为1%，意大利为8%，德国为9%以及法国为18%(2000,p.22)。

德国的商业电视的成功在于提供了动作系列片和警匪系列片，如基尔希集团出品的《最佳搭档雷克斯》和《雷霆特警》，RTL出品的《极速特警》，它们主要在法国和意大利受到欢迎，但在西班牙却遭冷落，因为那里的人们更喜欢看拉丁美洲的肥皂剧。例如，2002年西班牙的TVE一台安排在下午四点到七点播出长篇肥皂剧以吸引老年女性观众(Ramos,2002)。在法国，剧情片多购自德国而不是英国。然而，在法国二台，德国连续剧可用的白天时间段也反映出剧情片要达到严格执行的欧洲配额的需求。而且，那些德国拍摄的老牌长篇警匪系列片，如《德里克》和《破案双雄》之所以在法国的二级卫星电视和有线电视市场经久不衰，是因为有为早期地面频道播放而制作的配音版(Biancolli,2002)。英国的发行商没有向主流电视网销售足够数量的电视剧以便在下一轮进入二级市场。

意大利梅迪亚赛特(负责商业频道有线电视五台，意大利一台和四台)的一位采购员认为，德国从如基尔希集团这样的商业节目供应商那里购得的剧情片之所以成功可以归因于其基本的动作冒险情节和老套的人物形象，这种节目美国的大型制片公司不再出品，但恰好十分适合意大利电视台要求不高的白天档播出(Grignaffni and Stewart,2002)。相比之下，英国电视剧在观众看来太复杂，太难懂(Ibid.)。

显然，有些市场对英国剧情片的抵触胜过对其他国家剧情片的抵触，这似乎证实了史特巴哈的“文化亲近”的观点，即观众倾向于喜欢与自身文化最接近或最亲近的节目，如果没有本国的节目，他们就会寻找在内容、幽默、服装和叙事惯例方面的替补节目(Sinclair,Jacka and Cunningham,1996,p.14)。

比如，在荷兰和瑞典这样较小的、亲英的且地理位置较近的市场，带字幕的英国节目在公共频道上播出很受欢迎，因为这两个国家由于预算及国内人才有限而不能制作大量的国产剧情片。① 荷兰公共电视网 NOS 的购片商谈及荷兰对英国的文化归属感和"英国生活方式"时（Mulder，2002），认为这使得荷兰人更容易接受英国节目，因为它们"最接近荷兰精神"（Peijnenburg，2002；Huisman，2002）。购片商们认为荷兰观众的英语水平较高，而且荷兰有线电视系统开设的英国频道十分普及，90%以上的家庭可以收到，这进一步提高了荷兰观众对英国节目的接受程度。瑞典公共频道 SVT 的购片商也表达了同样的观点："英国电视剧在某种程度上来说是一种文化传承……我们自己的电视传统总体上与英国的尤其是 BBC 的十分接近。"（Kjellberg，2002）然而，尽管荷兰和瑞典公共电视购买了大量的英国电视剧，但销售给这些地区的商业频道的电视剧却为数不多，这是因为商业频道试图利用更有"大众吸引力"的国产节目和进口的美国节目来显示自己与公共服务频道的不同（Easter，2002）。

在德国、法国、西班牙和意大利这些主要市场，因为不仅存在语言方面（几乎所有的节目都配有字幕）的问题，还有节目风格、剧情节奏缓慢以及内容方面的问题，公共频道和商业频道都存在较大的"文化折扣"。这些地区的购片商声称他们的观众更习惯于观看具有特定美国风格的节目，这些节目轻松诙谐，更有吸引力，因为观众能识别节目中的演员而且觉得很吸引人（Anan，2002；Leveaux，2002；Misert，2002；Ramos，2002；Grignaffni and Stewart，2002）。

德国商业频道 Prosieben 认为英国电视剧具有"英国风格，在多数情况下不为我们的观众所熟悉"，而陌生的演员和难懂的剧情更加深了这种感觉（Anan，2002）。格拉纳达制作的当代都市情感系列《临阵软脚》是一部很精彩的电视剧，但是其演员阵容不够强大，不能在黄金档播出，若是 Prosieben 台白天档播出该剧，其剧情对此时收看节目的年幼观众来说又太复杂了。公共服务广播公司法国三台的采购人员则指出英国电视剧缺乏文化亲近感，他们更愿意选择国产剧：

> 法国人和法国市场从未真正认同英国精神。英国的社会问题和法国的社会问题完全不同，因此我们认为我们最好还是制作自己的电视剧，关注自己的社会问题。法国人制作的法国电视剧吸引力更大些（Dauvin，2002）。

这种观点使得购片商的兴趣局限于能突出法国人对"英国传统"期望的惊悚片和侦探系列片，又或者是"无声"喜剧片，比如《憨豆先生》（Ibid.）。

如果要将英国电视剧当前的销售情况根据其在播出时间表上的重要性来划分的话，可以尝试如下分类。

---

① 例如，在瑞典的 SVT，27% 的时间用来播放海外节目，英国占了 20%，落后于美国的 32%（SVT，2001，p. 10）。

## 进口大片

有些节目作为特殊的大片安排在黄金时段播出。因为其广为人们喜爱，以及其高额预算和明星阵容，这些节目超越了不同的文化品位，不光吸引了商业频道，也吸引了公共服务频道。一个典型的例子就是2001年BBC根据阿瑟·柯南·道尔爵士1912年所写的恐龙故事拍摄的《失落的世界》(2×75分钟或1×150分钟)。这部影片是与美国有线电视频道A&E联合制作的，拥有包括鲍勃·霍金斯和彼得·福克在内的国际明星阵容，它预售给了全欧洲的商业和公共电视网——包括RAI(意大利)、TVE(西班牙)、RTL(德国)、TF1(法国)、SVT(瑞典)和NCRV/NOS(荷兰)。这样的节目毫无疑问很诱人，但其投入规模，无论是创造力上的还是资金上的，都十分罕见，因而需要联合制作资金和预售手段。

## 惊悚片/侦探系列片

这些节目经常是BBC一台和独立电视台黄金时段节目单上的重头戏，它们主要关注英国社会，演员都是英国人，和那些大片相比缺乏吸引力。

首先，在较小的地区，每年有多达100小时的剧集销售给公共电视台供黄金时段播放，如荷兰的KRO(隶属NOS)和瑞典的SVT。例如，在NOS频道N1台播放节目的KRO已形成了一个特定的节目档期，在每周三晚9点黄金时段播出主要来自英国的侦探片，如《摩斯警长》、《达尔齐尔和帕斯科》、《福利斯特探案集》、《沉默的证人》、《林雷调查员》和《国家重案小组:追捕》。这种创举有助于解决剧集过短的问题，并提高了销售的可能性，使观众能很容易识别特定的观看时段(Huisman,2002)。

其次，在一些主要地区出售给主流商业频道的英国电视剧的数量可忽略不计，英国电视剧在那里几乎没有重大的文化影响。在梅迪亚赛特同意以100万英镑的价格再买10集电视剧之前，格拉纳达制作的《大侦探波罗》在其最不受欢迎的电视网Rete四台试播(Granada,2002b,p. 7;Grignaffni and Stewart,2002)，2001年9月每晚9:40播出，收视率达8.11%(Grignaffni and Stewart,2002)。阿加莎·克里斯蒂的小说在意大利广为人知，这一点确保了收视率，对观众来说它是一个容易辨识的节目。更重要的是，“它看起来不是特别英国化，因为很多镜头是在欧洲各地拍摄的”(Ibid.)。继2002年播出13集后，梅迪亚赛特在2003年又购买了18集在周三黄金时段播出，另外还购买了8集历史冒险系列片《霍恩布洛尔》在星期天晚上黄金档播出(Granada International,2003)。

法国公共电视频道法国三台购买了少量的系列剧，每集剧情独立，但主角重复出现，这些剧集有《杀机四伏》和《达尔齐尔和帕斯科》，安排在星期天晚上

9:00—11:00 两个小时的欧洲电视剧时段播出。有些电视剧会重复播出以填充周一到周五的白天档。而在商业电视台 TF1，很少有英国进口电视剧被安排在午夜档（如《沉默的证人》）或上午 10 点播出（如《危险地带》）(Leveaux，2002)。法国二台 2002 年将卡尔顿制作的电视剧《摩斯警长》安排在下午 3 点左右两小时的档期播出，这一时间段通常是留给德国电视剧《警界双雄》和《德里克》的。

在德国的 RTL 电视台，英国电视剧的播出时间也很边缘化。2000 年，《沉默的证人》被安排在周三晚 10:15 的 90 分钟档期播出，原因是德国观众不太熟悉其演员阵容和节目基调。而《危险地带》从 2002 年 1 月开始连续 13 周在晚上 11:15 播出。在德国和法国，进口侦探片不是首选，因为它们多是在本国内制作的。实际上在法国和意大利，德国电视剧，如《西斯卡》、《德里克》、《老狐狸》和《警界双雄》①，也在和英国电视剧争夺进口电视剧有限的播放档期。

## 现代剧

英国的现代剧排名更靠后，却经常出现在荷兰和瑞典公共电视台的节目时间表中。格拉纳达公司制作的情感系列剧《临阵软脚》在荷兰最不受欢迎的公共电视频道 N3 播出时获得出乎意料的成功，它原本被安排在周日午夜档播出，从 2002 年 9 月开始占据了周三的黄金时段（van der Heide，2002）。对购片商而言，此剧的卖点在于它“是……无阶级性的，适合中产阶级看，但不是典型的英国风格”（Ibid.）。瑞典的 SVT 主要从 BBC 公司购买现代剧在黄金时段播出，包括《打卡》、《湖畔惊梦》、《救救我》、《峡谷之王》和《初为人父》，以及从卡尔顿公司购买《鲍勃和罗斯》。《峡谷之王》的故事背景设在风景如画的苏格兰高地，该剧对“不复存在的那种苏格兰”的刻画吸引了年长的观众（Kjellberg，2002）。而有些外购电视剧也反映了电视台想更好地适应年轻观众口味的愿望，比如购自第四频道的同性恋题材电视剧《同志亦凡人》和 BBC 的《今生》。

在瑞典商业台电视四台，英国电视剧仍有市场，该台与格拉纳达公司签有出口协议。电视四台已购买长篇系列剧如《心跳》和《伦敦在燃烧》、现代剧《临阵软脚》和肥皂剧《爱默代尔农场》，但和 SVT 不同的是，这些电视剧通常不会在黄金时段播出（Redpath，2002）。例如，《临阵软脚》就是在 2002 年 4 月每周六午间播出。在荷兰，现代剧必须十分与众不同才能出售给商业电视网。荷兰传媒集团 HMG 青睐第四频道的《同志亦凡人》，因为它是

> 一部肥皂剧，但是剧本写得相当出色，主题很少有人涉足，故事引人入胜。我不知道是否还有其他人用这种娱乐的方式制作一部关于同性恋的电视节目……

① 这四部剧集都是犯罪片。——译者注

它催生了大量的报道,所以你知道,即使对它的评价不是太好,你也能看到公众对它的关注。……节目表上没有它完全可以,但是有了它能增添不少光彩。(Easter,2002)

然而,尽管承认存在某种文化归属感(见前文),荷兰公共电视网也觉得对于它们所认为的"更成熟的社会"(Huisman,2002)来说,有些节目"在语言,行为和背景方面"过于阶级化和英国化(Peijnenburg,2002;van der Heide,2002)。在 SVT 电视台,格拉纳达想要销售 BBC 制作的喜剧系列片《罗伊尔一家》的计划落空了,因为电视台认为剧中的工人阶级家庭"粗鲁无知",瑞典观众不会接受这种"带有偏见"的表现方式(Kjellberg,2002)。相反,另一部以乡村为背景和题材的电视剧《狂吻天使》(BBC 制作)也被观众拒绝,因为它"太甜蜜"、"太理想化",这与那些认为英国电视剧基调太过"阴郁"的观点完全相反(Ibid.)。

## 小众频道/专业频道的吸引力

如果只论数量而不论价值的话,英国剧情片在一些频道的上镜率比较高,这些频道寻求的是不同于主流电视台的节目,不太关心收视率的高低。

尽管经常与美国 WGBH 或 A&E 投资方联合制作节目,以英国文化遗产为卖点的历史剧却几乎很少能出售给欧洲较大区域的主流频道,这是因为这类节目具有文化独特性,不能激起人们观看的欲望。意大利商业电视网梅迪亚赛特的采购员说:"没时间与观众兜圈子,我得给他们提供他们想看的。"(Grignaffni and Stewart,2002)但是瑞典却是个例外,SVT 一台在周六黄金时段播放《我们共同的朋友》(BBC 制作),《雾都孤儿》(卡尔顿制作)和《福尔赛世家》(格拉纳达制作),而不是像其他电视台那样播放更受欢迎的娱乐节目(Kjellberg,2002)。

情景喜剧也只限于在像瑞典和荷兰这样较小区域的公共频道定期播放。在较大的地区,这些情景喜剧因其文化的独特性不能吸引主流观众,而且因为不能拍摄足够的剧集以供长期播放,销售很艰难。2002 年德国商业频道 ProSieben 少见地购买了 BBC 制作的情景剧《冤家成双对》,却不得不等待了好几个月才得到它要求最低的 22 集电视剧(Anan,2002)。ProSieben 也曾购买过少量靠着视觉上的诙谐表演吸引人的英国喜剧小品(如《其乐无穷》、《街头恶搞真人秀》),这些小品每周一次在午夜档播出以充实每日的国产喜剧栏目。对购片商来说,英国喜剧之所以有吸引力是因为它们"比较古怪",展示了"典型的英国式幽默",而且它们也能带来经济效益,可用来补贴更昂贵的国产片,这些奠定了 ProSieben 作为面向年轻观众频道的形象(Benthues,2002)。

在荷兰,VPRO 和 NPS 通过提供与主流频道不同的电视节目来吸引观众,前者是个"激进的"电视台,偏好"前卫的"题材,后者是文化艺术类的专业频道,两者的节目都在NOS的小众频道N3播出。NPS公司从BBC购买了现代剧《今生》和《电邮附件》，还有符合它多元文化宗旨的系列片，如恶搞秀《住在42号的库马斯一家》及小品《仁慈令我高尚》(Peijnenburg，2002)。N3在2003年播出了荷兰版的《住在42号的库马斯一家》。VPRO一年要购买30到40个小时的英国节目，其中包括小品(如《其乐无穷》、《弗兰奇和桑德斯》)、情景剧(如《荒唐阿姨》、《罗伊尔一家》)、"内容严肃的"短剧(如BBC出品的《本色少年》和《阿玛迪罗》，第四频道出品的《贝克特戏剧系列》)以及成人动画片(如格拉纳达出品的《可怜的艾利克》)。隶属于Canal Plus的法国卫星频道Canal Jimmy也购买了类似的节目，它购买的英国剧情片比法国其他电视台的总和还多，对那些自认为"从不看电视"的人来说，它是除主流地面频道以外的最佳选择(Blicq，2002)。[①] 与法国的情况不同，大多数购买的英国节目播出时都带有字幕。尽管如此，在2002年卫星电视和有线电视的用户中能接收到该频道的不到600万家庭，其潜在的观众还是很少(TBI，2002，p. 40)。

类似的还有意大利天空卫视的RaiSat频道，因其收视率低且预算有限(每小时1 500美元)，只能尝试播放一些正常情况下意大利地面电视台不会播出的节目，包括情景剧(如《荒唐阿姨》)、现代剧(如《今生》、《电邮附件》、《同志亦凡人》)和历史剧(如《富贵浮云》、《远大前程》、《大卫·科波菲尔》)(Macciocca，2002)。因为资金的原因，加上节目内容与本国国情有很大不同，有些节目播出时配有字幕。卫星频道倾向于购买更多的英国节目主要是由于资金紧张。RaiSat的购片商将较大地区的主流电视台与商业电视台的不同之处做了简要的总结：

> 就节目而言，我认为它们(英国节目)的多样性也是它们的优点。……但我能看出其他频道存在语言问题，有些东西很难翻译成意大利语。翻译本需要基于两个不同国家的文化，因此如果它们为了让节目在国外更受欢迎而试图做些改变调整，那就好像是贬低了它们制作的节目，这就是常见的欧洲文化障碍。作为付费电视的运营商来说，我感兴趣的是节目要多样化，并能引进一些节目让国内观众观赏，因此我很高兴看到极其特别的、英国化的节目……但是现在如果你把这些电视连续剧放在地面频道播出，那就是完全不同的事了……视觉语言不同，人们穿着不同。不像是美国的节目，我们已经非常习惯了，完全注意不到有什么不同，英国电视剧更冷涩一些，更本色些。……有时候就是无趣的连续剧，很难让人适应。(Macciocca，2002)

---

① Canal Jimmy购买的节目包括情景喜剧：BBC的《荒唐阿姨》、《嬉皮士》、《法庭乐事》，卡尔顿的《丛林里的婴儿》，塔吉特的《小人物》，第四频道的《神父泰德》；喜剧：第四频道的《达·阿里·G秀》；电视剧：第四频道的《年轻人成为摇滚明星的指南》，卡尔顿的《鲍勃和罗斯》和BBC的《今生》；以及生活方式类节目：Optomen的《两位胖女士》。

## 与欧洲同仁的联合制作

英国电视剧注重与美国公司的联合制作，而与欧洲公司联合制作的英国剧情片少得几乎可以忽略不计。美国和英国制片方坚持拍摄英语对白影片，而非让演员们用母语对白配音后在不同的欧洲地区播放的“巴比伦语”[①](Arata,2002)。英美制片方也反对让母语为非英语的演员说英语再用英语配音的对口型方式，结果只能找英语讲得流利的演员，这就限制了演员的挑选，也给联合制作提出了难题，因为每一方都要确保影片中有吸引本国观众的“明星”(Arata,2002;Tettenborn,2002)。在欧洲电视界中也广泛存在这样一种看法：英美制片方总是想控制节目的制作过程，对需要满足自己国内市场的欧方合作者毫不在意。

格拉纳达公司是个例外，2001 年它联合 E-vision(德国基尔希集团和意大利梅迪亚赛特商业广播公司的合资公司)和美国 WGBH 公共电视网投资拍摄了它的第一部欧洲电视剧《日瓦戈医生》[②]。该剧在捷克斯洛伐克拍摄，英语对白[③]，由意大利导演高科莫·卡皮欧特执导，配有国际明星阵容，如山姆·尼尔、汉斯·麦瑟逊、凯拉·奈特利，由一位英国编剧安德鲁·戴维斯改编自苏联小说。与之形成对比的是，格拉纳达从那时开始拍摄的另一部历史文学巨著《福尔赛世家》，同样由安德鲁·戴维斯编剧，但是全部由英国演员出演，并在英国拍摄，此剧却无法激起欧洲联合制片人的兴趣。

《日瓦戈医生》的诞生是出于从 BBC 通常喜欢合作的少数美国联合制片人那里扩大融资渠道的愿望(Torrance,2001)。然而，这样大型的改编自文学巨著的电视剧要花费很长时间来筹拍，要想在国内市场和国际市场都能热销，就要在国际演员阵容、拍摄地点和主题方面找到能共同接受的方案，因而此类电视剧屈指可数。除了同一语言地区间联合拍摄的影片外，其他联合制作的欧洲电视剧只能通过展示不同文化来吸引观众，因此逐渐集中在小范围的题材上，要么是圣经史诗，要么是历史名人(如《拿破仑》和《凯撒大帝》)，要么是古典文学巨著(如《基督山伯爵》、《悲惨世界》)(Arata,2002)，现代剧拍得很少。这样大型的在黄金档播出的大片也只有少数几个公司拍摄而已。以 E-vision 为例，它通常一年只制作两部电

---

① 在被阿拉姆语取代之前，巴比伦语一直是远古近东地区使用的语言，之后逐渐衰落并于大约公元 1 世纪时消失殆尽。——译者注

② 该剧 2003 年在独立电视台播放。

③ 尽管和欧洲公司很少联合制作节目，也不妨碍历史剧在更廉价的东欧市场拍摄。BBC 对查理二世的戏剧化表现的《查理二世：权力与激情》(2003 年与 A&E 合拍)是在捷克共和国拍摄的；卡尔顿和波士顿的 WGBH 台联合制作的《布迪卡女王》是在罗马尼亚拍摄的(Burrell,2003)。

视剧,在梅迪亚赛特第一频道 Canale 五台播出(Arata,2002)。对像梅迪亚赛特这样的公司来说,联合制作的电视剧是一个大好的宣传机会,以表明"你可以在你的电视剧中汇集强大的演员阵容"(Ibid.)。然而,想要一直保持高收视率的愿望,安排播出时间所面临的困难,以及寻找具有国际吸引力的适合拍摄的素材所存在的问题,都使得此类联合拍摄电视剧的提议难以实施(Arata,2002;Tettenborn,2002)。

## 剧情片的套路

将英国的监狱题材电视剧《致命女人香》引入西班牙并将它重新制作成本土电视剧并不像将 Las Chicas Malas[①] 作为开头标题字幕,再找些人来配音那么简单。(Marlow,2003c)

克服文化差异造成的障碍,一种方法是调整脚本模式以适应本地市场,对很少有编写长篇连续剧的经验的欧洲市场,这种方法十分有效(Tracey and Redal,1995,p.353)。在20世纪90年代早期,澳大利亚制片商格兰迪(现隶属于富曼传媒)加入了合作创业协定,把澳大利亚肥皂剧《不安分的青春》改编成荷兰 RTL 四台播出的《Goede Tijden,Slechte Tijden》和德国 RTL 电视台播出的《Gute Zeiten,Schlechte Zeiten》,2003年这两部连续剧仍然在播出。[②] 比娱乐节目改编更甚,脚本模式可以根据国情不同做出改动,改动之大"以至于改编版和原版似乎毫不相干",以使每一部连续剧都可适合本国观众的口味(Moran,1998,p.140)。

在荷兰一直存在改编英国剧本的市场,但是不管是在格伦迪范围内进行的本土连续剧的长期联合制作,抑或是在美国出现的集中推销脚本模式的策略,在西欧都很少见。1992至1993年度,BBC拍摄的一部以伦敦工业区为背景,关于伦敦东区市井小民的肥皂剧《东伦敦人》,被荷兰制片商 IDTV 改编成《Het Oude Noorden》在荷兰公共电视台 Vara 播出。故事背景改在鹿特丹工业区,主角也变成荷兰人,最终该剧因收视率不尽如人意而停播(Ibid.,p.38)。IDTV 也曾制作英国情景剧《至死不渝》(BBC出品)的荷兰版,也曾取材自《散福和儿子》(BBC出品)(Ibid.)。荷兰恩德莫尔制片公司有改编英国情景剧的历史,包括皮尔森公司的《一家之主》和《汤姆、迪克和哈里特》以及格拉纳达公司的《我们俩》(van Diepen,2002)。它还获得皮尔森公司的许可,把在独立电视台上播出的警匪系列剧《警务风云》改编成在德国 RTL 电视台播出的《Die Wache》。对像荷兰这样的小国家来说,剧情片的固定模式有助于克服国内编剧较少带来的问题,还能减少

---

① 《致命女人香》的西班牙语片名。——译者注

② 这里的荷兰语和德语的剧名都是《好时光,坏时光》的意思。——译者注

从头设计情节所需的花费。有时候剧情模式在英国停播节目后还会继续存在很久(van Diepen,2002)。2003 年,意大利梅迪亚赛特开始拍摄格拉纳达公司的《临阵软脚》的本地版,2002 年 6 月,恩德莫尔的西班牙分公司 Zeppelin 改编《致命女人香》,这部电视剧最初是 Shed 公司为独立电视台制作的,由塔吉特娱乐公司发行(Marlow,2003c)。但 Zeppelin 仍然不得不说服西班牙各电视台:这部电视剧能吸引它们的观众。这也凸显了将脚本模式销往非英语市场并与本土节目创意竞争的难度。

## 纪实节目销售

就销售数量而言,纪实节目远远超过剧情片。但是除了在黄金时段播出的大片,纪实节目的市场价格不高。例如,意大利出售给 RTL 或梅迪亚赛特频道的纪实节目的价格为每小时 1.5 万美元至 3.5 万美元不等,与之相对的电视剧价格介于 4 万美元到 6.5 万美元之间,电视电影的价格从 2.5 万美元到 25 万美元不等(TBI,2002,p.482)。出售给卫星频道的价格更是低至每小时 1 500 美元。

对纪实节目的需求也受到其播出时间较少的影响。1997 年对 6 个西欧国家的 36 个主流综合频道的调查显示:信息节目只占播出时间的 11.8%,而剧情片占 37.4%,娱乐节目占 17.5%(De Bens and De Smaele,2001,p.55)。但是随着有线电视和卫星电视市场纪实频道的增加,对纪实节目的需求也迅速增长,这些频道不仅包括欧洲版的美国探索频道、国家地理频道和历史频道,也包括各国国内的一些专业频道,如法国的 France 5、Planète、Absat、Histoire、Odyssée,意大利的 Planete、RaiSat 和西班牙的 Odisea 和 Documania。这些频道比地面频道花费少,但它们缺乏资金去制作原创节目来填满时间空档,而不得不购买大量的节目包。

大多数纪实节目都是直接购买的,但在范围较大的地区,预售对大型制作非常重要。英国制片方很少与欧洲同仁合资拍摄并参与编辑节目,因为他们更愿意与能提供大笔资金的美方合作。这对能够参与编辑的欧洲买家来说很是困扰,因为他们想对节目施加一定的影响来确保适合本国观众的口味。预购节目而不能参与编辑所冒的风险更大,当竞争性不强的时候,购片商宁愿等待,只买他们闲暇时会看的节目(Lehmann,2002;Marel,2002;Pinna,2002)。

所有纪录片买家都承认英国供应商尤其是 BBC 公司在此市场的强势地位,很多都把英国作为购买纪实节目的最大来源国,意大利国家电视三台和 SVT 的三分之一的节目,以及西班牙的付费频道 Canal Plus España(Varela,2002)和瑞典的商业电视四台的 90%的节目都购自英国(Lidén,2002)。

BBC 逐渐成为自然历史和科学节目这一高端市场的主要供应商,随着 2001

年野生生物品牌节目《生存》的版权拥有者联合新闻与媒体公司与格拉纳达公司合并之后该品牌的转让,这一地位得到进一步巩固。① BBC公司在此市场的至高地位依赖于其节目的质量、品牌和获得美方资金的能力。它与美国探索频道的长期合作关系使得它能投入更多的资金制作像《蓝色星球》、《人体漫游》和《与恐龙同行》这样的大片。BBC公司已认识到高质量的影片具有国际市场价值,这有助于获得更多的预算来进行技术创新和较长时间的拍摄,也使得其已有的人才、编剧能力和技术革新方面的优势进一步升值。然而,有些公共频道的买家却觉得与探索频道的合作有时导致节目更注重“壮观的”场景和动作场面而牺牲了叙事结构和内容分析方面的优势。

其他的欧洲制片公司缺少像BBC的自然历史单元所拥有的联合制作资金和本国制作所积累的专业知识,所以很难参与竞争。从英国购买的节目主要用来满足小众对昂贵制作的需求。法国购片商声称他们自己的制片公司一般拍摄与社会问题有关的纪录片,而非科学、冒险或野生生物题材的节目,这就意味着他们没有其他选择,只能选择英国节目(Julienne,2002;Kandel,2002)。法国三台的采购员伊莲娜·科尔德菲希望英国制片方提供经典的“热门货”,没有“人类干预”的“纯粹的”野生生物节目,因为法国没有制作这类节目的传统(2002)。

意大利国家电视台一台与BBC公司签有节目购买协议,它的一位采购员注意到BBC公司对野生生物节目的投资一直巨大,而这种投资是RAI公司在20世纪60年代和70年代所极力避免的(Pinna,2002;Maraschi,2002)。在没有相当的资金来源或制作资源的情况下,RAI公司做出了“具有战略性的决定”:购入节目而不是自己拍摄。瑞典SVT电视台的采购员认为英国的纪录片传统由来已久,不仅对瑞典本国的纪录片造成影响,而且使得观众更容易接受英国的节目,因为“英国人在讲述故事方面的能力总是领先于他人,而且这种讲故事的方式我们也已经引进来了”(Lundberg,2002)。这种情况进一步发展,以至于其他外国故事也“不得不以这种英伦风格来讲述”(Ibid.)。另一位瑞典购片商认为这种风格关注的是对人物的刻画和个人故事(Lidén,2002)。

正当人们认为欧洲观众已经习惯于观看美剧时,购片商特别是购买节目数量超过商业免费频道的公共电视台的购片商们,却常常引用各种证据说明英国的纪实节目比美国的节目更具吸引力,例如:质量、创新和独创性方面显而易见的优势,“欧洲优势”,讲述故事的技巧,视觉风格,对“人类视角”而非“壮观场景”的重视(Corsini,2002;Lidén,2002;Maraschi,2002;Marel,2002;Pinna,2002;Plym-Forshell,2002)。在一位西班牙购片商看来,典型的美国纪录片的缺点是它们拍

① 2001年,《幸存》被重新命名为《Granada Wild》,制作基地也从诺威奇迁到了布里斯托尔。

得“就像其他任何节目一样，成了广告的工具”，破坏了“故事的连贯性”（Salas，2002）。付费电视频道 Canal Plus 的购片商将最好的英国节目划分为娱乐引导型和故事驱动型两种：

这是我所说的英伦派，十分善于讲故事，因而称之为故事驱动。故事开头就引人入胜，高潮在中间，你会在一开始就被迷住。……这在 Canal Plus 播出时颇受欢迎，观众交了收视费，他们想看电影，他们看纪录片像看电影一样，因此我们确实需要有电影那样的结构。……《非洲》（Tigress 公司制作）就是一个很好的例子……剧本写得很仔细，他（制片人安德鲁·杰克逊）对整个故事有清晰的构思，能在片子拍摄之前就向我讲述故事，这对我来说是个很好的工作方式。（Cauquelin，2002）

和大多数剧情片不同，有些纪实节目，当然并非全部，不是总能轻易地辨识为某个国家的作品，这就使得自然历史和科学节目的进口特别有吸引力，因为这些节目可以配上本国语言的画外音，然后作为原创节目推广。这种将节目本土化的愿望，来自于人们对主流地面频道播出的海外节目中的屏幕主持人和评论家们的普遍反感。法国主流频道想播出“在你和屏幕间没有任何媒介”（Cauquelin，2002）的“纯粹的野生生物节目”（Coldefy，2002）。在一位法国购片商看来，主持人主持野生生物节目这一潮流是一种省钱的方式，因为“拍摄人们讲话比拍摄独特的纪录片要便宜得多”（Ibid.）。然而，随着观众英语水平的提高，对字幕也日渐熟悉，这在瑞典已不再是大问题，购买节目的范围也随之扩大（Lidén，2002）。

除了给荧屏上的采访添加画外音和字幕，节目还常常被剪辑以适应特定的时间档，这个过程也可使节目更吸引国内观众。德国公共服务电视台将 50 分钟的节目剪掉诸如节目主持人这样不太吸引人的镜头，以便适应标准的 40 分钟的播出档期。意大利国家电视一台播放“独特的”科普或自然节目如 BBC 制作的《蓝色星球》时，将之调整作为一个时长两小时的杂志节目《超级夸克》中的一个组成部分播出，该栏目不仅包括外购节目，还包括国内制作的专题片。《超级夸克》在每年夏天连续 15 周每周三晚上 9:00 播出，成为意大利每年节目播放的一大特色。专题片由一位久负盛名并长期担任该系列节目主持人的皮耶罗·安吉拉在演播室中呈献给观众。演播室里进行的讨论和评论进一步使节目为本地观众接受。这种时长两小时的杂志节目模式是意大利所特有的，节目不仅在国家电视一台和三台播出时需剪辑，在电视四台的梅迪亚赛特制作的时长两小时的黄金档纪实节目《时间机器》里播出时也需剪辑。

和剧情片一样，英国纪实节目的销售也可根据它们在节目表上的重要性进行分级和分类。

## 大制作节目

大制作的节目以广泛的吸引力和高昂的预算而独树一帜，它们注定是要进行大规模的宣传并在黄金时段播出的。和大制作的电视剧一样，它们也被认为是能超越不同文化品位的节目，既能吸引商业频道又能吸引公共电视频道。BBC 与探索通信公司联合制作的两部关于史前主题的纪实娱乐史诗片《与恐龙同行》(6×30 分钟)和《与野兽同行》(6×30 分钟)就属于这一类。

这种纪录片融合了自然历史、计算机图形技术以及关于动物个体的有趣故事，一经面世，立刻就吸引了德国商业频道 ProSieben 的纪实片采购员，他只看了一个简短的片段就决定购买《与恐龙同行》：

他们给我展示了这个著名的两分半钟的片段，这是一个完整的小故事……一条滑齿龙在风暴中被搁浅在海滩上。片段中包含了所有吸引人的元素，它展示了奇妙的动画、戏剧性的情节和那时就已计划好的讲述方式。……实际上它就是按那种方式拍摄的。你经常会拿到某种预告片或样片，然而最后完成的作品却截然不同。但是这次是不同的……蒂姆·海恩斯(制片人)……可能认识到是该用有点特别的方式讲述动物故事的时候了，不管它们看起来如何，这基本上就是动物故事。(von Hennet，2002)

1999 年 11 月，ProSieben 连续三周周四晚上 8:15 播出《与恐龙同行》，每次两集。而在 2002 年 1 月 24 号和 31 号，《与野兽同行》在星期四黄金档播出，每次三集连播。它吸引了 600 万观众，14 岁到 49 岁的目标受众占 30%(von Hennet，2002；Anan，2002)。凭借 PorSieben 和法国三台的联合投资，《与恐龙同行》预售给了梅迪亚赛特(意大利)，Canal Plus/电视五台(西班牙)[①]，NCRV/NOS(荷兰)和 SVT(瑞典)[②]。2002 年，除了“信息娱乐”杂志节目，同为商业频道的 ProSieben 和电视五台都没有常规的纪录片播放档期。ProSieben 在 1998 年取消了一个常规的自然历史节目(von Hennet，2002)，而电视五台播放《与恐龙同行》则是该频道首次在黄金时段播出纪实节目(Misert，2002)。对两者来说，决定购买该片的决定性因素是想从传统的自然历史纪录片转向为黄金档观众呈现一部将恐龙演绎得栩栩如生的娱乐大片。但是如同“大制作的”剧情片，无论创造力还是资金上的巨大投入都使得这样的节目稀少珍贵，除非找到有国际吸引力的题材，筹集到巨额的资金。

---

① 在西班牙同步预售是可能的，在免费频道电视五台播放之前，付费频道 Canal Plus Espana 就购买付费窗口。

② 续集《与野兽同行》被预售给竞争对手商业频道 TV4。

## “蓝筹”节目

“蓝筹”节目主要吸引法国和西班牙的公共电视频道和付费电视频道(Canal Plus,Canal Plus Espana),这些频道将高质量、高预算的纪录片看作是自己播放信息节目义务的关键部分。正是制作的规模和复杂的新拍摄技术,包括计算机图形的使用,使得“蓝筹”节目从不太出众的节目中脱颖而出(Kaiser,2002;Plym-Forshell,2002)。在预售的节目中,自然历史纪录片占多数,如《蓝色星球》,BBC制作的野生生物专题片《哺乳动物的生活》。“蓝筹”标签也适宜一些科普节目(如BBC的《制造新人类》、《宇宙无限》)和一些有关历史或考古学主题的节目(如沃特沃制作的《古代埃及人》)。SVT电视台自然历史节目的采购商负责SVT二台周日的黄金时段自然历史节目档,他估计每年只有30部节目属于这一类。

然而,即使节目标为“蓝筹”也不一定意味着会在黄金时段播出。2002年至2003年期间,西班牙公共电视网TVE旗下的第二频道在每天下午3:45播出一小时的自然历史节目。2002年,法国三台的自然历史节目仅限于周日上午播出一小时(Échappées sauvages),周六下午6:00播出一档冒险纪录片(如《探险》)。

在德国,自然历史纪实节目沦为竞争压力下的牺牲品。20世纪90年代中期,随着商业频道进入市场,野生生物节目的播出时间猛增(Marel,2002;von Hennet,2002),到90年代后期,这种上升的势头已经消退,大多数商业频道已退出这一领域。而公共电视频道也减少了它们的播出时间。在电视网中不再有黄金档播出的自然历史节目,此类节目在2002年仅限于周一到周五下午档播出的《野外冒险》),地方频道会重播这些节目。2002年初,德国电视二台取消了每周黄金档的自然历史节目,原因是认为此节目不足以与对手——德国公共广播联盟和商业频道播出的电视剧——相抗衡。停播一年后,2002年1月重新在周六晚上6:00开播一档黄金节目——《美妙人生》,并在2003年将之转成每日下午播出。现在黄金时段的自然历史节目大部分是在公共广播联盟下属的北德广播电视台(NDR)、西部德国广播电视台(WDR)、巴伐利亚广播电视台(BR)经营的地方性频道播出。比如,WDR自1995年以来在周四晚8:15一直播出一档自然历史节目《地球大冒险》(Kaiser,2002)。

法国付费电视频道Canal Plus自80年代中期以来对经典自然历史纪录片投入巨资,当时很少有电视频道对此感兴趣,该频道也一直预购2002年制作的最佳的纪录片(包括沃特沃制作的《古代埃及人》和《穴居人》)。然而,2001年该频道对自己重新定位,将播出内容集中在体育节目和电影上,这导致其播出的自然历史节目的数量减少为每周一个,2002年是每周六下午1:30播出,2003年转为周日下午5:10播出。在意大利,热门的自然历史和科普节目一直作为Rai一台杂志节目《超级夸克》的一部分，在黄金时段播出，节目的主题已扩展，把历史题材也包含了进来（Pinna，2002）。

为自然历史节目找到档期有一定的困难，但使问题更复杂的是购片商不再需要关于动物的简单直白的自然历史片。瑞典的 SVT 每年购买大约 40 个小时的节目，包括 BBC 制作的所有主要的自然历史系列片，例如，《蓝色星球》、《哺乳动物的生活》、《狂野非洲》和《印度尼西亚》（Plym-Forshell，2002）。它所购买的节目超过半数来自英国。购片商寻找的是“多变的大陆和故事”，而不是简单地“列举物种”或是关于猎豹的“另一部”电影。现在重要的是找到关于动物行为和生态环境的新视角（Ibid.），这是所有购片商都一致赞同的观点。

## 自然历史，科学，考古学，人类历史

一般性的野生生物纪录片，以及关于科学、历史和考古学方面的更具挑战性的节目更可能在那些观众较少又更关注信息节目的公共服务频道播放。法国的公共服务频道法国五台就属这类，它被称为“知识频道”（Julienne，2002），2002 年只在白天播出节目。Rai 一台为《超级夸克》杂志节目购买质量最好的节目。作为 Rai 旗下频道中最注重信息且更传统的公共频道，Rai 三台购买的节目范围更广，它在黄金时段定期播出杂志节目，或者在黄金档播出自然历史、科学/环境和历史纪实节目。2002 年，Rai 三台与格拉纳达公司签订出口协议，每年购买多达 25 小时的野生生物、冒险、考古和历史节目（Corsini，2002）。

## 其他纪实节目和二级市场

对于一些生活方式类的节目，体现人情味的纪录片以及关注政治和社会领域的节目的销售前景颇受局限，这也是可以理解的，因为它们倾向于强调英国主题。而为了降低模式成本，广播电视公司更愿意采用国内制作的节目。BBC 采用的一个策略是将节目打包成品牌板块以供黄金时段播出，这种方法在德国商业频道 Vox 上行之有效，该频道每周在黄金时段播出 BBC Exclusiv 节目。在本书行文之际（2003 年 10 月），相对于真人秀节目和游戏节目，人们对纪实节目的兴趣还很有限。但是在美国，这种兴趣与日俱增（见第五章），并且开始蔓延到欧洲。例如，2003 年 RDF 传媒公司把打造的节目《换妻俱乐部》出售给法国 M6、丹麦的 TV3 和德国的 RTL。

荷兰和瑞典这样较小区域的广播电视公司正准备扩大购买节目的范围，因为它们自己的市场太小，无法支持高水准的国内制作。这一点尤其适用于需要履行公益节目播出责任的公共电视台。荷兰 NOS 旗下的文化艺术专题频道 NPS 从 BBC 公司和独立制片人处购买了大量的纪录片，用于在 N3 频道每周黄金档纪录

片栏目 *Het Uur van de Wolf* 和 *Dokwerk* 中播出。在瑞典公共电视台 SVT 隔周播出的全球时事栏目 *Dokument Utifrân*（周四晚 10:10）中，大约 50%的节目购自英国，其中大约 40%的节目来源于 BBC(Dahlberg,2002)。2001 年，西班牙 TVE 第二频道每周播出的时事节目 *Documentos TV*（周三晚 11:15），22%的节目购自英国，包括 BBC 制作的《通信记者》和《全景》栏目的剧集(Erquicia,2002)。

在较小的地区，商业免费电视台也有机会买到纪实节目。荷兰商业广播电视集团 HMG 没有固定档期播放传统的纪录片，但它仍然间或购买名人主持的烹饪节目（如 Optomen 制作的《两位胖女士》和《大城小厨》，第四频道为 RTL4 制作的《妮吉拉食谱》）用于白天档播出，购买纪实性肥皂剧（如蝶蛹公司为 Yorin 制作的《机场》）用于黄金时段播出(Easter,2002)。瑞典商业广播电视台 TV4 为了将自己与注重自然历史、政治和文化节目的竞争对手 SVT 区别开来，专注于周三晚 9:00黄金时段定期播放富有"人情味"的故事。作为商业电视台，对 TV4 来说重要的是这些节目要有吸引人的开头以便保持住观众的兴趣，还要有易于宣传的独特角度。2002 年购自第四频道的节目《完美阴户》可单列出来作为例子：

> 它很精彩，也很前卫……好像是你从未听说过的某个东西……你有一个其他人从未谈及的话题，这种感觉很好。这就好像你拥有这种"对了，就是它"经历，这很有趣，因为之后你当然就会有大批观众了。(Lidén,2002)

随着卫星电视专题纪实频道的增多，纪录片的销量也随之增加，但价格还是很低。是否要从拥有大量节目的英国制片商处购买节目取决于所需节目的数量、市场上可供挑选的节目以及本国制片商无力满足这些需求的现状。Planète 是法国 Canalsatellite 数字平台 Multithèmatiques 节目包的一部分。2002 年，它为节目包中的电视频道购买了大约一年 1 000 个小时的纪实节目，据估计其中半数是英国制作的，包括根据与 BBC 公司的出口协议而提供的 300 个小时的节目(Kandel,2002)。法国电视频道的运营商 ABSAT 旗下经营数个纪实频道——历史、旅游、动物、科学、打猎，它也购买了相似的节目包。意大利 RaiSat 在为数字节目包中的七个主题频道中的每一个购买节目时，所购的 300 到 400 个小时的节目中纪实节目占到大约 40%到 50%(Macciocca,2002)。RaiSat 电视频道为低预算的纪实性肥皂剧、生活方式类的节目、烹饪节目（如 Optomen 为 Gambero Rosso 烹饪频道制作的《两位胖女士》和《大城小厨》）以及一些对意大利地面频道来说文化上过于特殊的节目提供了销售渠道(Ibid.)。Odisea 是西班牙数字平台 Via Digital 上的 Multicanal 节目包的一部分，它每年购买大约 500 个小时的纪实节目，而 2002 年它播出的英国节目占了 35%(Salas,2002)。

# 儿童节目销售

尽管纪实节目显示了英国制作的节目在一个特殊领域存在优势，但是儿童节目的销售对其仍然是一个很大的挑战。尤其是商业频道十分倚重长期播放的半小时长的动画系列片，这些动画片购自美国，日本动画片也逐渐增加（如《宠物小精灵》、《数码宝贝》、《七龙珠》）。比如，意大利商业频道意大利一台总是播放日本动画片，与它的对手公共电视台 Rai 二台播出的迪斯尼动画片分庭抗争。意大利一台的采购部门梅迪亚赛特每年购买六到七部 26 集动画系列片，多数购自日本（50%）和美国，欧洲动画片只占其中的 20%～30%（Mozzetti，2002）。

从 20 世纪 90 年代后期开始，英国制片商们已成功在学龄前儿童市场争到了一席之地，像德国和法国这样的较大区域成为重要的预售对象。英国学龄前儿童节目产生于一种公共服务理念：国内儿童电视节目需要迎合不同年龄不同兴趣的观众，它们已经在其他地区成功地填补了这一空白。幼儿节目成功地销售给了美国的公共电视网（如《天线宝宝》、《芭蕾小精灵》）和尼克国际儿童频道（如《精灵鼠梅齐》、《巴布工程师》、《绅士狗卡皮》）（见第五章），同时也为录像带和特许产品的销售开创了机遇，在此基础上，英国幼儿节目再接再厉，又在欧洲取得了一定的成绩。

迎合年龄稍长的青少年受众群的努力不太成功——实景真人系列片《七小龙》除外——英国节目出口的成功主要在于幼儿节目。儿童剧是 BBC 和独立电视台推出的另一个主打节目，而很少有西欧广播电视公司对它感兴趣，要么是因为电视台几乎都播放长篇动画（如法国一台、法国三台、意大利一台），要么是因为这类节目由本国制片商提供（如德国的电视二台）。

与成人剧的情况一样，英国儿童剧在有公共服务传统的小市场销量最好。与英国的公共服务频道一样，荷兰和瑞典的公共电视台必须播放不同种类的儿童节目而不仅仅是动画片，但国内却无法筹集足够的资金制作此类节目。但在瑞典，对于什么样的节目适合儿童观众却有一些特别的看法，这反映了对儿童以及儿童与成人互动方式的不同态度（Redpath，2002）。正如一位 SVT 的购片商所说："我经常拒绝购买英国电视剧，因为剧中的父母是如此可怕，好像父母和孩子之间完全没有尊重……这个唠叨挑剔的妈妈太可怕，不会享受生活。许多英国电视剧中都有这样的妈妈。"（Cederborg，2002）

尽管幼儿节目是英国的优势产品，但对商业频道并不总是有吸引力，因为广告商对这个年龄群体没有足够的兴趣，对他们而言年龄较大的孩子更有吸引力，因为年龄较大的孩子可以表达消费喜好并采取相应的行动。欧洲的商业电视台更喜欢购买时长30分钟的动画片，尤其是26集的系列剧，但不愿购买幼儿节目，因为此类节目一般较短，一集只有5分钟或10分钟。

幼儿节目如《天线宝宝》、《好玩小天地》和《巴布工程师》在公共服务频道和专业频道引起了很大的反响，前者需要播出各种各样的节目来满足不同年龄的儿童观众(如ZDF，ARD，Rai三台，TVE，Forta，NOS，SVT)，后者为幼儿专门设立了一个栏目(如德国的Super RTL和KiKa，法国的Tiji)。那些靠广告费资助的频道优先考虑商业利益，这就意味着为幼儿节目提供的时间空档很有限，如意大利一台或法国的电视一台，还有那些像意大利电视二台和法国三台那样更直接地与商业频道竞争的公共服务频道。

另一个影响幼儿节目销售的不利条件与人们认为什么东西适合婴幼儿的观念有关。意大利三台的采购商认为，意大利的父母对三岁以下的孩童看电视感到不安(Bollini，Liberi and Di Nitto，2002)。[①] 对瑞典公共电视网SVT来说，核心观众群的年龄是7到14岁。“学龄前”这个术语并不总意味着同一个意思，因为儿童在7岁开始上学，而且同样有人认为太小的孩子不应该看电视(Cederborg，2002)。当然，更多实际的考虑也起了作用。对《天线宝宝》节目进行本地化需要插入新的真人表演，费用很高，而且会挤占其他形式节目播出的时间，这些节目本可以增添SVT一台有限档期的多样性(周一到周五晚6:00到7:00)(Ibid.)。

## 儿童节目关键的销售渠道

频道众多的环境以及已经本土化的美国频道(如卡通电视网、尼克国际儿童频道、福克斯儿童频道、迪士尼)的渗透加快了儿童节目市场分割的进程，也带来了执照费的压力。正如在美国，电视已成为一个开创消费品、出版物和录像带收入渠道的平台。因此，对拥有好节目的出口商来说，关键是争取在拥有最多观众、市场知名度最高的电视台播出节目。

在德国，超过90%的电视用户安装了有线或卫星电视(EAO，2001b)，专门的少儿频道Super RTL和KiKa成为重要的销售对象。公共服务频道电视二台和公共广播联盟以及主要的商业频道RTL(迪斯尼俱乐部)和SAT一台仅限于周末上午播出儿童节目。2002年RTL二台周一到周五的白天档都被日本动画片占据(如《宠物小精灵》、《数码宝贝》、《七龙珠》)。德国电视二台购买了英国的幼儿节目(如《芭蕾小精灵》、《兽医菲奇》和《被遗忘的玩具》)，但是没有大量购进(Müller，

---

① 《天线宝宝》最初是由意大利电视三台所购，但到2002年就转到意大利电视二台播放。

2002）。1997 年由公共广播联盟和电视二台[①]共同推出的少儿频道 KiKa 每天不仅播放两个台提供的原版节目和以前的老片，还播放英国长篇系列剧《天线宝宝》和《好玩小天地》。1995 年开播的 Super RTL 频道[②]每天早间档播出幼儿节目。1999 年，Super RTL 又推出幼儿节目板块，主要播放英国系列剧，例如 HIT 娱乐公司的《巴布工程师》、《浴室大冒险》和《火车头托马斯》，娱乐权利公司的《魔法狗狗梅林》，索福林制作公司的《小怪兽》，卡尔顿公司的《梦幻街》。

法国的儿童节目市场主要由地面频道法国一台和三台的上午档占据，两者占据了四分之三的观众份额（Poussier，2002）。法国五台为幼儿安排了节目档期，Canal Plus 为每天上午播出幼儿节目档从 BBC 公司购买了《天线宝宝》、《安迪宝宝》和《小天使安奇》。法国一台和三台因为缺乏空档时间很难播放幼儿节目，而且法国监管当局 CSA 要求它们投资制作法国动画片，也限制了它们从其他渠道购买节目（Poussier，2002）。[③] 法国一台购买的英国节目包括《好玩小天地》和《小怪兽》。《小怪兽》满足了对 5 分钟长的补白短片的需求，而像《野蔷薇村的故事》（4×26 分钟，HIT 娱乐公司）和《帕西爷爷的爱心公园》（4×26 分钟，HIT 娱乐公司）这样较短的系列剧则在假日作为特别节目播出（Ibid.）。法国三台的采购人员估计它播出的节目有 15%～20%来自英国，其中有 HIT 娱乐公司制作的《巴布工程师》，BBC 制作的《淘气猫拉尔夫》和《超级无敌掌门狗》，考伦公司（Chorion）制作的《诺迪》以及 ITEL 制作的《小鸡与狐狸》（Dauvin，2002）。专门针对幼儿的电视频道包括 2000 年 12 月开播的面向四到七岁儿童的付费频道 Tiji，但是它和面向较大受众的同类频道 Canal J 及 Teletoon（2002 年 TPS 数字平台的 150 万家庭可以收看）都不太能吸引英国的出口商。它们没有地面频道付的钱多，较小的受众群不能为许可交易提供坚实基础。然而，地面频道的幼儿节目档期有限，法国电视频道又需要完成严格规定的欧洲配额，这意味着大量的英国幼儿节目涌向 Tiji 频道。对 2002 年 3 月 18 日至 24 日 Tiji 频道一周节目安排的调查显示，BBC 公司（《天线宝宝》、《神勇小白鼠》、《肥猫宾卡》、《海盗宝贝》），HIT 娱乐公司（《绅士狗卡皮》、《企鹅家族》、《章鱼奥斯旺》、《火车头托马斯》）和娱乐权利公司（《小猪赫胥黎梦想记》、《被遗忘的玩具》）的节目比较有代表性。

---

① 德国电视二台（ZDF）每年为 KiKa 提供大约 200 小时的新节目和 1250 小时的档案资料（MÜller，2002）。ZDF 每年购买 10 到 20 部 13 到 26 集的动画片和真人动作片系列（Lehmann，2002）。

② Super RTL 的 50%归迪士尼所有，日间档 25%的节目由迪士尼提供，50%的节目是外购的；35%的节目是联合制作的，15%的节目内部制作的（Schosser，2002）。

③ 2002 年，法国一台被要求一年投资高达 5500 万法国法郎制作 6 到 8 部法国动画系列片（Poussier，2002）。

在意大利，儿童电视节目主要是由意大利一台和二台每天播出。英国出口商最成功的交易是与 Melevisione 达成的，这是 RAI 旗下电视频道中最具"公益性"的频道——意大利三台开设的一档面向四至七岁儿童的节目板块，工作日下午播出，时长两小时。Melevisione 是 1999 年为了向幼儿播放欧洲节目而专门开设的(Bollini, Liberi & Di Nitto, 2002)。相对于商业频道意大利一台和二台，在上午和下午播出的面向年龄较大儿童的日本和美国动画片，它提供了另一个不同的选择。据估计，英国节目占所购节目的半数，其中包括 HIT 娱乐公司的《巴布工程师》和《野蔷薇村的故事》，格拉纳达公司的《兽医菲奇》和《奥基·多克》[①]，卡尔顿公司的《狼、女巫和巨人》和《恶有恶报》[②](Ibid.)。

*Z@ppelin* 是荷兰公共频道 N3 白天播出的一个专门的儿童节目栏目。为回应进入荷兰市场的福克斯儿童台的节目，N3 频道于 2000 年开播，是更专业并无广告的公共频道(Willemsen, 2002)。它播出的节目取代了以前分散在三个频道的儿童节目，可以满足不同年龄儿童受众的需求。它不仅播放英国长篇幼儿系列剧如《天线宝宝》和《好玩小天地》，也播放各种短篇系列剧和单本剧如《绅士狗卡皮》、《淘气猫拉尔夫》、《恶有恶报》和《狼、女巫和巨人》)。

由于卫星电视和有线电视并不普及，西班牙儿童节目市场主要由地面频道占据。和意大利一样，西班牙市场关注年龄较大的孩子，很难安排幼儿节目播出。英国节目的主要买家是公共电视台 TVE(购进《好玩小天地》、《七小龙》)，节目在 La 二台每个工作日播出，周末在 TVE 一台播出；另外还有参加电视电台组织协会一起购买节目的地方电视台(购进《天线宝宝》)。至 2002 年，商业电视频道电视五台已将其儿童节目播出时间减少并调整到周末上午播出，而 Antena 三台每日播出的 Club Megatrix 板块主要播放美国和日本动画片。西班牙最成功的卫星电视少儿频道是福克斯儿童台，2002 年 6 月，Via Digital 和 Canal Satéllite 两大运营商所服务的 200 万个家庭可以接收该频道的节目(TBI, 2002, p. 99)。它购买了《天线宝宝》和八部《巴布工程师》系列，作为学龄前儿童的补充节目，安排在每天上午播放福克斯儿童台的《数码宝贝》、《宠物小精灵》和《恐龙战队》等老牌节目之前播放。(Ramos & Ortega, 2002)

## 英国节目的引人之处

动画片很昂贵(见第二章)，而且儿童节目部急需资金，因此有必要购买或联

---

① 奥基·多克是住在空心橡树里的一只森林精灵，长着细长的四肢，巨大的树叶状的耳朵，头戴橡实做的帽子。他快乐热心，森林里的动物遇到大大小小的问题，都能得到他的帮助。——译者注

② 一部奇幻恐怖动画片。——译者注

合制作节目而不是内部制作节目。在很多情况下，除非已确保在最大的区域顺利预售，否则不会开始制作节目。购买或联合制作节目对广播电视公司来说风险也极高，正如法国电视一台的儿童节目部主任所指出的：

我们冒着巨大的风险。通常在决定购买一部系列剧之前，我们会念圣经。有可能的话，会读摘要、故事情节或剧本。如果我们碰巧认识制片人的话，可能有保证，但也不是真正的保证。我们可以看两到三分钟的预告片，这也不是真正的保证。(Poussier，2002)

有时，购买节目由外部因素决定。荷兰教育电视台 Teleac/NOT 购买《天线宝宝》和《好玩小天地》，因为从 1999 年起它需要在 N3 每天播出校园节目(Willemsen，2002)。这两部系列剧每天上午 9:30 到 10:30 播出，满足了日间播放所必需的长剧集和低成本的要求(Ibid.)。电视台也提供插入新的真人实景片段的机会，达到了 Teleac/NOT 的教育性目的，电视台还为荷兰儿童制作了 100 多个新的《天线宝宝》真人实景片段(Ibid.)。商业电视法国一台购买《好玩小天地》在周三和周日早上 7:00 播出，因为法国监管部门要求它每年播放 50 个小时的儿童纪录片或杂志节目(Poussier，2002)。意大利一台的采购人员暗示，他们可能会购买更多的 5 到 10 分钟的英国短片，因为意大利的法律会有所变化，它们将不能每播放半小时节目就插播广告了(Mozzetti，2002)。

德国 Super RTL 的总裁认为，英国幼儿节目的成功来自于对逐帧动画片(如《巴布工程师》、《魔法狗狗梅林》、《梦想街》)的重视。经过一段时间的积累，英国供应商们已经在这一领域拥有了胜过对手的竞争优势。她进一步指出，这种能力是在公共服务的传统，以及“BBC 的长久影响力和长期经验”下培养出来的(Schosser，2002)。法国电视一台的儿童节目部主任强调了一些重要的供应商在创造力和资金方面的优势，比如 HIT 娱乐公司制作了像《芭蕾小精灵》或《野蔷薇村的故事》这样“非常经典的高质量节目”，从竞争者中脱颖而出(Poussier，2002)。对德国和荷兰的公共服务电视台来说，除了被认为内含暴力因素的日本动画或远东和南欧制作的劣质节目外，英国节目代表着另一种可靠的选择(Kuiper，2002；Müller，2002)。幼儿节目的引人之处包括节目中角色幽默、高超的讲故事的能力，能够从情感上打动儿童(Cederborg，2002；Kuiper，2002；Poussier，2002)。对这一方面，德国电视二台的儿童节目部主任这样评价：

比如，英国剧本的质量远远胜过其他国家，而且着眼于情感层面……它们能在某种程度上打动你。我认为确实如此。我认为那些编剧或者制片人，他们很了解儿童的需要，那个年龄群体的特殊需求……这是一档十分适合这一年龄层的节目。(Müller，2002)

然而，有可能参与节目的成功销售对电视台来说也是一个巨大诱惑。法国公共电视三台购买《巴布工程师》，是因为它在英国获得成功销售。这导致该电视台购买了受众年龄小于目标观众的节目，而法国三台的一个部门被控操纵法国的许可活动(Dauvin,2002)。同样的，荷兰公共电视台 Teleac/NOT 购买《天线宝宝》和《好玩小天地》也是想分得销售收入的一杯羹(1%～2%)。对德国商业电视台 Super RTL 来说，能获得辅助收入的希望也促使它决定在 1999 年开设幼儿节目板块。作为《巴布工程师》等节目的德国授权代理人，Super RTL 在节目成功播出后收获颇丰。2001 年，《巴布工程师》在德国成为继《宠物小精灵》之后第二大儿童节目，估计许可收入达 3 000 万至 4 000 万欧元(Schosser,2002)。因此 Super RTL 更有理由在最佳时段继续播放该节目。尽管德国以及随后的法国为特许产品提供了良机，但是在西班牙和意大利，这种机会却十分有限，究其原因，主要是播放幼儿节目的时段少，对产品的开发利用也不太老练(Bollini, Liberi & Di Nitto,2002;Mozzetti,2002)。

## 娱乐节目销售

20 世纪 90 年代，欧洲广播电视市场出现竞争激烈、日渐分化的局面，娱乐节目模式明显带有商业逻辑。随着播出时间的增加，重大体育赛事又转在付费频道播出，娱乐节目提供了一种用本地节目填补播出时间表的方法，与本地制作的电视剧相比更经济。对想要从拥挤的市场脱颖而出的电视频道来说，本地制作的娱乐节目比廉价的进口节目更吸引观众。这是因为本地制作的娱乐节目已在其他市场尝试过、验证过，降低了风险度，节省了开发成本，而且节目的连续性也为聚集人气提供了机会。莫兰认为这里还有政治利益，因为节目模式经过改造总是被归为本国国产节目而非进口节目(1998,pp. 22-23)。

购片商们寻求的是“一种创意，其中的元素稍加改造就可满足不同文化的需求”(van Diepen,2002)。对于游戏节目，购片商们想要一种在运作形式和结构上观众都很熟悉的节目，逐渐积累到最后一轮，但其基本概念新颖独特(Battochio, 2002;García,2002;Saló,2002)。真人秀节目需要“呆在家里电视机前的观众都能感同身受的”的创意(García,2002)。然而大多数的节目并不像《谁想成为百万富翁》那样成功，精心制作的真人秀节目(如《老大哥》、《我是名人，让我离开这儿!》)不一定便宜，尤其对于那些较小的地区。相比于每一集《谁想成为百万富翁》，大量的节目销售业绩不佳。

美国的游戏节目模式(如《财富幸运轮》、《家庭问答》、《价格猜猜看》)在欧洲有悠久的历史。20 世纪 90 年代后期美国节目模式的主要不同点在于游戏节目和真人实景纪实娱乐节目是在黄金时段而不是白天档或接近黄金档的时段播出。触发改变的原因是 1999 年恩德莫尔制作的真人秀《老大哥》在荷兰、1998 年塞拉多制作的《谁想成为百万富翁》在英国和 2000 年《幸存者》在美国哥伦比亚广播公司的黄金时段的成功播出。这些节目成功销售给美国的电视网,也激发了其他地区对此类节目的需求,而英国游戏节目的拥有者,包括 BBC 环球公司、塞拉多、格拉纳达、动作时间和富曼传媒受到鼓励,努力去满足这种日渐增长的需求。

除了像隶属于卡尔顿公司的动作时间那样的专业策划公司,英国出口商一直在从事娱乐节目模式的销售,仅次于联合制作节目的销售和节目成品的直接销售。出口商把娱乐节目模式授权给其他国家的制片商,而不参与本地制作。恩德莫尔英国娱乐公司向北欧广播电视公司出售了带有游戏元素的生活节目,比如《我的美味》①、《改变你的房间》②和《地面部队》。但是同样的节目在南欧销售遇阻,那里的观众更喜欢看黄金档播出的演播室里录制的娱乐节目,而不是在本地环境中拍摄的生活或纪实娱乐节目(Van den bussche,2001)。BBC 环球公司将音乐秀节目《流行之冠》出售给德国的 RTL、荷兰的 BNN/N2、法国二台和意大利二台(2003 年转至其商业竞争对手意大利一台)。90 年代早期,有关消费者事宜的系列剧《这就是生活》成为 BBC 公司在欧洲最畅销的节目包,销往德国、挪威、比利时和荷兰,同时销售的还有其他娱乐节目如《Noel 周末娱乐秀》和《宠物赢大奖》(Jarvis,2001;Moran,1998;van Diepen,2002)。格拉纳达的室内娱乐节目《意外对对碰》围绕"普通"人的生活展开,在意大利一台改名为 Carràmba che sorpresa,播出取得成功,2002 年 1 月占有 40%的观众份额,在荷兰 2002 年已开始播出第七季(Mutimer,2002)。

正是《谁想成为百万富翁》的成功将此类节目置于新的立足点,节目模式的持有者尝试用不同的方法开发利用此类节目。他们不再仅仅把节目模式授权给制片商或电视台,而是把重心转移到整个节目包,包括节目制作的专门知识和技术诀窍的销售,这样他们就对最后的成品有更大的控制权(Jarvis,2001;Van den bussche,2001)。对于最成功的节目模式来说,这种控制是为了打造在市场上能长存的世界品牌,而如何制作节目的专门知识就变得比"创意本身"更重要了(Van den bussche,2001)。

在欧洲,荷兰的恩德莫尔制片公司选择购买塞拉多制作的娱乐节目《谁想成为百万富翁》的整个节目包(包括计算机、布景、音乐、图形软件、字幕、照明),它在当地的分公司在全欧洲继续与塞拉多公司密切磋商制作节目(见表 6.2)。恩德莫尔公司从第三方收购节目模式,同时销售了 400 多个节目模式,包括《老大哥》、

---

① 《我的美味》的版权由 BBC 环球公司与恩德莫尔英国娱乐公司共有,该节目模式已销往德国的 Vox 台、瑞典的 TV4、荷兰的 SBS6 和西班牙的 Antena 3,以供日间档播放。

② 《改变你的房间》被卖到荷兰的 RTL4 台、瑞典的 SVT 台和德国的 ARD 台(Van den bussche,2001)。

《混音之王》和《爱即所求》。富曼传媒作为一些娱乐节目模式(如《价格猜猜看》、《家庭问答》、《贪心》、《超级偶像》)的本土制片商以同样的方式在重要的市场运作。

表 6.2　在欧洲畅销的英国娱乐节目模式

| | 谁想成为百万富翁 | 流行巨星 | 智者为王 | 幸存者 | 贪欲 |
|---|---|---|---|---|---|
| 德国 | RTL | RTL2 | RTL | RTL2 | 电视二台 |
| 法国 | 电视一台 | M6 | 电视一台 | 电视一台 | M6 |
| 意大利 | 五频道 | 意大利一台 | 意大利一台 | 意大利一台 | 电视二台 |
| 西班牙 | 电视五台 | 电视五台 | TVE1 | 电视五台 | TVE1 |
| 瑞典 | 电视四台 | 五频道 | — | SVT2 | SVT2 |
| 荷兰 | SBS6 | — | RTL4 | Net 5 | — |

资料来源:国际电视商务,2002 年 4 月/5 月,p.16

BBC 环球公司同样销售《智者为王》节目包。该公司没有授权给像恩德莫尔公司这样的中间商,反而尝试直接与广播电视公司谈判,与本地制片人签订合同联合制作节目(Jarvis,2001)。这使得它不仅在创作上获得更多的控制权,还能从制作费、产品利润和节目模式授权费上获得收益(Ibid.)。对于热门节目,节目模式的拥有者可以决定制作的最少集数并规定制作的过程。比如,ZDF 同意以每小时 22 万美元的价格制作 40 集 BBC 版的《狗咬狗》(Fry,2002b)。

然而,想把节目模式作为独特品牌控制其在不同区域开发的愿望,却与本土电视台想要播出具有本土吸引力的节目的愿望相抵牾。高度结构化的智力竞赛节目比如《谁想成为百万富翁》或《智者为王》除了节目中本国的主持人、本国的参赛者和反映本国知识的问题之外,看起来与英国原版节目几乎一样。相反,真人实景的游戏节目(如《老大哥》)和纪实节目(如《火眼金睛》、《换妻俱乐部》)需要大幅改造,具体的细节不太容易确定。它们在本土市场的成功与创意本身以及如何使这个创意去适应本土的喜好紧密相关。如纪实娱乐专业制作公司 RDF 的总经理大卫·弗兰克所言:

> 我们做的节目在很大程度上依赖制作人的技巧。……像《谁想成为百万富翁》或者其他演播室内制作的娱乐模式,你给立陶宛电视台一成套的部件,最后你会在荧屏上看到眼熟的节目,这样做很呆板。像《换妻俱乐部》这样的节目,真正的技巧在于参加节目制作的演员、摄影和编辑。(Rouse,2003)

能否在不同的地域翻拍一个娱乐节目模式,最终由节目的播出成功与否决定。例如,《智者为王》在德国 RTL 电视台播出时没能激起观众的热情,在白天档首次播出后,到 2002 年 1 月转为每周晚 11:15 播出。在 2001 年,它的收视率不到 10%,低于当年该频道收视率的平均值 15%(Anon.,2002b,p.17)。

显然,改造节目模式以适应意大利和西班牙的本土市场也困难重重,因为英国的节目和节目模式从未在这两个国家热销过。

## 意大利和西班牙的节目模式改造

在意大利,梅迪亚赛特制作分公司 RTI 在 2002 年为五频道和意大利一台购入一个娱乐节目模式,意大利一台采用的节目模式逐渐增加进而取代了美国电视剧(Battocchio,2002)。西班牙电视五台的采购人员打算一年购买一个节目模式——像《谁想成为百万富翁》这样可在黄金档晚上 9:30 播出的 13 集系列片,或是能在晚上 8:00 播出的一年高达 200 集的黄金档节目(Saló,2002)。西班牙制片商 BocaBoca Producciones 选择购买英国的娱乐节目(如帽子戏法公司的《等待的游戏》、格拉纳达公司的《寻找财富》)并把它推销给西班牙电视网。它一年购买十个娱乐节目模式,只有一到两个会被采用(García,2002)。

南欧也证明了节目改造受限和欧洲内部的差异。正如富曼传媒的娱乐开发和收购部的负责人大卫・莱尔所说:

德国、斯堪的纳维亚、荷兰和英国倾向于走同一个方向,而法国、西班牙和意大利选择走另一个方向。……众多女孩载歌载舞的大型娱乐综艺节目在意大利,甚至某种程度上在西班牙仍然存在。但是英国观众很有一段时间没看见布鲁斯・福赛斯与几个小妞勾肩搭背了。(Cited in Plunkett,2002)

RTI 的节目策划部负责人法布里兹欧・巴托奇奥认为,意大利观众喜欢“情感类节目”,比如“真人实景”游戏节目《老大哥》(Canale 5),娱乐节目《意外对对碰》(Rai 一台),或者恩德莫尔公司制作的《爱即所求》(Canale 5),最好是综艺性的(Battocchio,2002)。同样的,西班牙观众被认为喜欢看能展示情节、探寻情感的节目(Saló,2002),或是像《老大哥》这样的揭示“秘密”的真人秀(García,2002)。

意大利和西班牙都有一个传统,即在黄金时段播放演播厅录制的娱乐节目,上述的节目模式看起来非常适合这些地区。但是,每周黄金时段的节目需要满足多达两个小时的时间段,甚至每天在接近黄金时段播出的节目也要持续一小时。这与英国和美国喜欢采用的半小时和一小时的节目模式不一致,节目模式必须改造以适应档期要求。另外还有一些文化差异需要处理。

不论是意大利一台和五台播出的《幸存者》,还是西班牙国家电视台(TVE)播出的《智者为王》,买家们都觉得不太尽如人意(Mutimer,2002)。像《幸存者》,这种淘汰式的节目背景设在荒岛上,而在意大利市场,缺乏演播室背景就被视为是节目的缺点。RTI 的法布里兹欧・巴托奇奥认为,“你需要一个情感中心……一个你能看见也很容易停留的地方”(Battocchio,2002)。巴托奇奥认为,意大利最成功的节目拥有强烈的现场演播的特性,产生了“一种开朗的非常明亮的节目氛围……远非某种北欧式的阴暗气息”(Battocchio,2002)。娱乐节目被分成几段，观众进入任何一个阶段都很容易(Ibid.)。西班牙的买家们也同样觉得需要演播厅支撑娱乐节目(García,2002)。

相比之下,《谁想成为百万富翁》有精心设计的背景、软件、灯光、图形和音乐，根本不需要为适应本土观众进行改造，在两地播出时均大获成功。2000 年 5 月，节目改名为 *Chi vuol essere milionario?* 在有线五台开播，它符合意大利传统的演播室娱乐节目形式，象征着“黄金时段益智类节目的回归，而且可获得巨额奖金。在播出期间它是个大事件，人人都在谈论这个节目”(Battocchio,2002)。节目既熟悉又陌生，这更增添了它的吸引力。但它也是本土节目，节目中的参赛者及主持人杰瑞·斯科蒂都是本国的，观众能认同这个主持人，因为他曾经主持过另一个成功的益智类节目《下一个词》(Ibid.)。《谁想成为百万富翁》在西班牙电视五台取得了成功，是因为它能提供煽情环节，产生戏剧效果，主持人就像是“你的朋友”，给你提供获得百万大奖的机会(Saló,2002)。参赛者为了晋级到下一轮而采用的战术增加了节目的戏剧效果，包括给朋友打电话求助，使用生命线或是征询观众意见等(Ibid.)。西班牙制片公司 BocaBoca Producciones 的苏珊纳·加西亚认为，在推销该节目的录像带中潜在的戏剧效果非常明显。

比如，他们用来销售的节目《谁想成为百万富翁》……参加节目的女孩给她爸爸打电话，让他给朋友打电话求助。她没哭，但你可以看到她眼含泪水，这是一个游戏节目，但也有故事，有情感。(García,2002)

该节目是 RTI 购自英国的第一个重要的娱乐节目，在意大利每天黄金档播出(晚 6:40—8:00)，每周一次在晚上 8:45 黄金时段播出，持续两个半小时，这也为其他供应商打开了大门(Battocchio,2002)。2003 年，格拉纳达国际公司成功地将《周六晚上外卖》的节目模式出售给了意大利一台，在秋季节目单中黄金档播出。西班牙电视五台于 1999 年 4 月开播《谁想成为百万富翁》，最初是在周六晚 9:30 一档两小时的时段播出，后来为了满足西班牙节目对时段的要求，增加了对参赛者的采访，延长了节目的时间(Saló,2002)。在黄金时段的成功促使电视台在工作日每晚 7:45 增加了一个接近黄金时段的节目板块，然而，这种过度曝光削弱了它的魅力，节目于 2002 年 6 月停播，但它的成功独一无二，很难复制(García,2002)。

一些“恶俗节目”，比如《挑战恐惧》、《诱惑岛》和《致命座椅》在意大利和西班牙的吸引力就小得多。BocaBoca Producciones 的苏珊纳·加西亚认为，西班牙观众不愿看到参赛者遭受折磨(2002)。英国游戏节目《智者为王》中的主持人语带敌意，淘汰者受到参赛同伴的嘲笑羞辱，这一节目制作理念在买家们看来与意大利和西班牙的电视文化格格不入。苏珊纳·加西亚将这一问题归因于文化差异以及改造节目模式以适应当地环境的机会有限：

所有的都是一样的，背景等等，主持人都像安·罗宾逊那样对待参赛者。这种幽默在英国效果就不一样，她更尖刻些，而我们没有相同的幽默感，因此人们不太接受这个节目，不是很欢迎这个节目。(García,2002)

与之相反，动作时间公司制作的室内游戏节目《字母游戏》是成功地将节目本土化的例子，反映出了不同电视文化的偏好，即使是被认为有相似的文化的国家——西班牙和意大利。意大利版的《下一个词》在原版本的基础上做了较大改造，工作日每晚 6:40 至 8:00 在有线五台的接近黄金档时段播出。英国的原版节目对买家们吸引力不大，但是法国一台播出的法国版节目对其进行了更新，并吸引了 RTI 电视台。RTI 批准节目播出，并将节目从原有的半小时扩充到一个半小时(Battocchio,2002)。西班牙商业广播电视台 Antena 三台也购买了该节目，改名为“Pasapalabra”，从 2000 年 6 月起在每个工作日的黄金档(晚8:00—9:00)播出。西班牙版的节目中，参赛者在不同的回合围绕字母回答问题，它是以意大利版本为基础，与英国原版几无相似之处(García,2002)。对 Antena 三台而言，节目最吸引人之处在于参赛者在前面几轮比赛中为最后一轮比赛积攒时间，气氛会越来越紧张(Ibid.)。即便如此，西班牙版本还是与意大利版本不同，它不太重视节目中更典型的意大利元素，而是更注重游戏本身(García,2002;Saló,2002)。换句话说，改造节目模式的过程非常复杂，模式的售出只是此过程的开始，成功与否取决于如何为了适应一个特定的民族区域而改造节目模式。

## 本章小结

尽管英国因为与美国的文化具有一些亲近性而获利，并拥有其他供应商所没有的优势，但这种文化接近性在西欧不明显。英国公共服务型广播电视公司与欧洲的同行遵从相似的经营理念，这意味着这些公司仍旧是那些为公共服务目的而制作的电视剧、纪录片和儿童节目的重要买家。但主流商业电视重视长篇系列剧和剧情片，而这两者都不是英国制作的节目的重点，对英国出口商来说，这构成了一个很难开拓的市场。在主要地区或二级有线电视和卫星电视市场，英国节目很大程度上蜷缩在主流频道节目单上的边缘地带，因而不能在媒体上大肆宣传促销，也就很少有机会吸引公众的注意力。因此，英国制作的节目没有很大的文化影响力。

最易识别产地的英国电视剧“业绩不佳”，并不是因为没能制作出“适销对路的”节目类型，而是因为观众更青睐本国制作的节目，以及美国进口节目长期以来形成的优势。而且，任何仿效美国供应商的大规模尝试，无论是在剧集的数量方面还是在节目内容方面，都不能确保成功。不少买家指出，当英国试图模仿美国电视剧时，恰恰是在自曝其短——它在预算和演员阵容方面无法与美国匹敌。除了像瑞典和荷兰这样较小的亲英国家的公共电视台外，电视剧的销售十分有限，因为剧中明显的“英伦风格”很难被掩盖。联合制作提供的解决方法也有限，因为很少有电视剧具有跨文化的吸引力。

英国尽力在一些美国不太擅长的领域做到最好，谋得一席之地。幼儿节目就是这样一个领域，纪实节目代表另一个领域。在西欧市场能为英国出口商带来丰厚收益的是那些颇受人关注的纪实节目——自然历史、野生生物和科普节目，这些节目的英国渊源能被掩盖，并为频道的形象增添光彩。然而，除了预售节目之外，进一步的合作几乎没有什么意义，纪实节目的播放主要局限于二级市场的公共服务频道和专业频道。商业主流频道会购买符合它们商业利益的节目，就像《与恐龙同行》这样的大型重头戏，但这样的节目只有少数几个。

在美国，成功的关键似乎是消除节目中能表现国家渊源的面貌和感觉。这一点在某些节目模式（如《谁想成为百万富翁》、《智者为王》）的辉煌成就中最能得到体现，在一些纪实大片（如《与恐龙同行》）、大型电视剧（如《失落的世界》）和动画片（如《巴布工程师》）中也能得到印证。这些节目不会被认为是英国制作的，还可通过译制和重新配音来改编节目，以隐藏残留痕迹。最近在黄金时段播出的娱乐节目的成功说明改造节目以适应当地情境的做法越来越重要，但是节目需做多大程度的改造以适应本地要求和节目持有人想在全球范围对自己品牌的开发上保持控制权的愿望尚存在冲突。正如我们所见，在意大利和西班牙，某些节目模式所蕴含的理念和动机还存在文化障碍，它们不能轻易被其他文化接受。

# 第 7 章

# 老朋友，新市场——澳大利亚，新西兰和东亚

亚太地区由于语言、历史和文化上的联系，能证明文化接近的重要性。尽管澳大利亚和新西兰在地域上远离英国，但因它们曾是英国的殖民地，所以仍是英国电视节目的重要出口地，这一地位因文化和语言上的联系而得到巩固。2003年，澳大利亚和新西兰一共进口了价值 7 600 万美元的英国电视节目，占英国出口总量的 8%，这个数额仅次于美国，位居第二，超过了英国在欧洲最大的市场、人口更多的德国所创造的 6 800 万美元(BTDA，2003)。

2003 年英国电视节目的亚洲销售总额达 6 200 万美元，但因涉及更多经济体制相异的地区，包括像日本、中国和印度这样人口稠密的市场，销售显得很零散。1988 年至 1993 年间，电视用户的数量增长了 70%，而且由于经济的繁荣，国内和跨国的商业电视服务业务呈指数增长(Cunningham and Jacka，1996，p. 28；Hong and Hsu，1999；Waterman and Rogers，1994)。

电视业在日本这个经济强国和香港这块自由贸易区已发展成熟。但是其他区域的经济增长和富裕的中产阶级的崛起，无不刺激着西方公司开发利用这块迅速发展的拥有 30 亿人口包括 13 亿中国人口的市场(Hong and Hsu，1999，p. 226；Iwabuchi，2000，p. 143；Scott，2001，p. 34)。然而，因为本国制片商提供了超过75%的电视节目(Waterman and Rogers，1994)，以及随后在 1997 年爆发的经济危机，亚洲市场的开发并未达到早期乐观的预期结果。据查德哈和卡夫里统计，亚洲地区的销售一直停滞不前，只占全球销售总额的 10%～15%(2000，p. 427)。

文化和政治壁垒，加上观众对本土节目的青睐，使得本土和本区域的制片商占有优势，这使得亚洲成为极难攻克的市场。相比之下，澳大利亚和新西兰始终如一地接受英国节目。这一章将对英国电视节目在澳大利亚和新西兰，以及包括日本、韩国、中国和中国香港在内的最重要的东亚市场的现状做一个概述。我们将讨论这些地区电视的变化特征及其对英国节目持续地位的影响。

## 澳大利亚和新西兰的电视业

和英国一样，澳大利亚和新西兰的电视同时具有公共性质和商业性质，两国的公共广电机构澳大利亚广播公司和新西兰电视台都效仿BBC。尽管地域上的邻近、经济上的关联以及在历史上与英国共同的联系使得两国彼此联结，但在利兰德看来，澳大利亚和新西兰“在各自对自身的看法和对自己与邻近外部环境间关系的看法方面根本不一样”(Lealand，1996，p. 215)。在电视节目交流方面，新西兰对它这个面积较大的邻居表现出了一些紧张感，因为澳大利亚的节目在新西兰电视节目单上占有重要位置(Ibid.)。

澳大利亚广播公司创建于1932年，从1956年起就开始经营电视频道，并在竞争相当激烈的市场与商业电视网七台、九台和十台的美国化节目相角逐。由于创建伊始就面临电视业的商业竞争，公司的收视率通常排第四位，落后于其商业台对手，2002年1到6月间占有15.5%的份额(TBI，2002，p. 199)。它虽然是由政府直接资助，但也会受资金不足和政府压力的影响(Barker，1997，p. 35；George，2001a，p. 14)。澳大利亚民族电视台(Special Broadcasting Service)是一个国营的多文化频道，1980年创建，其资金主要来源于广告。民族电视台吸引了2%的观众，它有意面向少数民族观众群体，这反映了澳大利亚逐渐从因历史而形成的盎格鲁凯尔特血统社会转变成多文化的社会，这种转变因近期来自亚洲和欧洲的移民潮而加快(Jacka and Johnson，1998，p. 218)。福克斯澳讯是主要的付费电视平台，2002年有790 000户闭路电视和卫星电视用户可以接收它的节目，远远超过它的竞争对手澳洲电信和澳都斯(George，2002a，p. 36)。2001年澳大利亚广播公司开播了澳大利亚唯一的数字电视频道少儿台(ABC Kids)和青年电视网Fly，但由于缺乏政府财政支持，2003年夏天停播。英国电视台在澳大利亚显然也是一个重要频道，它是由BBC环球公司、福克斯澳讯和富曼传媒共同拥有的合资频道，2003年覆盖了120万个家庭。

在澳大利亚电视业发展的早期(1956—1965年)，它从美国和英国进口的节目居主宰地位，占节目总数的50%以上(Barker，1997，p. 35；Jacka and Johnson，1998，p. 212)。由于受众人数很少(1 900万)，对本土节目制作的支持度有限，一直以来该国都严重依赖进口节目。根据巴克所说，他“觉得澳大利亚电视业从一开始就受到国际化的影响”，这首先是因为进口节目，其次是因为澳大利亚广播公司和商业电视网分别效仿英国公共电视和美国商业电视机制(1997，p. 36)。实际上，澳大利亚广播公司第一代工作人员和播音员都被送到BBC公司进行了培训，从一开始澳大利亚广播公司就对BBC的节目拥有独家的优先购买协议(Jacka and Johnson,1998,p.209)。

第二阶段(1965—1975年)的商业扩张促使公共电视网和商业电视网都增加了本土节目的播出量,以此来满足扩充了的节目时间表的需求,吸引已"厌倦日渐增多的美国进口节目"的观众(Barker,1997,pp.35-6)。这种情况一直持续着,在1992年至1998年间,由于所有的频道都尽力在黄金时段播放本国制作的节目,进口节目的比例从48%下降至41%(Easter,2003;Rouse,2001,p.38)。本土播放节目内容的条例规定,从早上6:00到午夜这段时间,商业免费电视台播放的节目必须有一半是澳大利亚本土节目,至少是首轮播出的澳大利亚电视剧、纪录片和儿童节目。电视剧所占份额取决于一种积分制,这种积分制对高预算的节目有所倾斜(George,2001b,p.44)。2001年至2002年,澳大利亚广播公司在从早上6:00到午夜这段时间播出的节目中,超过60%的节目是本土制作的(ABC,2002,p.51)。而在1968年至1994年间,英国制作的节目在澳大利亚广播公司播出的节目中占到22%,超过美国15%的份额(O'Regan,2000,p.308)。

在莫兰看来,澳大利亚和"母国"之间仍有紧密的联系(1998,p.50)。起初,英国与澳大利亚的关系主要是单向的,英国节目出口到澳大利亚,同时英国也参与联合制作,尤其是和澳大利亚广播公司的七频道联合制作(Ibid.,p.51)。甚至到1974年,澳大利亚的规章制度还允许把英国节目算作澳大利亚本土节目(Ibid.)。这种影响进一步延伸到模仿节目理念或"非正式的借用"中(O'Regan,2000,p.313)。从1956年起,澳大利亚广播公司以BBC公司的时事节目《全景》(在澳大利亚叫"4 Corners")的模式和科学节目《明天的世界》的模式为蓝本,模仿制作了自己的节目,但没有为节目的版权支付一分钱(Moran,1998,p.27;Jacka & Johnson,1998,p.212)。

20世纪80年代,这种关系发生了变化,澳大利亚成为一个重要的电视节目和节目模式输出国,尤其是出口到英国(Cunningham and Jacka,1996,pp.124-126)。80年代中期,随着长篇系列剧如《左邻右舍》(格伦迪)和《聚散离合》(第七频道)分别在BBC一台和独立电视台获得收视成功,澳大利亚的出口商满足了在黄金时间段逐渐面向较年轻观众的英国电视节目单对日播连续剧的需求,但即使在这一点上也还有一致的利益。莫兰认为,直到1972年,流行的日播肥皂剧才作为一种切实可行的节目形式出现在澳大利亚商业电视频道上。它们的发展受到在澳大利亚工作的英国电视编剧和澳大利亚裔制片人和编剧瑞格·沃森的影响,1964年沃森为联合电视台策划了英国日播系列剧《十字街头》,随后又转为为格伦迪工作,他创作的《左邻右舍》在1986年成为BBC一台的热播电视剧。

自从80年代中期澳大利亚对英国的节目出口达到顶峰以后,两国间的节目贸易重新回到让人更熟悉的模式上,英国节目在澳大利亚广播公司的节目单上占据突出位置,但在商业电视网却甚少播放。这种关系引来一片指责声,如奥里根所说，一些澳大利亚批评家们认为澳大利亚广播公司"奴性十足，表现在它采用英国节目模式，它时刻准备以牺牲非英语背景的移民为代价来雇佣英国移民，它隐晦地贬低本土的生活经历，因为那不是从独特的中产阶级亲英的文化经历中汲取出来的"(2000，p. 316)。

与澳大利亚广播公司不同，新西兰电视台旗下拥有两个电视频道，一直占据新西兰电视业。一台迎合老年观众，播放高水平的英国电视剧。2002 年，其在黄金时段播出的节目中，有 56%是本国制作的(TVNZ，2002)。1975 年开播的二台面向年轻观众，播放大量美国和澳大利亚电影。新西兰电视台于 1936 年成立，1988 年以前一直垄断新西兰电视业，即使在 1989 年其商业竞争对手电视三台及后来的青年电视台被引入以后，它仍在 2002 年 1 月到 8 月间保持收视率的领先地位，占据高达 60%的收视份额(TBI，2002，p. 246)。

新西兰电视台一直以来主要依靠广告提供资金支持，1989 年它经历了一场变革，被重组成一个"按照商业赢利原则经营的国有企业"，因此它不再将公益目的作为核心，而必须向政府缴纳股息(Lealand，1996，p. 216)。① 经济的重组改变了新西兰，将原有的绝对公益的电视环境变成了激烈的由市场引导的电视环境，这一环境由收视率主导，如某些评论员所说，完全没有应同时出现的节目多样性、多种选择、本土制作甚至竞争(Bell，1995；Herman and McChesney，1997，p. 181)。

利兰德认为，80 年代新西兰的经济转型为"放松管制的实验室"经济，这导致了它与英国传统贸易关系的破裂。就电视业来说，现在它更重视与澳大利亚的文化交流。在新西兰，澳大利亚已成为继美国之后最大的电视节目进口来源国(Lealand，1996，p. 215)。英国进口节目在新西兰电视上播出的比例从 1989 年 12 月的 17.1%下降至 1993 年 12 月的 12.5%，而澳大利亚进口节目却从 5.1%上升到 12.9%，这些数据准确地反映了上面所说的变化(Ibid.，p. 218)。

## 澳大利亚和新西兰市场中的英国节目

澳大利亚和新西兰的进口节目主要购自美国，其次是英国。就新西兰来说，还有节目购自澳大利亚，除此之外几乎没有其他购片来源。尽管从澳大利亚和新西兰这样小的市场赚取的利润相对很少，但对英国供货商来说它们仍然很有吸引力，因为它们所需的电视节目内容广泛(Alvarado and Stewart，1985，p. 18)。

绝大部分节目是由公共广电机构澳大利亚广播公司和新西兰电视台购买的，

---

① 少量执照费拨给一个独立组织——新西兰空中之声，以便分配给公共广播和建立新西兰文化和身份的少量制作。(Herman and McChesney，1997，p. 183；Lealand，1996，p. 216)

两者都与BBC公司和第四频道有长期的新品出口交易,涉及所有节目类型,这种关系也反映了它们共同的公共服务理念和审美偏好。然而,这种与BBC公司的机构接近性需要置于一定的情境中去审视,即澳大利亚广播公司在澳大利亚社会处于较边缘地位,而由广告资助的新西兰电视台经营理念更商业化。

所有的澳大利亚商业电视网都与美国主要公司有出口交易。但是对第九频道电视网和第七频道来说,英国是一个非常重要的节目市场,它们还雇用了购片商常驻伦敦。购片商们不仅要购买少量的英国节目作为对大量购买的美国节目的补充,还要弄清英国市场的走向,因为这个市场仍然被看作创新节目和新潮流的发源地(Easter,2003)。

## 电视剧

与欧洲和美国不同,销售给澳大利亚和新西兰的广电机构尤其是澳大利亚广播公司和新西兰电视台的节目主要是英国电视剧,包括现代剧。但是前面所提到的国产节目的增多,使得最有价值的黄金时段电视剧的销售更加困难(Easter,2003;Hansen,2003;O'Regan,2000,p. 308;Roberts,2003)。第十频道的电视剧制作部主任、前澳大利亚广播公司电视剧制作部主任苏·马斯特斯认为这种趋势反映了想要用本国节目服务本国观众的愿望:

> 我们制作的电视剧不够,我们一直在国内电视频道上与来自英国和美国的最好电视剧竞争,可它们制作的电视剧要多得多。但是我认识的人中没有任何人试图仿效美国或英国制作的电视剧。与我共事的人都想找到我们自己的声音,讲述澳大利亚的故事。(George,2003a,p. 10)

大多数英国节目采用的是直接销售,很少采用预售方式,除非系列剧中有明星参演,如《为人师表》(第四频道/澳大利亚广播公司)或《头号嫌疑犯》(格拉纳达/第七频道)(Hansen,2003;Roberts,2003)。格拉纳达公司2002年联合国际影星制作的大片《日瓦戈医生》,在同一年以预售的方式由第九频道电视网购得,但是这种情况十分罕见。联合制作的电视剧并不常见,因为要寻找到能在不止一个市场热销的剧本存在很多问题(George,2002b)。除此之外,还因为在一个影视作品能被官方认可为联合制作并因此有资格获得澳大利亚影视金融公司的赞助之前,必须满足该公司制定的澳大利亚创意控制相关条件,而这是十分困难的(George,2001b,p. 42;George,2002b,p. 90)。只有独立的澳大利亚公司能够获得影视金融公司的赞助,而像格拉纳达和格伦迪(隶属RTL集团)这样的外资公司需要寻找本地合作者(George,2001b,p. 43)。2000年,一部关于背包客的电视剧《决一死战》在第七频道播出,它是十年来第一部由澳大利亚官方发起,英、澳联合制作的电视剧(George,2001b,p. 44)。因为国内市场狭小,澳大利亚制片公司依然寄希望于英国为自己拍摄影视作品提供资金，例如 2000 年，第四频道预购了澳大利亚长篇青春系列剧《我们的秘密生活》(George，2001b)。

澳大利亚广播公司是英国电视剧在澳大利亚的主要销售地，2002 年它首轮播出的 349 个小时的电视剧中有 75%购自海外(ABC，2002，p. 145)。富曼传媒为独立电视台制作的长篇警匪连续剧《警务风云》作为王牌节目在周六和周二晚 8:30 播出。澳大利亚广播公司也在周日晚上播出历史剧，如《丹尼尔的半生缘》(BBC 出品)，《福尔赛世家》，(格拉纳达出品)；在白天播出现代剧，如《琳达·格林》(BBC 出品)，《为人师表》(第四频道出品)，《美容师》(BBC 出品)，情景喜剧如《一丘之貉》(富曼传媒出品)和《往事如风》(BBC 出品)，而这些都是商业电视网不太感兴趣的。澳大利亚广播公司需求最多的是主流电视剧或家庭伦理剧，对"太前卫的"或"太阴暗的"题材需求较少(Roberts，2003)。那些很有名的电视剧播放时获得了超出该台平均收视率的成绩。2002 年，在黄金时段播出的《沙克尔顿》(第四频道出品)、《谋杀现场：真实的福尔摩斯之谜》(BBC/WGBH 联合制作，顶点影视公司发行)和《失落的世界》(BBC 出品)分别取得了 21.4%、22.3%和 21.2%的收视率(ABC，2002，p. 54)。因为澳大利亚广播公司与 BBC 公司和第四频道有节目出口协议，民族电视台很少购买英国电视剧，但是它确实购买了一些对主流频道来说过于冒险的电视剧，其中就有第四频道制作的同性恋题材的电视剧《同志亦凡人》，并在黄金时段播出。

澳大利亚商业电视网与美国供应商的合作更密切，很少有空档时段。它们仿效美国的分段播出时间表，面向年轻观众，白天播放美国进口节目(如肥皂剧，脱口秀)，黄金时段播放本国制作的节目，所以很少购买英国节目(Easter，2003；Hansen，2003；George，2003b)。澳大利亚广播公司通常购买 BBC 和第四频道制作的节目，而商业电视网通常从独立电视台经销商处购买节目，这些节目主要是谋杀推理剧和侦探系列剧。

格拉纳达拥有第七频道 10%的股份，并与之签有最低费用出口协议，所以第七频道购买的节目总是最多。以前购买的节目有《塔加特》、《摩斯警长》、《解密高手》、《福利斯特探案集》以及《头号嫌疑犯》，《头号嫌疑犯》在 1995 年第一次播出时获得 37.2%的收视率(O'Regan，2000，p. 307)。但是现在买家们认为这些节目节奏缓慢，只可能吸引年长的观众，因而对它们的兴趣减弱，购买的数量也随之减少。据第七频道的制作和节目部主任蒂姆·沃纳所说，"通常这类节目对广大观众来说太过阴暗，太逼真，令人畏惧，我们需要节目中有些平易近人的角色"(引自 George，2003b，p. 9)。想要播放年轻人爱看的现代都市剧的愿望，反映了从专门播放谋杀推理剧和侦探片到现代都市剧的转型。第十频道坚定地迎合 16 到 39 岁观众的口味，2002 年购买了独立电视台黄金档播出的热辣而刺激的系列剧《足球队员的妻子》(Shed 制片公司制作，塔吉特公司发行)，因为它"非常具有第十频道的风格”（第十频道节目部主任大卫·莫特，引自 George，2003b，p. 9）。同样的，第七频道购买了格拉纳达公司制作的情感剧《临阵软脚》，于 2003 年周二晚 9:30 时段播出，满足了它对具有巨大吸引力的商业性现代剧的需求。

在为商业电视网工作的澳大利亚购片商们看来，独立电视台提供的像《头号嫌疑犯》一样曾在澳大利亚热播的电视剧逐渐减少。英国电视剧都由英国肥皂剧明星出演，如《极限武力》（蝶蛹公司发行）中的罗斯·坎普，在澳大利亚市场反响平平，因为澳大利亚免费电视频道不播放英国肥皂剧（如《东伦敦人》、《加冕街》），所以演员也相应地不为人知。最具吸引力的电视剧要有知名影星出演，比如比利·康诺利或詹姆斯·奈斯比特，他们在《临阵软脚》的出色表演促使第七频道在 2001 年从塔吉特购入 BBC 制作的警匪剧《墨菲法则》（1×90 分钟）。

大量的英国电视剧被新西兰电视台旗下的一台购买，包括长篇肥皂剧，这些节目在其他地方未能大量销售。2003 年，每周五天的白天档全部分给了《东伦敦人》（12:25—1:00pm），《十字大街》（1:00—1:30pm）和《爱默代尔农场》（3:40—4:10pm）。而一台收视率最高的节目之一《加冕街》则在每周周一、周二和周五晚 7:30 播出。在这样一个只有 380 万人口的小市场，经济的需求促使电视台大量购买节目。在第一频道播放的英国剧情片的魅力也延伸至黄金时段播出的现代剧（如《临阵软脚》、《峡谷之王》、《致命女人香》、《足球队员的妻子》、《罪恶谷》），以及由汽车商赞助的周日晚间栏目《雷萨克斯周日晚间剧场》播出的外国电视剧展播。

虽然一台强势播出英国电视剧，但这一势头没有延伸至面向年轻观众的二台。二台经常播出本国制作的肥皂剧《肖特兰街》（格伦迪公司出品，周一至周五晚 7:00 播出），日间黄金时段播出澳大利亚电视剧《聚散离合》、《左邻右舍》、美国电视剧《不安分的青春》、《我们的日子》和真人秀节目《老大哥》、《挑战恐惧》，这些节目吸引了年轻观众。商业电视频道三台和青年台（黄金时段每周两次播放《警务风云》）主要播放美国电视剧，这是因为大多数英国供货商都与澳大利亚市场的主要公司新西兰电视台签有节目出口协议。

## 纪实节目

在数量上，纪实节目的销售超过电视剧的销售。比如，第四频道每年出售给澳大利亚大约 100 到 130 个小时的节目，其中三分之二是纪实节目（Roberts，2003）。制度和文化上的接近性意味着与商业电视频道相比，澳大利亚广播公司和新西兰电视台购买的英国节目内容更广泛，其中主要购自它们的公共电视同行 BBC 和第四频道。澳大利亚和新西兰的商业频道没有固定档期播放纪录片，这反映了它们注重娱乐的传统，也反映了公众的认知：更严肃的带有公共服务性质的教育和信息节目属于澳大利亚广播公司、民族电视台和新西兰电视台（Bonner，

2003,p.138)。

澳大利亚广播公司倾向于播放大型系列片(如《与恐龙同行》、《五官奥秘》),以及有关历史、科学和宗教的纪录片(Roberts,2003)。该台2001年在周日晚引入一档历史节目《亨利八世的六个妻子》(第四频道出品),由英国历史学家大卫·斯塔基主持,获得了高于平均22.8%的收视率。在同一时段,四集系列剧《伊丽莎白一世》达到平均21.5%的收视率(ABC,2002,p.54)。新西兰电视台的公共服务职责不是很明显,又依赖广告收入作为其主要收入来源,它对待纪实节目的方式更商业化,甚至在它主要的频道一台也"不太可能播放高深的科学系列片或艺术纪录片"(Roberts,2003)。例如,最好的外国节目《SARS追追追》(第四频道制作)曾在2003年5月播出,现在仍在每周周三的黄金时段栏目Reel Life中展播。而科学节目像BBC制作的系列片《宇宙无限》更有可能在日间播出。

商业电视频道倾向于偶尔购买一些纪实娱乐节目,安排在很难匀出空档的黄金时段或黄金时段之后的时间播出。第九频道电视网每年从英国购买10到20个小时的节目,其中有在深夜播出的观察类节目(如蝶蛹公司的《机场》)和成人节目如第四频道《美女秀》或《虚荣的男人》(Easter,2003;Roberts,2003)。第七频道在2002年购买了格拉纳达公司制作的名人特别节目《与迈克尔·杰克逊一起生活》,其他间或购买的节目主要是纪实娱乐节目,如格拉纳达国际娱乐公司出售的《来自地狱》系列节目(如《来自地狱的建筑师》、《来自地狱的离婚》等等)。名人主持的烹饪节目深受商业频道的喜爱。2003年,第十频道播出了现场版的《杰米的厨房》(富曼传媒制作)和烹饪秀《大城小厨》(Optomen公司制作),毫无疑问,该台期待青春洋溢的主持人杰米·奥利弗会吸引其主要观众。

## 节目模式

纪实节目的销售受到限制,相反,娱乐节目和纪实节目模式的销售却日渐增长,以满足观众对牵涉到"普通"人的"普通"电视节目本土化的需求(Bonner,2003)。一些在黄金时段热播的节目开始在国际上出售经营权,例如《谁想成为百万富翁》出售给澳大利亚第九频道和新西兰青年台,《新兵训练营》出售给第九频道,《幸存者》出售给第九频道,《智者为王》出售给第七频道以及《流行偶像》出售给澳大利亚第十频道和新西兰电视二台,尤其是澳大利亚已成为纪实娱乐节目和生活方式节目模式的颇有实力的销售对象。

从1987年开始,第九频道电视网在周五晚播放《伯克家的后院》,第七频道播出《美好家园》,这类关于房屋和花园改造的节目在澳大利亚经久不衰,也意味着这个市场对英国制作的房屋和花园改造节目模式十分乐于接受。花园改造节目《地面部队》(恩德莫尔英国娱乐公司推出)在第七频道播出后大受欢迎,刺激第九频道电视网在2000年模仿制作了一档备受争议的节目《后院大改造》(Bonner,2003,p.180)。在《交换空间》(恩德莫尔英国娱乐公司出品)这个节目中,两对夫妻接受挑战,在设计师的指导下,为对方家中的房间进行装饰。这档节目成为第九频道电视网的热门节目,因为此节目具有可识别的本国风格,其中的地点也可识别,参照了可辨识的本国特色和神话故事(Ibid.,p.183)。对纪实娱乐节目模式的兴趣现在延伸到了其他涉及"普通人"的生活方式类节目中。在Talkback公司与富曼传媒联合推出的节目模式《生活大清理》中,节目组派人跟踪拍摄公众人物在生活时尚专业人士的指导下清理他们的家居和生活用品。此节目在2003年被第七频道购买,并更名为《草坪上的生活》。《英国最差司机》是融合游戏和真人秀的一档节目,原本是电视集团为第五频道制作的,2002年该节目模式出售给了第七频道。2003年第九频道电视网不仅购买了RDF传媒公司制作的《火眼金睛》和《换妻俱乐部》的原版节目,还购买了节目的版权。而播出原版英国节目是为可能的本土化修改进行的试播(Easter,2003),这就意味着在决定进行更昂贵的节目本土化改编前,需要事先了解观众的反应(Bonner,2003,p.178)。

节目模式的销售越来越重要,制作本地节目时英国公司的有限参与也反映了这一点。2003年,在澳大利亚广播公司播出Talkback制作的原版《住在42号的库马斯一家》后,格拉纳达澳大利亚分公司将之改编,重新命名为《屋顶上的希腊人》并在第七频道黄金时段播出(Hansen,2003)。格拉纳达澳大利亚分公司组建于2001年,负责向澳大利亚市场销售节目模式,同时进行节目制作,包括在澳大利亚制作的数集英国节目《临阵软脚》和《我是名人……让我离开这儿!》。蝶蛹电视集团(现名AII3Media)持有新西兰南太平洋电影公司60%的股份,为新西兰电视二台制作了《肖特兰街》,另外还制作了新西兰版的《流行偶像》。

## 儿童节目

英国儿童节目在澳大利亚主要出售给澳大利亚广播公司,为了履行其公共服务电视台的职责,它在上午和下午有固定的档期播放学龄前儿童节目。进口节目在其中占有重要位置,在2001年至2002年间,1 645个小时的儿童节目中有74%是进口节目(ABC,2002,p.145)。除了澳大利亚的节目(如《穿着睡衣的香蕉》、《忒斯特一家历险记》)和美国进口节目(如《芝麻街》、《查理·布朗特辑》、《大蓝房子里的熊》),其余主要是英国节目(如《巴布工程师》、《精灵鼠梅齐》、《火车头托马斯》、《芭蕾小精灵》、《木偶狐狸巴希尔·布鲁什》、《粉宝乐园》)。英国节目很少销售给商业频道,因为它们没有周末上午的档期,也需要满足国内配额要求而主要播放本国节目,另外它们与美国供货商签有出口协议,比如第七频道与迪斯尼公司的协议(Easter,2003)。广告商们对学龄前儿童市场缺乏兴趣也是向商业频道销售儿童节目的一大障碍。

然而，新西兰的商业频道电视三台却为学龄前儿童另辟蹊径，它播出的所有儿童节目中超过半数是从英国进口的。它固定在周一至周五每天上午 6:30 至 9:30时段播放《天线宝宝》、《火车头托马斯》、《布鲁姆历险记》[①]、《巴布工程师》和《芭蕾小精灵》。新西兰电视台旗下的电视二台从英国进口的节目较少，主要有《帕西爷爷的爱心公园》和《王牌闪电》。在工作日上午幼儿板块，该台主要播放美国进口节目，如《蓝色斑点狗》和《大红狗克利福德》。

在澳大利亚和新西兰，特许商品经营和许可业务的机会较多，从中获得的收入远远超过从节目销售中获得的收入，节目的销售为辅助市场的贸易活动提供了一个平台。澳大利亚广播公司购买了节目，通常就能获得相关的许可、录像和 DVD 的经营权。1999 年，《天线宝宝》第一年就在两个地区为 BBC 环球公司销售了 100 万册图书（BBC Worldwide，1999）。同一时期，《天线宝宝》的录像销售高居澳大利亚录像销售排行榜的首位，BBC 环球公司还发行了《天线宝宝》杂志，这是 BBC 在该地区的第一本本土版本杂志（Ibid.）。

## 东亚的电视

同澳大利亚和新西兰相比，东亚的电视系统在语言、文化和财富方面表现出巨大的多样性。20 世纪 90 年代东亚电视环境的变化比 80 年代的欧洲或北美电视环境的变化要剧烈得多。在开放之前，由于语言、政治和文化的阻隔，多数亚洲国家对进口节目都持抵制态度，只存在有限的区域性节目交流（Waterman and Rogers，1994，p. 107）。[②]

这个地区的许多市场（特别是中国、马来西亚和新加坡）由一两个国有电视网统治，并缺乏强盛的传媒独立传统（Banerjee，2002，pp. 524-525；Man Chan，1997，pp. 96-7）。日本和中国香港已经进行开放性运营并具有商业化的电视制度。这两个地区以及韩国，在关键的战后时期已经受到了西方/盎格鲁-美利坚强权的政治影响，但面对西方进口节目的诱惑，它们仍然基本保持抵制态度（Kwak，1999，p. 256）。

跨国界卫星频道的引进引起了一系列的变化，破坏了国内电视系统抵制外部文化影响的能力，其中最具影响力的就是 1991 年星空卫视的开播。即便在日本

① 布鲁姆在这部儿童系列剧中是一辆小汽车的名字。——译者注

② 1989 进行的调查发现，韩国 91%以上的节目、日本 94%以上的节目和香港 61%的节目是本地制作的，绝大部分进口节目都来自美国（Waterman and Rogers，1994，pp. 100-101）。

这样更成熟的市场，星空卫视的开播也表明日本传媒业不再是一个自给自足的国内市场了(Iwabuchi，2000，p. 144)。跨国频道的出现不仅破坏了许多地区的垄断型电视制度，也向该地区的独裁政权提出了挑战。在马来西亚、新加坡和中国这些没有明显传媒自治传统的国家，政府视西方传媒和文化产品为亚洲价值观和传统的威胁，面对西方传媒的冲击，它们表示出了对本国文化自主性的担忧(Chadha and Kavoori，2000，p. 417)。

经济的开放性和广电传媒的商业化使东亚整个地区的频道数量激增，广告业迅速发展，进口节目也有了增长，尽管只是短期的，但意义重大(Richards and French，2000，p. 16)。各国对这种形势的反应不一。它们鼓励当地节目的制作和商业电视的发展，根据市场和政治开放程度，采用各种限制西方影响的措施(Sinclair，Jacka and Cunningham，1996，p. 3；Chadha and Kavoori，2000；Hong and Hsu，1999，pp. 233-235)。

然而，鼓励本土节目制作的策略带来了额外收益，因为人们明显偏爱当地和本区域制作的、讲当地语言的节目，迫使星空卫视之类的跨国电视运营商纷纷将节目表本土化(Chadha and Kavoori，2000，pp. 424-425)。2001 年，星空卫视覆盖了 53 个国家的约 3 亿家庭(Frater，2001，p. 36)。1993 年，新闻集团收购了多数股权，多频道经营的策略发生了变化。为了应对激烈的本土竞争，一些亚区域语言频道开播，用更多源于当地的节目来吸引各国不同的语言和文化(Thomas，2000，p. 97)。例如，凤凰卫视中文频道，1996 年作为星空卫视和中国凤凰卫视公司的合资企业建立，代表“中国传统文化与西方化的香港精神的融合”(Thussu，2000，p. 213)。凤凰卫视用中国的主要语言普通话播放节目，作为一个主要例证，它说明了西方公司若想在中文市场获得成功，需要用当地语言提供当地节目，并和当地的同行进行合作(Thussu，2000，p. 212；Lee，2000，p. 190)。

查德哈和卡夫里认为进口节目和跨国公司实际上并没有遍及亚洲，也没有带来无孔不入的影响，这是因为该地区各国的防御政策(如禁用卫星电视接收天线、审查制度、禁止或限制外国投资、进口节目限额)，人们对本土内容的强烈偏爱，本土竞争的对抗性力量等因素相互作用(2000，p. 428；Banerjee，2002，p. 533；Hong and Hsu，1999，p. 233)。

许多地区没有淹没在西方文化产品之中，而是在重点上进行了调整，“从本国独有的需求转向了商业主义和信息娱乐节目，无论表达方式多么模糊”(Richards and French，2000，p. 25)。其动因是电视经济结构发生了变化及广告业发展迅猛，并非是所有制有所转型(Hong and Hsu，1999，p. 230)。一些评论家认为，由于亚洲许多国家在没有经过政治制度改革的情况下，照搬美国的商业和媒体竞争模式，这些变化反而带来了公共广播电视的衰落和真正多样性的缺少(Banerjee，2002，p. 533；Chadha and Kavoori，2000，p. 429)。同样的，商业化削弱了一些政府，尤其是中国、新加坡和马来西亚，在面对来自电视商业化的市场压力时维护意识形态地位的能力(Hong and Hsu，1999，p. 227；Karthigesu，1994)。

## 日本、中国香港、韩国和中国的电视制度

富裕、成熟和开放的日本市场由公共服务广播公司日本放送协会和五个私营地面电视网——日本电视台、富士电视台、东京广播公司、朝日电视台和东京电视台12频道占据。尽管政府对进口节目不加限制，但日本地面电视市场高度抵制外国节目，以至外国节目还不到总播放量的5%(Iwabuchi，2000，p. 144；Man Chan 2000，p. 254)。2001年，日本放送协会占了地面频道的7.5%的份额(TBI，2002，p. 231)，它经营两个国内地面频道，两个卫星频道(BS1和BS2)，还有自1991年开始的高清服务。通信卫星市场开创于1989年，经过合并，现在由一个提供300多种服务的SkyPerfectTV平台统领，2002年覆盖了约10%的电视用户(Nakamura，1999，p. 310；Rea，2000，p. 8；TBI，2002，p. 232)。2000年末，免费商业电视台提供的由广告支持的数字卫星服务进一步分割市场，但没有引起消费者的兴趣，电视仍然被主流电视网占据(Handen，2003；Weatherford，2003)。2003年，BBC环球公司、探索通信公司和日本丘比特节目制作公司创建的合资频道——动物星球日本频道，覆盖了170万个卫视用户(BBC Worldwide，2003a)。

中国香港无线电视台是香港的主要电视公司，它是一家商业免费电视台，占有80%的收视份额，位居第二的是其竞争对手亚洲电视(Scott，2001，p. 35)。亚洲电视1967年成立，自制节目高达85%(Thomas，2000，p. 95)。香港曾经被英国实行殖民式统治，1997年才成为中国的特别行政区，这一背景使香港保留了英语电视服务。然而，由于观众更喜欢主流频道无线电视翡翠台和亚洲电视本港台的粤语节目，无线电视明珠台和亚洲电视国际台所起的作用很有限(Lee，1991，p. 60；Kwak，1999，pp. 263-264)。香港有线电视成立于1993年，它是多频道电视，提供本土、国际和跨国各种服务。

香港市场很小，只有580万人口，不是重要的节目出口目的地。它的重要性更多地体现在它是区域传媒制作中心和外国电视进入亚洲其他地区尤其是中国的发射台(Kenny，2001；Man Chan，2000，p. 254；Thomas，2000)。星空卫视1991年在香港创建，之后又有众多电视台在香港诞生，用普通话播送节目，对大中华区的星空卫视和东南亚的中文社区构成了威胁。香港无线拥有世界上最大的中文节目库，1993年开辟了普通话卫星服务频道——TVBS。在香港与之抗衡的其他普通话服务频道还包括1994年成立的时代华纳合资企业华娱卫视，其经营原则是“不要情色，不要暴力，不要新闻”(Kenny，2001，p. 282)；另外还有CNN开辟的

普通话服务频道——传讯电视。这些频道的存在并没有削减本土频道的份额,却巩固了香港作为向亚洲其他地区出口文化亲近性内容的传媒中心的地位(Hong and Hsu,1999,p. 234;Man Chan,2000,p. 258;Thomas,2000,p. 106)。

地面电视是韩国观众的首选,韩国拥有 1 450 万个电视用户。由政府出资支持的公共广播电视公司韩国广播公司经营两个频道,在 2000 年一共占了 43%的份额(TBI,2002,p. 257)。商业免费电视文化广播公司 2000 年占了 28%的收视份额,70%的股份归公益基金所有,但经费来源于广告。由政府控制的韩国教育放送公社成立于 1990 年,专门播放教育节目。商业免费电视首尔放送公社作为一个娱乐频道成立于 1991 年,韩国电视由此转型为混合系统(Lee,2002,p. 285)。地面电视网主要播放国内制作的节目,进口节目有 15%的限额,而且通常只能在晚上 7:00 到 10:00 的黄金时段之外的时段播放(Lee and Joe,2000,pp. 138-139)。外国影响更加有限,因为大多数企业包括电视业的所有权归当地公司或合资企业所有(Driscoll,2003;Thomas,1999,pp. 251-252)。有线电视成立于 1995 年,但用户不多(Lee,2002,p. 285)。2002 年,仅有 25%的用户收看多频道的有线电视(TBI,2002,P. 257)。拥有 70 多个频道的数字卫星平台——卫星电视 2002 年 3 月建立,其设定的目标是年底覆盖 40 万用户(Ibid.)。

中国的电视系统分为三层结构,由国家广电机构中国中央电视台统领。中央电视台以下设有政府所有的省级电视台,其中北京电视台和上海电视台覆盖的人口分别超过了 2 亿和 1.3 亿(Anon.,1999)。还有数百个市级和县级的有线频道迎合当地的收视需求(Anon.,1999;Scott,2001,p. 34)。2001 年在 62 个城市进行的一项民意调查表明,省级免费电视台最受欢迎,拥有 34%的收视份额,其次是中央电视台(32%)、有线频道(14%)和市级频道(13%)(TBI,2002,p. 213)。据估计,2001 年有线入户率达到了 28%(Carter,2003a,p. 29)。

中央电视台开设了 11 个频道。中央一台最受欢迎,拥有 3.1 亿用户,收视份额为 20%(Carter,2003a,p. 29)。中央二台播放教育、社会和商业节目,三台、五台和六台是加密的付费电视频道,分别播放音乐或歌剧、体育和电影。四台定位海外华裔观众,九台是英文频道。十台和十一台播放文化和教育类节目,八台播放戏曲和娱乐节目,每天黄金时段有一个板块播放美国自由传媒公司所属的映佳国际传媒公司提供的节目。

20 世纪 90 年代中期中国电视的权力下放、市场化和公司化带来了省级和地方电视的井喷,结果破坏了政府和中国共产党的集权控制,电视倾向于商业利益驱动的决策和内容,特别是在层级较低的电视系统中(Bin,1998,p. 249;Hong,2000,p. 300;Keane,2001;Pan and Man Chan,2000,p. 257;Thomas,1999,pp. 248-249)。90 年代政府补贴的取消使电视节目内容进一步从思想性转向了娱乐性,电视台因而更加依赖商业收入,也被迫更努力地去迎合大众的口味(Hong,

2000,p. 292;Pan and Man Chan,2000,p. 240;Wei,2000,p. 332)。

然而,在一个仍旧由政府所有的媒体组成的电视系统里,政府控制和市场动态之间的关系依然紧张。根据拉尔的观点,中国电视的商业化已经导致由广告和物质目标驱动的"露骨的物质主义和个人主义"节目内容与"倡导传统的社会主义价值观"的节目内容之间产生了矛盾和意识形态冲突(Lull,1997,pp. 264-265)。这一矛盾明显表现在中国媒体没有能够成为真正独立的社会机构,而政党对新闻内容继续施加严密控制(Bin,1999;Hong,2000,p. 302)。

对于那些进入中国市场的外国公司来说,这是个难题,因为尽管电视已经市场化,中国共产党仍然视传媒为政治的工具和意识形态国家机器(Hong,2000,p. 302)。众所周知,新闻集团 1994 年将"政治上不合适的"BBC 国际频道撤出星空卫视,目的就是为了满足中国的政治敏感性的要求。① BBC 环球公司驻中国内地和香港的经理路易斯·鲍斯韦尔说:"中国电视意图成为健康的媒体,它们不希望有'精神污染'。"(引自 Carter,2003a,p. 30)要获得"健康的,振奋精神"的进口节目,外购节目必须精挑细选,所有进口节目在播放之前必须呈交有关部门审批(Carter,2003a,p. 30;Driscoll,2003)。

中国的电视政策既是开放的,也对西方的影响保持抵制态度。除了对进口节目实行 15%的限额,政府也实施了一些策略推动国内节目的制作和出口(Chadha and Kavoori,2000,p. 419;Hong,2000,pp. 297-299)。中国市场已经对外国公司部分开放,包括星空卫视和时代华纳的华娱卫视,它们的频道长期在有线电视和边境存在,但属非法,现在已经在酒店、少数有线网络和一些指定地区得到官方认可(Carter,2003a,p. 29;Doward,2003;Thomas,1999,p. 249)。然而,中国在鼓励外国投资和外国节目播出之前还有很长的一段路要走。尽管电视的政治和意识形态功能已经退化,经济和娱乐功能增强,但它仍然是国家的政治工具。这里蕴含巨大的贸易商机,但也存在重大的障碍,这一点将在英国电视节目出口商试图打入这个世界上人口最多的市场所付出的努力中得到证实。

## 日本、韩国、中国香港和中国市场中的英国节目

我听到你们评论说日本和中国市场很难进入,但其难度也不会超过一个中国或日本公司想进入伦敦或纽约市场的难度。这是相互的……在洛杉矶,有人一年往伦敦跑三四次,而三四年才去日本一次。我问:"你为什么不往日本多跑几次?"

---

① 2002 年,中国国家广播电影电视总局批准 BBC 世界新闻频道在中国境内的酒店和涉外公寓落地(Broadcast,2001)。

他回答说:“那太远了,吉姆。”我说:“从洛杉矶去伦敦比去日本要远呀。”可他说:“不,我不是那个意思,日本真的很远,聪明点,去那里很难。”(Weatherford,2003)

总的来说,制作节目是一门生意。当你做预算的时候,实际上是在计划把节目卖给谁。大多数制片人并不担忧节目什么时候适合亚洲,那个市场收入不大。他们会想:“这个节目会在澳大利亚卖得好吗?会在法国、德国、西班牙和意大利或美国卖得好吗?”这些地方是预算要考虑到的。即便我把节目卖到亚洲八个国家,所赚的钱仍然抵不上一次从澳大利亚赚的钱。(British Sales Executive,2003)

前面这两段评论显示了电视节目出口商对亚洲市场的恐惧心理,这种心理来源于他们对文化差异和亚洲市场创利潜力的理解。一位驻日本的美国管理人员认为,在亚洲市场的成功需要坚持:

你得耐着性子,表现出你致力于市场,而不只是卖东西。全部工作就是搞好关系,坐下来和人们交谈,一连谈几个小时……你对市场的了解程度得和他们一样,这样他们才感觉很舒服。(Weatherford,2003)

但除了大型公司之外,英国节目出口商去亚洲的销售旅行似乎不那么频繁,因为那里的销售量和收益证明他们有些得不偿失。面对面的联系通常限于销售会议期间的会晤,如MIP-TV或MIPCOM。这种形式不利于发展关系和了解当地市场的运作。亚洲最大的发行商BBC环球公司在中国香港和日本设有办事处,但其他英国发行商,包括像格拉纳达国际公司、蝶蛹集团(现为All3Media)和第四频道国际公司这样的大型运营商,都大量使用当地代理人。

并不是所有地区都使用代理人,直接和韩国与中国香港的电视台联系相当有效。但销售经理认为在复杂的中国市场,使用代理人非常关键。在中国,不仅联系合适的管理人员需要代理人,找到路子绕开中国复杂的审查制度更离不开代理人(Carter,2003a,p. 29;Driscoll,2003)。一些具体剧情需要获审通过,但与“性、毒品或逃犯”相关的英国节目常常与审查制度相冲突(Driscoll,2003;Grant,2003)。卡尔顿国际的高级销售经理斯蒂芬·得瑞斯柯尔认为,中国代理人和电视台的关系至关重要:

那个代理人做的很多事我都不会做。他把所有的脚本翻译成中文,填写各种材料,办理所有审查手续,处理各种文书。他的工作省却了电视台去经历种种麻烦。也就是说他减轻了电视台的工作负担,做得也很专业。中国的体制和其他国家很不一样,可适合那里的人。如果你走进去说,“我知道你不想那样做的,你得直接买我的东西”,就显得很粗鲁了。他们会说:“不,谢谢,你不要再来了。”(Driscoll,2003)

因为回报更高,大多数出口商都想以地区为单位把节目卖给地面频道而不是卖给像星空卫视、家庭影院亚洲频道和贺曼电视频道之类的跨国运营商,但销售量有限。只有日本的执照费不太高。亚洲电视台的惯常做法是,用出售商业广告播放时段而非用现金购买节目(Carter,2003a,p. 30)。这个市场也不适合联合制作或预售,除了极少数卖到日本主要电视台的“知名”纪录片之外,甚至这些节目也不一定在黄金时段播出(Rea,2000,p. 7;Iwabuchi,2000,p. 155)。尽管所有地区都存在找到有跨文化吸引力的项目的问题,但市场较小或欠成熟的地区如中国缺少参与联合制作的资金(Driscoll,2003;Robert,2003)。在一些国家,特别是中国,版权保护不得力,发展真人秀和游戏节目模式业务也很困难(Fraser,2002b)。

## 电视剧

亚洲地区偏爱本国和美国制作的电视剧,再加上缺少文化亲近性,英国电视剧在这里的销售可以忽略不计。根据一位销售经理的说法,购片商们认为英国电视剧毫不吸引人,他说:“感觉完全不同,又有审查制度。我们不擅长做徒有其表的节目,我们的节目很尖锐,能反映现实,但人们看了之后说‘演员都很丑,我们为什么要看那片子呢,我们想看漂亮的演员’。”(Driscoll,2003)

在亚洲唯一发挥重要作用的西方节目是好莱坞的电影,美国节目供应商因而具有很大的优势,因为故事片可以和其他产品包括长篇系列片一起搭售(Rea,2000,p. 7)。需求量最大的是动作片,它们和在亚洲最受欢迎的(Cunningham and Jacka,1996,p. 198)、在中国香港和中国台湾并且在韩国也越来越多地制作的节目很相似(Chadha and Kavoori,2000,p. 426)。例如,卡尔顿国际公司利用其美国动作冒险电影库在亚洲特别是在日本建立了强大的录像和 DVD 业务(Driscoll,2003)。

日本放送协会断断续续购买英国电视剧,主要是侦探系列和悬疑片。20 世纪 90 年代中期,格拉纳达把犯罪惊悚片《解密高手》和《头号嫌疑犯》卖到该台,《头号嫌疑犯Ⅲ》在 1995 年获得 4.6%的收视份额。近年来,日本放送协会又购买了《大侦探波罗》、《杀机四伏》、《摩斯警长》和关于极地探险家的史诗剧《沙克尔顿》。但这些节目多在日本放送协会的卫星频道而不是免费频道播出。

在中国,审查制度构成了一个拦路虎。同时,相比电视电影,人们对系列片兴趣不大。不过,隶属美国自由传媒集团的映佳国际传媒公司 2002 年购买了卡尔顿的乡村医疗系列剧《山区诊所》和《摩斯警长》(4×120 分钟)。映佳成功地将节目打入中国中央电视台 8 台每晚 9:45 黄金时段的佳艺剧场栏目,8000 万个家庭能收看到(Carter,2003a,p. 30;Driscoll,2003;Waller,2002f)。2002 年,《山区诊所》成为佳艺剧场收视最高的电视剧(Waller,2002f)。中国香港的无线和亚洲电视购买最好的美国电视剧放在收视率较低的英语频道播放,但从英国购买的不多。在韩国,地面频道主要播放本土制作的电视剧,有线电视台(如 Dramanet、Q 频道和 OCN)一般购买英国的电视电影,但频次也不高(Driscoll,2003;Hansen,

2003；Waterman and Rogers，1994）。历史剧的购买主要限于教育台，包括韩国的教育放送公社。

## 纪实节目

在亚洲市场，"大量的现有节目纯粹是娱乐性的，只有少数节目是教育性的、文化类的或非商业性的儿童节目"，由于空档时段很少，所以纪实节目的销售量比较低（Chadha and Kavoori，2000，p. 429；Driscoll，2003）。除了商业因素之外，销往该地区某些国家（如中国、马来西亚、新加坡）的节目也受到政治接受性的限制（Ibid.；Cunningham and Jacka，1996，p. 204）。野生生物和科学类的节目，不会引起什么争议，内容也不局限于英国的情况，这种节目在所有市场的直销情况最好，亚洲市场对这类的节目几乎没有什么要求。例如，中国中央电视台就从 BBC 环球公司购买了大片和自然历史节目，包括《与恐龙同行》、《人体漫游》和《终极杀手》（C. Johnson，2001）。关于犯罪真实镜头的节目，或奢华生活方式类的节目，在一些有线频道和跨国卫星频道的销售情况很好（Driscoll，2003）。

在亚洲所有的市场中，从日本获得的收入前景最好。日本放送协会的科学频道多年以来一直在购买并联合制作科学和自然历史节目，但 2003 年初地面频道的有限空档也被取消，节目只能卖到卫星频道，价格很低，观众更少（Roberts，2003）。日本商业电视台中最倾向于新闻和信息内容的朝日电视台联合出品过少数"大制作"节目，包括沃特沃公司推出的《古代埃及人》和《与恐龙同行》。日本商业电视网日本电视台 2002 年收购了格拉纳达的名人特别节目《与迈克尔·杰克逊一起生活》。

## 节目模式

最知名的娱乐节目模式已经在最大的市场推出。东京广播公司播放《谁想成为百万富翁》，这是第一个卖到日本的西方游戏节目，该节目模式也被卖到中国和中国香港。《智者为王》的普通话版本 2002 年 2 月在中国市场登陆，这是 BBC 与广告公司 Mindworks 达成的一宗交易，由 BBC 授权南京电视台制作该节目，再以辛迪加形式分销到各地方电视台（Carter，2003a，p. 29）。《智者为王》的节目模式 2002 年还卖到日本的富士电视台。

然而，西方娱乐节目模式的进入并没有受到普遍欢迎，政治家和政府机构广泛认为外国媒体对亚洲文化和价值观构成了威胁（Chadha and Kavoori，2000，p. 417）。华娱卫视的共同创始人蔡和平批评《智者为王》和《挑战恐惧》之类的节目模式为“损人娱乐电视”①，这是因为这种节目“伤害了人们的尊严，鼓励观众以观看他人的不适和痛苦为乐”，制造了“包括挑衅、粗鲁和羞辱他人的欲望等负面情绪的场面”(Waller，2002g)。

香港无线电视粤语频道翡翠台的经验从一定程度上证明了改造《智者为王》的跨文化局限性。香港无线是亚洲地区首家购买《智者为王》的电视台，节目安排在2001年秋季每周五天晚上8:30连续播放，与2001年5月登陆其竞争对手亚洲电视的《谁想成为百万富翁》形成抗衡局面(Anon.，2001c)。但《智者为王》仅仅播出了一季就告停。香港无线的副总经理陈志云认为，《智者为王》“是一个反映文化差异的典型例子……节目播放初期就遭遇低收视，主持人的挑衅风格使我们面临大量的批评。尽管BBC对这个节目有很严格的规定，我们还是进行了改造，收视率才上去了”(Waller，2003f)。但观众很快就厌倦了每天同一时间播出的节目，这也导致了《谁想成为百万富翁》和《智者为王》的播出没能超过一季(Ibid.)。其他文化障碍包括人们不愿在这些节目上亮相，害怕丢脸，香港的参赛选手即便赢得“大奖”也不表露出兴奋和激动(Ibid.)。在试用过益智游戏节目之后，香港无线决定恢复聚焦当地名人生活的自制节目模式，这些节目更受观众欢迎。

英国公司很少参与当地的节目模式制作，一是由于缺少文化和制度的接近性，二是因为它们依赖代理人而非直接与广播公司和制作人打交道。在中国，外国公司只有在当地找到合作伙伴才能参与本土制作，这样就可以避开对进口节目的严格审查和节目播放时间的限制(Carter，2003a，p. 30)。为了进入中国市场，格拉纳达1999年和北京的亚环音像出品公司签订了一份三年的合同，成立合资企业，格拉纳达为一部大致以《加冕街》为蓝本的肥皂剧提供制作经验和经费。该节目2000年8月开播，采用以物易物的方式在80个地方有线电视网每周播放三次。节目改造面临一些挑战，尤其是需要兼顾都市和乡村观众的喜好(Ibid.)。制作初期，英国的脚本创作团队把素材送往北京，由中国的编剧创作，直到节目定型，但一定要仔细考虑意识形态问题。格拉纳达商业公司的常务董事加里·奈特说：

> 情节主线中的很多故事不错，比如人们做错了事——只要他们最终受到惩罚……但处理权威人士时，我们总是得很小心——他们可以受到批评，但只有当你能证明他们做错了事时才可以。(Carter，2003a，p. 30)

## 儿童节目

把儿童节目销往远东地区很困难，因为日本以及出口在不断增长的韩国是该

① 原文为degratainment television，这是蔡和平自己创造的词，即entertainment based on degrading people，意思是“以贬低人为乐的节目”。——译者注

地区重要的动画节目出口商(Iwabuchi, 2000; Cooper-Chen, 1999; Jeremy, 2001b)。[①] 特别是日本,通过出口长篇动作冒险动画系列(如《神奇宝贝》、《七龙珠》、《数码宝贝》)和计算机游戏,再辅以精心策划的许可活动,已经在全球发挥出文化影响力(Jeremy,2001b)。

和在世界其他地区一样,英国对亚洲主要是出口幼儿节目。但即便是幼儿节目,也有一些局限性,因为和本土与区域性制作相比,英国节目对于什么是"可爱的"或"吸引人的"有不同的认识,本土节目一般有动作在里面,针对年龄稍大的观众。一位销售经理说:

如果你是一个英国经销商,想把节目卖给这些人,他们会说:"我们为什么要这些节目呢?看起来一点都不可爱,没有什么动作在里面。"孩子们基本上都喜欢可爱的或暴力的东西,而一些英国的节目有点太古怪。(Driscoll, 2003; Weatherford,2003)

然而,儿童节目确实很好地证明了要打入亚洲市场需要不同的策略。和其他地区一样,由于地面频道而非卫星频道构成了附属权利开发的平台而成为学龄前儿童节目的"圣杯"。的确,一些节目在早期播出的基础上,在利润丰厚的日本市场已经站稳了脚跟。20世纪60年代卡尔顿国际公司销售的超级人偶系列《雷鸟风暴》2002年在日本放送协会二台和有线频道重新亮相,成为日本在DVD市场的授权代理Tohokushinsha电影公司的主打产品(Driscoll,2003)。《企鹅家族》和《火车头托马斯》在日本消费品市场的经久不衰是HIT娱乐公司分别在2001年和2002年购买这些节目的动因之一(HIT Entertainment, 2001; HIT Entertainment,2002)。2002年,《火车头托马斯》在富士电视台再次播出,HIT娱乐公司与索尼创意中心续签了五年的《企鹅家族》原版使用许可(HIT Entertainment,2002,p. 14)。

然而,一些节目的成功需要同本土和区域性节目进行对比分析。在日本,几乎所有频道播放的动画片都是国产的(Jeremy,2001b,p. 5)。日本放送协会每天播放的长篇幼儿板块《和妈妈一起》,以及富士电视台每周周六上午播出的幼儿板块《潘克》几乎没有留下销售机会,因为多数节目都来自于当地(Weatherford, 2003)。最佳销售机会可以在最小的商业电视网东京电视台12频道找到,该台1999年从海外购买了大约15%的动画片(Jeremy,2001b)。从英国购买的节目有《巴布工程师》和没播多久的《天线宝宝》,这个节目也销往韩国和中国香港的电视台(BBC Worldwide,1999)。

要进入日本的地面频道并与其建立附属权利业务,关键在于找到赞助人,"如

---

① 到1992年,日本出口电视节目19456小时,动画片占了58.3%,主要是出口到亚洲其他地区、欧洲和北美市场(Cooper Chen,1999,p. 295)。

果你是一家外国公司，这很难做到，除非你的节目有人愿意出一大笔钱来支持”(Weatherford,2003)。这就需要当地的合作伙伴，它们可以组织赞助商来资助节目进入某时段。HIT 在 2000 年与日本最大的出版公司之一株式会社小学馆旗下的制作公司签订了《巴布工程师》的全部版权协议。尽管该节目在日本不为人知，但它在其他市场取得了决定性的成功(Jeremy,2001b,p.5)。小学馆制作公司为东京电视台 12 频道制作了每周半小时的赞助节目，每周三晚上 7:30 播出。唯一进口的节目《巴布工程师》被分割成 10 分钟的节目段播出。作为全部版权协议的一部分，小学馆制作公司安排电视播放、录像发行、寻找经营伙伴和开展内部出版业务。

拥有 3 亿多儿童观众，中国有望成为一个潜力巨大的市场。2002 年，BBC 环球公司把《天线宝宝》卖给中国中央电视台，这是 BBC 在中国播放的首部幼儿系列片(BBC Worldwide,2002)。然而，其他公司更谨慎些，因为执照费很低，特许经营产品市场盗版问题严重，出口商在决定投放什么产品到市场时很小心(Weatherford,2003)。一位销售经理的话强调了这些问题：

> 我对把节目卖到中国感到紧张，因为我认为那个国家对版权的保护不太有效。我的担心是你可能不仅失去在中国的大部分业务，而且一旦盗版者开始大量生产以满足需求，他们就会为那些非法产品寻找出口的路子，那样你在其他发达地区的生意就会受损……把电视剧和纪录片卖给中国中央电视台很好，但收入是靠录像和许可业务，如果你不能保护那些收入来源，进入这个市场就没有多大意义，而且进入之后还会有危险，因为那些非法产品会流入其他地区。

相比之下，韩国的市场更加稳定可靠，它对教育类节目需求旺盛，包括韩国广播公司、韩国教育放送公社和首尔放送公社播放的幼儿节目。为了保护本国的动画产业，韩国规定免费频道上播放的动画片只能有三分之一来自日本(Cooper-Chen,1999,p.299)。这在一定程度上对西方制作公司有利，《巴布工程师》、《天线宝宝》和最近的《粉宝乐园》都在韩国广播公司电视台上播放过。但和日本一样，节目的销售通常依靠和当地合作人签订全部版权交易，因为他们能找到公司赞助节目的播出。

例如，2001 年，HIT 娱乐公司与韩国广播公司签售美国制作的《小恐龙巴尼》节目模式，30 分钟一集，共 130 集，每周五天下午连续播映。韩国广播公司制作这个节目时使用的还是原版角色，但为了吸引韩国的年幼观众，对脚本进行了修改。和在日本一样，这单生意是把全部版权卖给韩国的一位合作伙伴——韩国授权代理机构 RJ Wood，它找到赞助商，并和当地合作伙伴一起开发录像、出版和特许产品经营的附属权利，使这个项目的投资有利可图。购买节目模式支付了一笔费用，但授权、销售和录影带都能带来收入保障，因此电视节目的销售收入只是收入更可观的角色经营的开始。

# 本章小结

澳大利亚、新西兰和东亚的电视再次证明了文化特殊性的重要性。由于共同的语言、文化和历史，英国节目在澳大利亚和新西兰的电视荧屏上确实颇有人气，使英国出口商纷纷把这两个国家当作了出口目的地。相反，在东亚地区，由于有限的文化渊源，以及人们偏爱本地节目，再加上区域性制作公司的力量日益壮大，英国的电视节目只能处于边缘位置。从亚洲获得的有限经济回报意味着人们将更加关注经济回报更高、文化更亲近的北美和西欧市场，这些市场对节目制作融资的力度更大。

这并不是说亚洲这个市场无足轻重。实际上，日本是一些儿童节目和少数联合出品的纪实节目的重要销售地，中国市场也毫无疑问在不断增长，但英国似乎不太可能在这个地区的音像市场占据重要地位。这个机会主要属于那些跨国公司（星空卫视/新闻集团、时代华纳、自由传媒），它们在该地区建立了频道和合资企业，有更长远的拓展市场的规划，拥有本土化的媒介产品，瞄准不同的语言市场，特别是中国。除了BBC环球公司与探索公司共同参与动物星球亚洲台和动物星球日本台的创立，以及BBC国际频道向全球提供新闻服务，再没有任何英国公司能像新闻集团这种规模的国际公司或像香港无线电视这样的区域性公司一样拥有经济或节目资源去瞄准亚洲市场。

然而，即便在澳大利亚和新西兰，英国节目也主要局限在公共服务频道，出售的节目也是电视剧、纪实节目和幼儿节目等这些传统强项。由于与英国供应商的长期合作关系，澳大利亚广播公司和新西兰国家电视台一台播放的英国电视剧要比其他海外频道多。由于商业频道优先考虑商业利益，包括定位于年轻观众，这和许多英国节目的公共服务精神不相吻合，所以向商业频道销售英国节目受到限制。英国电视剧显得太老套，播放纪实节目的空档时段有限，广告商对幼儿节目又不太感兴趣。从这个方面来讲，英国确实是一个公共服务型的替补，可以供应纪录片、“古怪”喜剧、侦探系列和惊悚片等这些“高雅”的文化形式。益智类、才艺秀和生活方式类节目模式是英国销往澳大利亚和新西兰的商业电视台的主要增长领域，但若想从这些节目中获得全部经济利益，英国公司还需要更认真地调查在当地制作节目的可能性。

# 结论

本研究起初的观点是，无论是对于公共性质还是商业性质的免费播放电视来说，纳入公共服务理念的公私并存制度使英国电视在国际市场具有了一定的优势地位。英国的电视生态产生了形形色色的节目，既满足了国内需求，也为在国际市场开发“某些”节目提供了机遇。古装剧和自然历史节目的出口让英国承担起出品“优质”公共服务节目、替代美国大众市场的剧情片和娱乐节目的重任。然而，正如我们所见，在全世界，包括英国，电视系统一直重视商业电视和本土制作节目，从而影响了各国的国产节目和在全球市场上流通的节目类型。

英国是电视节目和节目模式的重要输出国。凭借 BBC 的实力，英国在那些定位海外市场的频道中争得了一席之地，但英国既不处于电视贸易的边缘位置，也不处于中心位置，它并没有真正起到国际性的重要作用，因为同美国的跨国公司相比，它缺少为其节目在国际市场获取永久地位的销售能力和硬件能力。英国制作的节目在国外荧屏上更可能是一个“填充物”。除了一些节目模式（如《谁想成为百万富翁》）和纪实节目（如《与恐龙同行》）之外，英国节目的输出没有发挥激发海外购片商和观众想象力的文化影响力。而且，尽管电视节目输出所获得的收入很可观并在增长，我们有必要认识到它们仅代表了 2001 年行业总收入 77 亿英镑的一小部分（4.3 亿英镑）（ITC，2002a，app.1，p.3）。

还有一点很清楚，在国际市场最具吸引力的英国节目和节目模式并不总是那些最能反映英国社会多样性的节目，为了克服文化障碍，节目需要减少专门针对英国观众的社会、政治和文化元素。多数为英国国内市场制作的“普通”日常电视没有多少国际发展潜力。英国国内节目的制作主要依靠免费电视台的资助，优先考虑国内观众喜欢的节目，以满足广告商的需求，并履行公共服务的义务。大众肥皂剧（如《东伦敦人》、《加冕街》）以及有关国内主题的娱乐节目和纪实节目毫无疑问在国内市场受到欢迎，但又因太具有文化特殊性而不能吸引海外观众，它们更喜欢自己本土制作的“肥皂剧”和娱乐节目。

然而，频道激增和市场分割带来的经济压力使得海外收入愈发重要，于是广播电视公司和制作公司热衷于推广具有更广泛国际价值的娱乐节目模式、知名度高的电视剧、纪实节目和儿童节目。而英国的文化目标就面临危险了：电视节目要更适应国际市场，却牺牲了专门为英国观众制作的特色鲜明的多样化节目。

在国际上销路最好的节目越来越是那些通过本土制作、在制作技巧和题材的选择上隐藏英国渊源的节目，包括本土节目的全球制作和全球节目的本土制作。制作公司或是利用"受国际欢迎的节目"的"制作规范和惯例"来增加其产品在国际市场的吸引力——这一点明显反映在受到普遍欢迎的野生生物、自然历史和科学节目、动画和动作片上，这些节目可以重新配音和本土化，或是努力使它们的产品本土化来吸引差异化的国际市场，这一点从娱乐节目、剧情片和纪实节目的本土化改造中可窥见一斑。正是那些隐藏了民族特色的节目和节目模式才有最大的海外吸引力，正是凭借这些节目和节目模式，大量的英国贸易才得以完成。但多数产自英国的节目——未经加工的电视剧、情景喜剧、新闻、时事、纪录片和节目模式，由于其文化特殊性几乎没有什么文化吸引力。

正如我们所见，海外市场对英国节目的接受受到很多因素的影响，包括监管环境、国内制作水平、接受的语境（节目播出安排、节目推广策略）、具有民族特色的电视生态文化、购片商，以及那些根据自己对国内观众、频道要求和流行电视文化的理解而做出决策的人的观点。实际的贸易流的确复杂多样，远非文化帝国主义学说所暗示的笼统性能够涵盖。

英国的侦探系列、高预算的文学改编作品和纪实大片在那些由于成本原因而没有相应的国内替代物的国家受到重视。然而，在人们偏爱本土制作节目以及英国节目只吸引老年观众的情况下，各国对英国侦探系列和古装剧的需求似乎逐渐减少，英国节目的地位因而更加边缘化，在公共服务频道勉强生存。各国对纪实节目的需求也有限，一是因为海外电视缺少时间空档，二是因为人们更喜欢具有较低文化障碍的节目，如野生生物、自然历史和科学节目，这些题材范围较窄的节目越来越依赖从美国获取的联合制作资金。在英国出口的儿童电视节目中，只有少数国际幼儿品牌节目（如《天线宝宝》、《巴布工程师》）获得了成功，这些节目的播放也带来了从录像和消费品中获得的辅助收益。

对电视节目贸易的分析比以往任何时候都强调文化接近性的重要性、在民族市场国内制作的重要性和文化折扣的影响力，即植根于一种文化中的节目在另外一种文化中的吸引力会降低。就英国而言，英语语言已被证明是优先进入那些富有的英语地缘语言区域的决定性因素，首先是北美，其次是澳大利亚和新西兰。相反，语言的差异，文化接近性的缺乏，再加上对本土制作的偏好，使英国节目在其他市场的影响力更不均匀，特别是在亚洲和西欧。

但即便是在文化最接近的市场——那些拥有共同语言、文化和历史的地方——英国制作的大量节目仍然位处边缘，在公共服务型电视台和有线与卫星电视台的小众频道流通。例如，在美国，人们对英国电视的创意、创新和人才具有强烈的兴趣，但不一定对英国电视节目的内容感兴趣，英国节目很少在公共电视网或基础有线频道以外的电视台播放。机构接近性意味着公共服务性质的电视剧和纪实节目吸引着那些和英国一样具有共同公共服务性却没有资源自己制作各种公共服务节目的频道，包括美国的公共电视网、瑞典和荷兰这样的较小的亲英市场的公共服务频道以及澳大利亚和新西兰这样的文化接近地区的公共服务频道。然而，这是一个正在衰落和老龄化的市场。显然，英国制作的节目没能在西欧、美国、澳大利亚、新西兰和远东的主流商业频道发挥任何重要影响。

在英国的主要出口市场，各国国内节目的重要性愈加重要，主要表现有节目成品的销售收入日益下降，消费品发行、录像/DVD、联合制作、节目模式销售和本土制作节目方面的收入日渐增长。尽管节目成品的销售收入仍然占主导地位(2003年销售40%)，向其他收入的转向预示着克服文化折扣的策略会有所变化，节目成品销售的价格也会降低。

对于历史剧、改编自文学作品的电视剧和纪实大片，英国出口商在美国寻求联合制作资金，在广阔的欧洲市场寻求节目预售。联合制作资金是一个很有利的融资途径，它使合作方汇聚财力，为节目打入其他市场提供了更便利的条件。但它不能完全缓解国内的资金压力，因为联合制作往往局限于少数有跨文化吸引力的高成本节目，而且也会对国内执照费造成压力。一个解决办法或许是效仿美国电视出口商，制作美国式的电视剧，这也许能吸引更广泛的合作伙伴，但这并不能保证节目会在国际市场更畅销，而且这种策略还有失去国内观众的风险。

另一个策略是专注于国际品牌节目，这一点突出表现在儿童电视市场和节目模式的营销上。在这些领域，与节目销售的收入相比，产品许可中的辅助性收入、其他媒体的开发和节目获得的赞助正变得举足轻重。但这种策略也为国内市场带来了风险。全球儿童节目执照费的下降主要是由于人们期待出口的成功并认为制作公司能够从海外销售和辅助性收益中获得额外收入。这会对那些没有多少能力创造辅助性收入的节目产生不利影响，比如儿童电视剧或信息节目。

为克服英国节目的营销困难并满足对成本更低的本土制作节目的行业需求，出口公司愈来愈关注虚构性节目、游戏节目、真人秀和转变类节目形态的开发，这些节目为本土改造和定制化服务留下了空间。在运用这个策略的过程中，英国不再主要是一个公共服务类节目的候补提供者，保护和传承英国的文学和文化遗产，而是具有普遍吸引力的节目创意的供应者，这些创意的英国渊源被隐藏起来，一开始就在全球和本土的相互作用下整合了国际元素。混杂化是为了创造一些新颖的但在海外市场上能够辨识的东西，这样的节目可以被接受并进行文化本土化改造，这和那些在过去被认为为英国电视赢得国际成功的典型英国历史剧或改编自文学作品的电视剧显著不同。

节目模式的输出和本土制作是吸引人们购买英国制作的节目的方法之一，但这种方法也有一些弊端。在海外地区的本土制作对英国电视制作业的财政贡献比不上其对节目模式出售市场的贡献。而且，在国内制作可以在海外市场改造的节目模式有一定的风险，因为节目内容虽有国际吸引力但内容更狭隘，牺牲了专门为英国观众制作的多样化节目。节目模式也不能完全克服文化折扣以及国家市场间的行业和文化障碍。例如，20 世纪 90 年代，美国电视网改造的英国脚本模式还未能生产出在竞争激烈的市场持续畅销的节目。另外，尽管一些节目模式进行了本土化制作，但它们在国外市场也会一蹶不振，正如在南欧和亚洲表现的那样，因为植根于一种文化中的潜在观念不能同观众已经适应的风格和价值观相吻合。

国际市场的狭窄需求并不总是那么容易契合英国国内市场的多样化需求，也就是说，优先考虑国际社会的关注点和少数能出口的节目而不是国内观众的关注点的政策具有内在的危险性。免费电视背后的公共服务理念是为了确保英国观众看见自己的生活，了解荧屏上反映的多元化的英国社会，可是这却与人们所认为的在国际市场上产生吸引力的元素相抵牾。

正如我们在第三章所见，1999 年当工党努力把英国打造成在愈来愈具有金融、信息和形象国际流动特点的传媒和通信经济大潮中的“品牌”时，电视节目输出很快成为工党关注的对象。然而，那种认为电视节目输出可以展示英伦特质和英国人生活的观点与“英伦特质”并非主要卖点的国际市场的现实状况是相互矛盾的。国内市场要求节目具有文化特殊性，能满足多样化的需求；而英国电视的行业目标又要求它增强国际竞争力，生产具有国际吸引力的节目和节目模式，以迎合更广泛的跨文化兴趣和环境。政府掀起的那场辩论只不过凸显了这两者之间的紧张关系。

2003 年《通信法》的实施和广播电视业的彻底改革将对英国的电视节目出口业绩产生更重大的影响。围绕立法的辩论引发了更多有关出口业绩和国内市场的话题。

工党对全球化力量的认同使它们的工作重心发生了转移。过去它们关注出口业绩，试图把国内广播电视公司打造为国际冠军，现在它们放松了外国公司对国内商业免费电视的所有权的管制。这样做的目的是期望来自美国的投资可以使英国公司突破国内市场的限制并融入全球公司，在国际上表现得更加出色。然而，工党对全球化和外来投资的欢迎与民族文化的观念，以及英国电视用专门为英国观众设计的节目服务英国观众的做法显得很不协调。

允许美国投资者收购商业性的免费电视台（独立电视台和第五频道）的决定或许会给英国带来更好的国际表现。外来投资使行业获得更充足的资金，能够生产更好的节目，输出更多的节目。但没有证据显示这种情况一定会发生，却提出了关于美国投资将来会为多样化的英国观众制作什么类型的节目的问题。尽管美国节目的输入最终并没有占据免费商业频道，英国电视还是面临这样一个风险:商业电视会转向生产更加关注国际或美国情趣的混合节目,服务美国商业利益,为制作坚决保留民族或本土特色的节目只留下很小的空间。

《通信法》修正案提议改变节目版权在广播电视公司和独立制片公司之间的分配,这也将对电视节目出口部门尤其是广播电视公司发行部门的角色产生深远的影响。BBC的商业部门环球公司是英国唯一重要的国际公司,其节目出口收入占了英国电视节目出口收入的50%以上,拥有重要的国际合作伙伴和较大的海外频道利益。在历届政府的鼓励下,它成为英国在国际市场上的龙头公司,但它在节目供应市场中的统治地位已经影响到其他公司有效出口的能力。版权规定的变化使独立制片公司能更多地保留对自己制作的节目的二级权利,也将削弱广播电视公司发行部门的国际经营活动,首当其冲的是BBC环球公司,它的许多国际畅销作品来自于独立制作公司。然而,独立制作公司是否有能力在国际市场发挥重要影响尚存疑问。少数规模较大的独立制作公司已经表达了登上国际舞台的意愿,但重要的是它们的活动主要集中于在美国的节目模式销售和本土制作,毕竟美国是英国在海外最有文化接近性、最大和最富有的市场——这说明美国市场的重要性远远超过其他市场。

总而言之,英国电视在海外还很难形成气候。尽管全球化的趋势势不可挡,本研究对英国电视在海外市场表现的调查却表明民族特性依然重要,本土制作具有一定的优势,节目的接受环境不容忽略,管制节目进口的守门人作用巨大。从这个角度而言,即便实施各种提升节目出口水平的政策,其影响力也很有限。然而,英国电视的改革以及它从公共服务性质向商业利益优先的转向已经对那些为国内市场制作的节目类型和模式形成了冲击,对出口的节目也有一定的影响。从英国主要市场优先考虑商业模式和信息娱乐的态度中,我们可窥见一斑。随着《通信法》在2003年获得通过,英国电视站在了重大变革的门槛上。英国的商业性广播电视和独立制片公司可能融合为更大的国际性或美国公司的一部分,这意味着国际责任将对未来的英国电视节目制作业产生更大的影响。然而,外来投资对出口业绩的影响可能会逊于它们对英国国内电视生态的影响。

# 附录一

## 人名中英文对照

Agatha Christie 阿加莎·克里斯蒂
Albert Finney 阿尔伯特·芬尼
Alex Graham 亚力克斯·格拉汉姆
Alvarado 阿尔瓦拉多
Anderson 安德森
Andrew Davies 安德鲁·戴维斯
Andrew Graham 安德鲁·格雷厄姆
Andrew Jackson 安德鲁·杰克逊
Anthony Trollope 安东尼·特罗落普
Antony Root 安东尼·鲁特
Appadurai 阿帕杜莱
Bakhtin 巴赫金
Billy Connolly 比利·康诺利
Bob Hoskins 鲍勃·霍金斯
Bonner 邦纳
Boyd-Barrett 博伊德·巴莱特
Brown Johnson 布朗·约翰逊
C. S. Forester 福雷斯特
Caroline Torrance 卡罗·托伦斯
Chadha 查德哈
Charles Maday 查尔斯·麦德
Charles Sturridge 查尔斯·史特里吉
Charlie Parsons 查理·帕森斯
Chloë Sevigny 科洛·塞维尼
Chris Smith 克里斯·史密斯
Colin Dexter 柯林·德克斯特

Collins 柯林斯
Cunningham 坎宁安
David Frank 大卫·弗兰克
David Lyle 大卫·莱尔
David Starkey 大卫·斯塔基
Delia Fine 迪丽亚·法恩
Elizabeth Gaskell 伊丽莎白·加斯克尔
Elizabeth George 伊丽莎白·乔治
Emma Peel 爱玛·皮尔
Fabrizio Battocchio 法布里兹欧·巴托奇奥
Featherstone 费瑟斯通
Fejes 费耶斯
Ferguson 弗格森
Finn 芬
Garnham 加纳姆
Gary Knight 加里·奈特
Gavyn Davies 加文·戴维斯
George Eliot 乔治·艾略特
Gerry Scotti 杰瑞·斯科蒂
Giacomo Campiotti 高科莫·卡皮欧特
Golding 戈尔丁
Hans Matheson 汉斯·麦瑟逊
Hans Schiff 汉斯·希夫
Harris 哈里斯
Helen Craig 海伦·克雷格
Helena Bonham Carter 海伦娜·伯翰·卡特
Herbert Schiller 赫伯特·席勒
Herman 赫曼
Hesmondhalgh 赫斯姆德哈尔格
Hoskins 霍斯金斯
Ithiel de Sola Pool 伊锡尔·德·索拉·普尔
Jacka 扎卡
James Bond 詹姆斯·邦德
James Nesbitt 詹姆斯·奈斯比特
Jamie Oliver 杰米·奥利弗

Jane Austin 简・奥斯汀
Joel Andryc 乔尔・安德里克
John Galsworthy 约翰・高尔斯华绥
John Willis 约翰・威利斯
Julie Walters 朱丽・沃特斯
Katherine Holabird 凯瑟林・霍拉伯德
Katz 凯茨
Kavoori 卡夫里
Keira Knightley 凯拉・奈特利
Kenneth Branagh 肯尼斯・布拉纳
Lealand 利兰德
Lew Grade 路・格瑞德
Liebes 利比斯
Locksley 洛克斯雷
Lord Puttnam 普特南勋爵
Louis Boswell 路易斯・鲍斯韦尔
Lyne Ang 莱恩・昂
Machin 梅钦
Mark Burnett 马克・伯内特
McChesney 麦克切斯尼
McFadyen 麦克法迪恩
Michael Ambrosino 迈克尔・安布西诺
Michael Davies 迈克尔・戴维斯
Mike Morris 迈克・莫里斯
Miller 米勒
Mirus 米卢斯
O'regan 奥里根
Pat Mitchell 帕特・米切尔
Paul Hamann 保罗・哈曼
Paul Lee 保罗・李
Paul Reiser 保罗・雷塞尔
Paul Smith 保罗・史密斯
Peter Falk 彼得・福尔克
Peter Falk 彼得・福克
Peter Lovesey 彼得・拉佛西

Piero Angela 皮耶罗·安吉拉
Ray Winstone 雷·温斯顿
Rebecca Eaton 丽贝卡·伊顿
Reg Watson 瑞格·沃森
Regis Philbin 里吉斯·菲尔宾
Robert Redford 罗伯特·雷德福
Robertson 罗伯森
Ross Kemp 罗斯·坎普
RupertEverett 鲁伯特·埃弗里特
Rupert Gavin 鲁伯特·加文
Rupert Murdoch 鲁伯特·默多克
Sally Shell 萨莉·歇尔
Sam Neil 山姆·尼尔
Samie Kim 萨米·金
Schlesinger 施莱辛格
Silvio Berlusconi 西尔维奥·贝卢斯科尼
Simon Fuller 西蒙·福勒
Sinclair 辛克莱
Sir Arthur Conan Doyle 阿瑟·柯南·道尔爵士
Smith 史密斯
Stephen Driscoll 斯蒂芬·得瑞斯柯尔
Straubhaar 史特巴哈
Sue Masters 苏·马斯特斯
Susan García 苏珊纳·加西亚
Tessa Jowell 泰萨·乔威尔
Tim Haines 蒂姆·海恩斯
Tim Worner 蒂姆·沃纳
Toni Egger 托尼·艾格尔
Tracey 特蕾西
Tunstall 汤斯顿
Vanessa Redgrave 凡妮莎·蕾格烈芙
Viljoen 维利恩
Whoopi Goldberg 乌比·戈德堡

# 附录二

# 主要电视台、频道及传媒公司名称中英文对照

（按书中地区顺序排列）

ATV(Associated Television)联合电视公司
BBC(British Broadcasting Corporation)英国广播公司
BBC America 英国广播公司美国频道
Channel Four 第四频道
Channel Five 第五频道
ITV(Independent Television)独立电视台
A&E(Arts and Entertainment)艺术和娱乐频道
ABC(American Broadcasting Company)美国广播公司
Animal Planet 动物星球
CBS(Clumbia Broadcasting System)哥伦比亚广播公司
Comedy Central 喜剧中心
Discovery en Espanol 探索西班牙语频道
Discovery Health 探索健康频道
Discovery Kids 探索儿童频道
Discovery Networks 探索电视网
Fox 福克斯电视台
HBO(Home Box Office)家庭影院
History Channel 历史频道
National Geographic 国家地理
NBC(National Broadcasting Company)全国广播公司
Nicklodeon 尼克儿童国际频道
PBS(Public Broadcasting Service)公共电视网
Showtime 娱乐时间
The Science Channel 科学频道

The Sci-Fi Channel 科幻频道
TLC(The Learning Channel)学习频道
Travel Channel 旅游频道
UPN(United Paramount Network)联合派拉蒙电视网
USA Network 美国电视网
BBC Worldwide　英国广播公司环球公司
Carlton International Media Ltd. 卡尔顿国际传媒有限公司
Celado International Ltd. 塞拉多国际有限公司
Celado Productions Ltd. 塞拉多制作有限公司
Endemol 恩德莫尔公司
Fremantle Media 富曼传媒
Granada International 格拉纳达国际公司
Grundy 格伦迪公司
Hat Trick Productions 帽子戏法制片公司
HIT Entertainment HIT 传媒公司
Liberty Media 自由传媒集团
RDF Media RDF 传媒集团
Time Warner 时代华纳
Touchstone Productions 试金石制片公司
Viacom 维亚康姆公司
Wall to Wall Television 沃特沃电视集团
ARD 德国广播电视联盟
ZDF 德国电视二台
RAI 意大利国家电视台
TVE 西班牙国家电视台
NOS 荷兰国家电视台
SVT 瑞典国家电视台
ABC(Australian Broadcasting Corporation)澳大利亚广播公司
SBS(Special Broadcasting Service)澳大利亚民族广播电视台
TVNZ(Television New Zealand)新西兰国家电视台
NHK(Nippon Hoso Kyokai)日本放送协会
Fuji TV 富士电视台
TBS(Tokyo Broadcasting System)东京广播公司
TV Asahi 朝日电视台
KBS(Korea Broadcasting System)韩国广播公司

EBS(Educational Broadcasting System)韩国教育放送公社

MBC(Munwha Broadcasting Corporation)韩国文化广播公司

SBS(Seoul Broadcasting System)首尔放送公社

ATV(Asia Television)亚洲电视

CETV(China Entertainment Television Broadcast. ,Ltd. )华娱卫视

I-Cable 香港有线电视

Star TV 星空卫视

The Phoenix Chinese Channel 凤凰卫视中文频道

TVB(Television Broadcasters Ltd)香港无线电视台

# 附录三

# 主要电视剧、电影、电视节目名称中英文对照

Absolutely Fabulous《荒唐阿姨》
America's Funniest Home Videos《美国家庭滑稽录像》
America's Most Wanted《美国头号通缉犯》
American Idol《美国偶像》
Ancient Egyptians《古代埃及人》
Andy Pandy《安迪宝宝》
Angelina Ballerina《芭蕾小精灵》
Anna Karenina《安娜·卡列尼娜》
Antiques Roadshow 古董巡回秀
Big Brother《老大哥》
Bob the Builder《巴布工程师》
Brideshead Revisited《故园风雨后》
Changing Rooms《改变你的房间》
Cold Feet《临阵软脚》
Coronation Street《加冕街》
Cracker《解密高手》
CSI：Crime Scene Investigation《犯罪现场调查》
Dallas《达拉斯》
David Copperfield《大卫·科波菲尔》
Digimon《数码宝贝》
Dr Zhivago《日瓦戈医生》
EastEnders《东伦敦人》
Emmerdale《爱默代尔农场》
ER《急诊室的故事》
Faking It《火眼金睛》

Family Feud《家庭问答》

Fear Factor《挑战恐惧》

Frasier《欢乐一家亲》

Friends《老友记》

Great Expectations《远大前程》

Home and Away《聚散离合》

Horizon《地平线系列》

Hornblower《霍恩布洛尔》

I'm a Celebrity… Get Me out of Here!《我是个名人，让我离开这儿！》

Inspector Morse《摩斯警长》

Jamie's Kitchen《杰米的厨房》

Julius Caesar《凯撒大帝》

Lady Chatterley's Lover《查泰莱夫人的情人》

Les Misérables《悲惨世界》

Medabots《金属机器人大战》

Midsomer Murders《杀机四伏》

Monty Python's Flying《巨蟒的飞行马戏团》

Murder Rooms：Tales of the Real Sherlock Holmes《谋杀现场：真实的福尔摩斯之谜》

Napoleon《拿破仑》

Neighbours《左邻右舍》

Nigella Bites《妮吉拉食谱》

Oliver Twist《雾都孤儿》

On Golden Pond《金色池塘》

Othello《奥赛罗》

Paleo World《远古世界》

Peak Practice《山区诊所》

Perfect Match《天生一对》

Pingu《企鹅家族》

Poirot《大侦探波罗》

Pokémon《宠物小精灵》

Pop Idol《流行偶像》

Popstars《流行明星》

Power Rangers《恐龙战队》

Pride and Prejudice《傲慢与偏见》

Prime Suspect《主要嫌疑人》
Queer As Folk《同志亦凡人》
Ready,Steady,Cook《我的美味》
Robot Wars《机器人大战》
S Club 7 series《七小龙》
Scrapheap Challenge《垃圾堆挑战》
Sesame Street《芝麻街》
Sex and the City《欲望都市》
Shackleton《沙克尔顿》
Silent Witness《沉默的证人》
Simon Schama's History of Britain《西蒙·沙马的英国历史》
Six Feet Under《六英尺下》
Skinwalkers《剥皮行者》
Survivor《幸存者》
Teletubbies《天线宝宝》
The Adventures of Sherlock Holmes《福尔摩斯探案集》
The Anna Nicole Show《安娜·妮可秀》
The Blue Planet《蓝色星球》
The Count of Monte Cristo《基督山伯爵》
The Forsyte Saga《福尔赛世家》
The Great Gatsby《了不起的盖茨比》
The Human Body《人体漫游》
The Human Face《五官奥秘》
The Inspector Lynley Mysteries《林雷调查员》
The Lost World《消失的世界》
The Murder of Stephen Lawrence《斯蒂芬·劳伦斯谋杀案》
The Naked Chef《大城小厨》
The Office《办公室风云》
The Sopranos《黑道家族》
The Thirty-Nine Steps《三十九级台阶》
The Tweenies《好玩小天地》
The Weakest Link《智者为王》
Thomas the Tank Engine《火车头托马斯》
Thunderbirds《雷鸟神机队》
Top of the Pops《流行之巅》

Trading Spaces《交换空间》
Trigger Happy TV《街头恶搞真人秀》
Vanity Fair《名利场》
Walking with Beasts《与野兽同行》
Walking with Dinosaurs《与恐龙同行》
Wheel of Fortune《财富幸运轮》
Who Wants to Be a Millionaire?《谁想成为百万富翁?》
Whose Line is it Anyway?《到底是谁的台词?》
Wife Swap《换妻俱乐部》
Wild Africa《狂野非洲》
Wives and Daughters《锦绣佳人》

# 参考文献

ABC(Australian Broadcasting Corporation), *Annual Report 2001—2002*. (Sydney:ABC,2002). Available in PDF format at 〈www. abc. net. au/corp/ar/02〉(accessed 23 September 2003).

Acheson, K., and Maule, C., *Much Ado About Culture: North American Trade Disputes* (Ann Arbor:University of Michigan Press,1999).

Aksoy, A., and Robins, K., 'Hollywood for the 21st Century: Global Competition for Critical Mass in Image Markets', *Cambridge Journal of Economics*, vol. 16, 1992, pp. 1-22.

Alvarado, M., 'The "Value" of TV Drama. Why Bother to Produce it?', *Television and New Media*, vol. 1, no. 3, 2000, pp. 307-19.

Alvarado, M., and Stewart, J., *Made for Television: Euston Films Limited* (London:BFI,1985).

Anan, Nadja (Head of Series and Animation, ProSieben Television), Telephone Interview, 7 February 2002.

Anderson, B., *Imagined Communities* (London:Verso,1983).

Andryc, Joel (Executive Vice President, Kids' Programming and Development, Fox Family), Interview, Los Angeles, 19 September, 2001.

Ang, I., *Watching Dallas* (London:Methuen,1985).

Ang, I., 'Globalisation and Culture', *Continuum*, vol. 8, no. 2, 1994, pp. 323-5.

Ang, I., *Living Room Wars* (London:Routledge,1996).

Anon., 'World's Biggest Market Still Tough Nut to Crack, but Regional TV Gains Strength', *Broadcasting & Cable's TV International*, 1 November 1999, p. 5.

Anon., 'More Upheaval for CITV as Granada Rejigs Kids', *Broadcast*, 9 November 2001a, p. 1.

Anon., 'Vertical Integration Hits Animation Market', *Screen Digest*, May

2001b, p. 157.

Anon., '"Link" vs. "Millionaire"', *Variety*, 6 August 2001c, p. 55.

Anon., 'Major Local Difficulties. Mipcom was Tough for the US studios', *The Financial Times*, 22 October 2002a, p. 26.

Anon., 'Breaking the Law of Averages', *TBI's Guide to Formats*, April/May, 2002b, p. 17.

Anon., 'Granada America to Absorb Carlton's US Brand', 7 November 2003.

Available at 〈www.c21media.net/news/detail.asp? area=2&article=18112〉 (accessed December 2003).

Appadurai, A., 'Disjuncture and Difference in the Global Cultural Economy', in M. Featherstone (ed.), *Global Culture* (London: Sage, 1990), pp. 295-311.

Arata, Giovanna (Head of International Productions, Mediatrade, Gruppo Mediaset), Interview, Milan, 12 June 2002.

Baker, M., 'Dyke: a Long-running TV Drama', *Broadcast*, 21 November 1997, pp. 16-17.

Banerjee, I., 'The Locals Strike Back? Media Globalization and Localization in the New Asian Television Landscape', *Gazette*, vol. 64, no. 6, 2002, pp. 517-35.

Barker, C., *Global Television: An Introduction* (Oxford: Blackwell, 1997).

Barker, C., *Television, Globalization and Cultural Identities* (Buckingham: Open University Press, 1999).

Battocchio, Fabrizio (Head of Format Department, Reti Televisive Italiane, Gruppo Mediaset), Interview, Milan, 11 June 2002.

BBC (British Broadcasting Corporation), *Initial Submission to the Government's Communications Review* (London: BBC, 4 July 2000).

BBC, *ITC Review of the Programme Supply Market. Evidence from the BBC* (London: BBC, 18 October, 2002). Available in PDF format at 〈www.itc.org.uk/uploads/BBC1.pdf〉 (accessed December 2002).

BBC Worldwide, *Annual Report 1998/1999* (London: BBC Worldwide, 1999). Available at 〈www.bbcworldwide.com/report99〉 (accessed December 2003).

BBC Worldwide *Annual Report 1999/2000* (London: BBC Worldwide, 2000). Available at 〈www.bbcworldwide.com/report2000〉 (accessed December 2003).

BBC Worldwide, *Annual Review 2000/2001* (London: BBC Worldwide, 2001). Available at 〈www. bbcworldwide. com/review〉 (accessed December 2003).

BBC Worldwide, *Annual Review 2001/2002* (London: BBC Worldwide, July 2002a). Available at 〈www. bbcworldwide. com/aboutus/corpinfo/annualreps/annualreport 2002/default. htm〉 (accessed December 2003).

BBC Worldwide, *The ITC Review of the Programme Supply Market in British Broadcasting* (London: BBC, October 2002b). Available in PDF format at 〈www. itc. org. uk/uploads/BBC_Worldwide. pdf〉 (accessed December 2002).

BBC Worldwide, *Report and Financial Statements for the Year ended 31 March 2002* (London: BBC Worldwide, 2002c).

BBC Worldwide, *Annual Review 2002/2003* (London: BBC Worldwide, 2003a). Available at 〈www. bbcworldwide. com/aboutus/corpinfo/annualreps/annualreport2003/default. html〉 (accessed December 2003).

BBC Worldwide, *Report and Financial Statements for the Year ended 31 March 2003* (London: BBC Worldwide, 2003b).

BBC Worldwide, '"Walking with ..." Brand is Monster Hit for BBC Worldwide', BBC Worldwide Press Release, 15 July 2003c. Available at 〈www. bbc. co. uk/pressoffice/commercial/worldwidestories/pressreleases/2003/07_july/walking_with_brand. shtml〉 (accessed December 2003).

Bell, A., 'An Endangered Species: Local Programming in the New Zealand Television Market', *Media, Culture and Society*, vol. 17, 1995, pp. 181-200.

Benthues, Jobst (Head of Entertainment, ProSieben Television), Interview, Munich, 18 February 2002.

Biancolli, Nathalie (Fiction Acquisitions, AB Groupe), and Queme, Isabelle (Documentary Acquisitions, AB Groupe), Interview, Paris, 19 March 2002.

Biltereyst, D., and Meers, P., 'The International Telenovela Debate and the Contra-Flow Argument: A Reappraisal', *Media, Culture and Society*, vol. 22, 2000, pp. 393-413.

Bin., Z., 'Greater China', in A. Smith (ed.), *Television. An International History* (Oxford: Oxford University Press, 1998), 2nd edn, pp. 247-53.

Bin, Z., 'Mouthpiece or Money-spinner? The Double Life of Chinese Television in the Late 1990s', *International Journal of Cultural Studies*, vol. 2, no. 3, 1999, pp. 291-305.

Blair, T., *New Britain: My Vision of a Young Country* (London: Fourth

Estate,1996).

Blanchard,S., 'The "Wrong Type" of Television: New Labour, British Broadcasting and the Rise and Fall of an Exports "Problem"', Paper Presented at AHRB Seminar, Birkbeck College, London, September 2001.

Blicq, Annette (Head of Acquisitions, Canal Jimmy), Interview, Paris, 22 March 2002.

Boddy, W., 'The Quiz Show', in G. Creeber (ed.), *The Television Genre Book* (London: BFI, 2001), pp. 79-81.

Bollini, Mussi (Head of Children's Programmes, Rai Tre), Liberi, Annalisa (Children's Programmes Acquisition, Rai Tre) and Di Nitto, Laura (Children's Programmes, Public Relations and Promotion, Rai Tre), Interview, Rome, 13 June 2002.

Bonner, F., *Ordinary Television* (London: Sage, 2003).

Bourdieu, P., *Distinction: A Social Critique of the Judgement of Taste* (London: Routledge, 1984).

Boyd-Barrett, O., 'Media Imperialism: Towards an International Framework for the Analysis of Media Systems', in J. Curran, M. Gurevitch and J. Woollacott (eds), *Mass Communication and Society* (London: Arnold, 1977), pp. 116-35.

Boyd-Barrett, O., 'International Communication and Globalization: Contradictions and Directions', in A. Mohammadi (ed.), *International Communication and Globalization* (London: Sage, 1997), pp. 11-26.

Boyd-Barrett, O., 'Media Imperialism Reformulated', in D. Thussu (ed.), *Electronic Empires* (London: Arnold, 1998), pp. 157-76.

Branston, G. and Stafford, R., *The Media Student's Book* (London: Routledge, 2003), 3rd edn.

Broadcast, 'BBC Gets China Licence', *Broadcast*, 12 January 2001, p. 6.

Bruneau, M-A., 'Up for the prize', *Television Business International*, January/February 2001, pp. 26-31.

Bruneau, M-A., 'The Main Event', *Television Business International*, October/November 2002, pp. 59-64.

BTDA (British Televison Distributors Association), 'Brit TV Still Proving a Hit Overseas', Press Release, 20 September 2000. Available at 〈www. btda. org〉 (accessed March 2003).

BTDA, *News from the BTDA*, June, no. 3, 2001. Available in PDF format at 〈www. btda. org〉 (accessed December 2003).

BTDA, 'Big Jump in Demand for UK TV Programmes Stateside', Press Release, 12 June 2002. Available in PDF format at 〈www. btda. org〉 (accessed March 2003).

BTDA, 'Better Year for Overseas TV Sales in 2002', Press Release, 19 March 2003. Available at 〈www. btda. org〉 (accessed December 2003).

BTDA, 'UK TV Exports approach $1 billion for the First Time', Press Release, 13 May 2004. Available at 〈www. btda. org〉 (accessed June 2004).

BTDA Board, 'A Funding Lifeline', *News from the BTDA*, 5 March 2002.

Buonanno, M. (ed.), *Imaginary Dreamscapes. Television Fiction in Europe* (Luton: University of Luton Press, 1998).

Buonanno, M. (ed.), *Continuity and Change. Television Fiction in Europe* (Luton: University of Luton Press, 2000).

Burrell, I., 'Foreign Film Makers are Lured to Britain as Industry Enjoys Boom', *The Independent*, 25 November, 2003, p. 10.

*C21*, Programme Prices Map 2003. Available at 〈www. c21media. net/resources/index. asp? area=45〉 (accessed December 2003).

Caminada, Charles (Chief Operating Officer, HIT Entertainment), Interview, London, 4 June 2001.

Cantor, M., and Cantor, J., 'American Television in the International Marketplace', *Communication Research*, vol. 13, no. 3, 1986, pp. 509-20.

Carlisle, Candace (Chief Operating Officer, BBC Sales Company), Interview, New York, 11 September 2001.

Carlton Communications plc, *Response to the Consultation on Media Ownership Rules* (London: Carlton, January 2002a). Available in PDF format at 〈www. culture. gov. uk/creative/media_ownership_replies. html〉 (accessed December 2003).

Carlton Communications plc, *Annual Report and Accounts 2001/2002* (London: Carlton, November 2002b). Available in PDF format at 〈www. carltonplc. co. uk/carlton/financials/reports〉 (accessed December 2003).

Carlton International Media Ltd, *Directors' Report and Accounts for the Year ended 30 September 2001* (London: Carlton, 6 September 2002).

Carter, M., 'Breaking Through the Wall', *Broadcast International*, 21 March 2003a, pp. 29-30.

Carter, M., 'The World at his Feet', *Broadcast*, 6 June 2003b, p. 31.

Cassy, J., 'Sexy Again in the City', *The Guardian* G2, 12 May 2003, pp. 4-5.

Cauquelin, Christine (Head of Documentaries, Canal Plus), Interview, Paris, 21 March 2002.

Cederborg, Annika (Acquisitions Executive, Children and Youth, SVT Programme Acquisitions), Interview, Stockholm, 23 April 2002.

Celador International Ltd, *Financial Statements for the Year ended 30 September 2002* (London: Celador, 6 December 2002).

Celador Productions Ltd, *Financial Statements for the Year ended 30 September 2002* (London: Celador, 6 December 2002).

Chadha, K., and Kavoori, A., 'Media Imperialism Revisited: Some Findings from the Asian Case', *Media, Culture and Society*, vol. 22, 2000, pp. 415-32.

Chalaby, J., 'Transnational Television in Europe. The Role of Pan-European Channels', *European Journal of Communication*, vol. 17, no. 2, 2002, pp. 183-203.

Channel Four, *Channel 4 's Relationship with the Independent Production Setor. A Creative and Commercial Partnership*, *Submission to the ITC Review of the Programme Supply Market* (London: Channel Four, 11 October 2002a). Available in PDF format at 〈www. itc. org. uk/uploads/Channel_4. pdf〉 (accessed December 2002).

Channel Four, *Submission to the DCMS/DTI Consultation on the Draft Communications Bill* (London: Channel Four, August 2002b). Available at 〈www. communicationsbill. gov. uk/responses_organisations. html〉 (accessed December 2003).

Channel Four, *Report and Financial Statements 2001* (London: Channel Four, 2002c).

Channel Four, *Report and Financial Statements 2002* (London: Channel Four, 2003).

Channel Four, *Report and Financial Statements 2003* (London: Channel Four, 2004).

Channel Four International Ltd, *Annual Report for the Year ended 31 December 2002* (submitted 1 April 2003).

Chapman, G., 'Towards a Geography of the Tube: TV Flows in Western Europe', *Intermedia*, vol. 15, no. 1, January 1987, pp. 10-21.

Chris, C., 'All Documentary, All the Time? Discovery Communications Inc and Trends in Cable Television', *Television and New Media*, vol. 3, no. 1, February 2002, pp. 7-28.

Clarke, S., 'Selling to the US: Promised Land', *Television Europe*, 1 May 2001. Available at 〈tvinsite. com/television-europe/index. asp? id = 27593&article ID = CA83297〉(accessed 24 May 2001).

Clarke, S., 'Crunch Time for Drama Schemes', *Financial Times*, 14 October 2002.

Coldefy, Hélène (Conseiller de Programmes, France 3), Interview, Paris, 21 March 2002.

Collins, R., 'Wall-to-Wall "Dallas"? The US-UK Trade in Television', *Screen*, 1986, pp. 66-77.

Collins, R., 'The Language of Advantage: Satellite Television in Western Europe', *Media, Culture and Society*, vol. 11, 1989, pp. 351-71.

Collins, R., *Television: Policy and Culture* (London: Unwin Hyman, 1990).

Collins, R., Garnham, N., and Locksley, G., *The Economics of Television* (London: Sage, 1988).

Cooper-Chen, A., 'An Animated Imbalance. Japan's Television Heroines in Asia', *Gazette*, vol. 61, no. 3-4, 1999, pp. 293-310.

Corsini, Piero (Acquisitions, Rai Tre), Interview, Rome, 14 June 2002.

Cunningham, S., and Jacka, E., *Australian Television and International Mediascapes* (Cambridge: Cambridge University Press, 1996).

Cunningham, S., and Jacka. E., 'Neighbourly Relations? Cross-Cultural Reception Analysis and Australian Soaps in Britain', in A. Sreberny-Mohammadi, D. Winseck, J. McKenna and O. Boyd-Barrett (eds), *Media in Global Context* (London: Arnold, 1997), pp. 299-310.

Currie, D., and Siner, M., 'The BBC: Balancing Public and Commercial Purpose', in A. Graham et al., *Public Purposes in Broadcasting* (Luton: University of Luton Press, 1999).

Curtin, M., *Redeeming the Wasteland: Television Documentary and Cold War Politics* (New Brunswick: Rutgers University Press, 1995).

Dahlberg, Olof (Executive Editor-Documentaries, SVT New and Factual Programmes), Interview, Stockholm, 25 April, 2002.

Dahlgren, P., 'Key Trends in European Televison', in J. Wieten, G. Murdock and P. Dahlgren(eds), *Television Across Europe* (London: Sage, 2000), pp. 23-34.

Dauvin, Pauline (Programme Advisor for Youth Department and Fictions Acquisitions, France 3), Interview, Paris, 21 March 2002.

David Graham & Associates, *Out of the Box: The Programme Supply Market in the Digital Age -A Report for the Department for Culture, Media and Sport* (Taunton: David Graham & Associates, 2000).

David Graham & Associates, *Response to the Draft Communications Bill* (Taunton: David Graham & Associates, August 2002). Available at 〈www. communicationsbill. gov. uk/responses_organisations. html〉 (accessed December 2003).

Davis, Stephen (President and Chief Executive Officer, Carlton America), Interview, Los Angeles, 20 September 2001.

DCMS (Department for Culture, Media and Sport), *Creative Industries Mapping Document* (London: DCMS, 1998).

DCMS, *Building a Global Audience: British Television in Overseas Markets-A Report by David Graham & Associates* (London: DCMS, 1999a).

DCMS, *The Report of the Creative Industries Task Force Inquiry into UK Television Exports* (London: DCMS, 26 November 1999b).

DCMS, *Creative Industries Exports: Our Hidden Potential* (Lonton: DCMS, 1999c).

DCMS, 'Chris Smith Announces Inquiry Team', Press Release 105/99, 8 April 1999d.

DCMS, 'More Than a Tenth of Global TV Exports Shown at Prime Time are British', Press Release 287/99, 24 November 1999e.

DCMS, *The Future Funding of the BBC* (London: DCMS, 1999f).

DCMS, *Action Plan -Response to TV Exports Inquiry* (London: DCMS, 19 July 2000a).

DCMS, *Creative Industries Task Force Television Inquiry Phase Ⅱ, Terms of Reference* (London: DCMS, 19 July 2000b).

DCMS, *Creative Industries Mapping Document* (London: DCMS, 2001a).

DCMS, 'Creative Industries: "A Multi-Billion Pound Growing Force"', Press Release 68/01, 13 March 2001b.

DCMS, 'Government Sharpens Focus on Creative Exports', Press Release 81/02, 26 April 2002a.

DCMS, 'Tessa Jowell Announces Review of TV Programme Production Sector', Press Release 170/02, 20 August 2002b.

DCMS, 'Tessa Jowell Responds to ITC Programme Supply Review', Press Release 8/03, 15 January 2003.

De Bens, E. and de Smaele, H., 'The Inflow of American Televison Fiction on European Broadcasting Channels Revisited', *European Journal of Communication*, vol. 16, no. 1, 2001, pp. 51-76.

de Sola Pool, I., 'The Changing Flow of Television', *Journal of Communication*, vol. 27, 1977, pp. 193-49.

Dilnott-Cooper, Rupert (Director, Carlton International Media), Interview, London, 20 June 2001.

DNH(Department of National Heritage), *The Future of the BBC: Serving the Nation, Competing Worldwide* (London: HMSO, 1994), Cm 2621.

DNH, *Copy of the Royal Charter for the Continuance of the British Broadcasting Corporation*, May 1996, Cm 3248.

Dorfman, A., and Mattelart, A., *How to Read Donald Duck* (New York: International General Editions, 1975).

Dovey, J., 'Reality TV', in G. Creeber (ed.), *The Television Genre Book* (London: BFI, 2001), pp. 134-7.

Doward, J., 'Sun King Rising in the East', *The Observer*, Business, 12 January 2003, p. 16.

Doyle, G., *Understanding Media Economics* (London: Sage, 2002).

Driscoll, Stephen (Senior Sales Executive, Asia, Carlton International Media), Telephone Interview, 28 May 2003.

DTI/DCMS (Department of Trade and Industry/Department for Culture, Media and Sport), *Regulating Communications: Approaching Convergence in the Information Age* (London: DCMS/DTI, 1998), Cm 4022.

DTI/DCMS, *A New Future for Communications* (London: DCMS/DTI, 2000), Cm 5010.

DTI/DCMS, *Consultation on Media Ownership Rules*, (London: DCMS/DTI, November 2001a). Available in PDF Format at 〈www. culture. gov. uk/global/consultations/2001〉 (accessed December 2003).

DTI/DCMS *Summary of Responses to the Consultation on Media Ownership Rules* (London: DCMS/DTI, November 2001b). Available in PDF Format at 〈www. culture. gov. uk/global/consultations/2001〉 (accessed December 2003).

DTI/DCMS, *The Draft Communications Bill-The Policy* (London: TSO, May 2002a), Cm 5508-Ⅲ.

DTI/DCMS, *Communications Bill* (London: TSO, November 2002b), Bill-6-I.

Dupaigne, M., and Waterman, D., 'Determinants of US Television Fiction Imports in Western Europe', *Journal of Broadcasting and Electronic Media*, vol. 42, no. 2; 1998, pp. 208-21.

EAO (European Audiovisual Observatory), 'TV Fiction Programming: Prime Time is Domestic, Off Prime Time is American', based on the fifth Eurofiction survey, *Television Fiction in Europe. Report 2001*, 9 October 2001a. Available at 〈www. obs. coe. int/about/oea/pr/pr_eurofiction_bis. html. en〉 (accessed December 2003).

EAO, *Statistical Yearbook* (Strasbourg: EAO, 2001b).

EAO, 'European TV Fiction Production in Decline', 9 October 2001c. Available at 〈www. obs. coe. int/about/oea/pr/pr _ eurofiction. html. en〉 (accessed December 2003).

EAO, 'The Imbalance of Trade in Films and Television Programmes between North America and Europe Continues to Deteriorate', 9 April 2002.

Available at 〈www. obs. coe. int/about/oea/pr/desequilibre. html. en〉 (accessed December 2003).

Easter, Geraldine (Head of London Office, Holland Media Group), Interview, London, 4 January 2002.

Easter, Geraldine (UK and European Representative, Nine Network, Australia), Telephone Interview, 3 June 2003.

Eaton, Rebecca (Executive Producer, WGBH, *Exxon Mobil Masterpiece Theatre* and *Mystery!*), Interview, Boston, 11 September 2002.

EC (European Commission), *Directive 97/36/EC amending the 1989 'Television without Frontiers' Directive*, OJ L 202 (Brussels: European Commission, 30 July 1997).

EC, *Principles and Guidelines for the Community's Audiovisual Policy in the Digital Age*, COM 657 final (Brussels: European Commission, 14 December 1999).

EC, *Fifth Communication from the Commission to the Council and the European Parliament on the Application of Articles 4 and 5 of the Directive 89/552/EEC 'Television Without Frontiers' for the Period 1999—2000*, COM (2002) 612 final (Brussels: European Commission, 8 November 2002).

Egger, Toni (Vice President, Development, Discovery Health Channel), Interview, Bethesda, 16 September 2002.

Elliott, K., 'American Dream', *Broadcast International*, 1 October 1999, p.

8.

Elliott, K., 'The Deal Maker', *Broadcast International*, 19 January 2001, pp. 8-10.

Elliott, K., 'The BBC's Rights and Wrongs', *Broadcast*, 7 March 2003, pp. 20-1.

Erquicia, Pedro (Director of Current Affairs and Investigative Programmes, Televisión Española, TVE), Interview, Madrid, 24 June 2002.

Featherstone, M., 'Global Culture: An Introduction', in M. Featherstone (ed.), *Global Culture* (London: Sage, 1990), pp. 1-14.

Fejes, F., 'Media Imperialism: An Assessment', *Media, Culture and Society*, vol. 3, 1981, pp. 281-9.

Ferguson, M., 'The Mythology about Globalization', *European Journal of Communication*, vol. 7, 1992, pp. 69-93.

Fichandler, Mark (Senior Director, Development and International Co-Production, Courtroom Television Network), Interview, New York, 19 September 2002.

Fine, Delia (Vice President of Film, Drama and Performing Arts Programming, A&E), Telephone Interview, 8 October 2002.

Fiske, J., *Television Culture* (London: Routledge, 1987).

Frank, Matthew (Managing Director, RDF International), Interview, London, 21 November 2001.

Fraser, F., 'US Networks Look to the UK', *C21*, 30 October 2002a. Available at 〈www.c21media.net/news/detail.asp? area=2&article=4602〉 (accessed December 2003).

Fraser, F., 'Tackling the China Problem', *C21* 30 October 2002b. Available at 〈www.c21media.net/news/detail.asp? area=2&article=4600〉 (accessed December 2003).

Frater, P., 'Asia's Rising Star', *Broadcast International*, 30 March 2001, p. 36.

Freedman, D., 'National Culture or International Trade? The Labour Government's Media Policies', in S. Nagel (ed.), *Handbook of Global International Policy* (New York/Basel: Marcel Dekker, 2000), pp. 311-34.

Frith, S., 'Introduction: Mr Smith Draws a Map', *Critical Quarterly*, vol. 41, no. 1, 1999, pp. 3-8.

Fry, A., 'Youthful Inventions', *Broadcast Supplement*, 3 April 1998, p. 14.

Fry, A. , 'Made-for-TV-Television Movies and the US networks', *Broadcast International*, 30 March 2001, pp. 52-3.

Fry, A. , 'Preschool TV: Underage Achievers', *C21* , 1 October 2002a. Available at 〈www. c21media. net/features/detail. asp? area=2&article=4314〉 (accessed December 2003).

Fry, A. , 'How Much is that Format in the Window?', *C21* , 6 March 2002b. Available at 〈www. c21media. net/features/detail. asp? area=2&article =2717〉 (accessed December 2003).

Fry, A, and Curtis, H. , 'A Slice of American Pie', *Broadcast International*, 21 January 2000, pp. 5-9.

Fukuyama, F. , *The End of History and the Last Man* (London: Hamish Hamilton, 1992).

Fuller, C. , 'Difficult to Cure', *Television Business International*, October/November 2002, pp. 44-8.

García, Susana (Observatorio de Mercados, BocaBoca Producciones), Interview, Madrid, 24 June 2002.

Garnham, N. , *Capitalism and Communication* (London: Sage, 1990).

George, S. , 'Australian ABC of Public Service TV', *Broadcast International*, 5 October 2001a, pp. 14-15.

George, S. , 'Making a Drama Out of a Cash Crisis', *Broadcast International*, 30 March 2001b, pp. 42-3.

George, S. , 'Can a Fat Cow Drive Digital?', *Broadcast International*, 12 April 2002a, pp. 36-7.

George, S. , 'Drama from Down Under', *Television Business International*, October/November 2002b, pp. 88-90.

George, S. , 'Creating the News at Ten', *Broadcast International*, 21 March 2003a, p. 10.

George, S. , 'The Leaders of the Australian Pack', *Broadcast International*, 21 March 2003b, pp. 8-9.

Gillespie, M. , *Television, Ethnicity and Cultural Change* (London: Routledge, 1995).

Golding, P. , and Harris, P. 'Introduction', in P. Golding and P. Harris (eds), *Beyond Cultural Imperialism* (London: Sage, 1997), pp. 1-9.

Graham, A. , and Davies, G. , *Broadcasting, Society and Policy in the Multimedia Age* (Luton: University of Luton Press, 1997).

Granada, *Annual Report and Accounts 2000* (London: Granada, 2000).

Granada, *ITC Review of the Programme Supply Market. Granada Submission* (London: Granada, October 2002a). Available in PDF format at ⟨www. itc. org. uk/uploads/Granada. pdf⟩ (accessed December 2002).

Granada, *Annual Report and Accounts 2002* (London: Granada, 27 November 2002b).

Granada International, 'Dramatic Italian Deal for Granada International', Press Release, 19 June 2003. Available at ⟨www. int. granadamedia. com/cs/international/news_story. asp? id=61752⟩ (accessed 17 September 2003).

Granada/Carlton, *Second Interim Results, 12 Months ended 30th September 2003*. Available as PDF file at ⟨www. granada. com⟩ (accessed 26 November 2003).

Grant, Peter (Senior Sales and Marketing Executive, Chrysalis Distribution), Telephone Interview, 28 May 2003.

Grignaffini, Giorgio (Head of Programming, Mediaset) and Stewart, Zelda (Acquisitions Executive, Mediatrade, Gruppo Mediaset), Interview, Milan, 12 June 2002.

Guback, T., *The International Film Industry* (Bloomington: Indiana University Press, 1969).

Guback, T., and Varis, T., *Transnational Communication and Cultural Industries* (Unesco: Reports and Papers on Mass Communication, 1982), no. 92.

Gurin, P., 'An American's View of the UK', *Broadcast*, 18 January 2002, p. 17.

Hall, S., 'Encoding/Decoding', in S. Hall et al. (eds), *Culture, Media, Language* (London: Hutchinson, 1980).

Hall, S., 'The Question of Cultural Identity', in S. Hall, D. Held and T. McGrew (eds), *Modernity and its Futures* (Cambridge: Polity Press, 1992).

Hall, S., 'The Centrality of Culture: Notes on the Cultural Revolutions of Our Time', in K. Thompson (ed.), *Media and Cultural Regulation* (London: Sage, 1997), pp. 207-38.

Hall, S., and Jacques, M., 'Les Enfants de Marx and de Coca-Cola', *New Statesman*, 28 November 1997, pp. 34-6.

Hamelink, C., *Cultural Autonomy in Global Communications* (New York: Longman, 1983).

Hannerz, U., *Transnational Connection* (London: Sage, 1997).

Hansen, Glen(Vice President Sales, Australia, New Zealand, Latin America, Granada International), Telephone Interview, 29 and 30 May 2003.

Hat Trick Productions Ltd, 'ITC Review of the Programme Supply Market. Submission from Hat Trick Productions Ltd', October 2002. Available in PDF format at 〈www. itc. org. uk/uploads/Hat _ Trick. pdf〉 (accessed December 2002).

Hazleton, J., 'Playing Syndication Games', *Broadcast International*, 21 January 2000a, pp. 14-15.

Hazleton, J., 'US Cable's Own', *Television Business International*, December 2000b, pp. 10-12.

Hazleton, J., 'Remade in the USA', *Television Business International*, October 2000c, pp. 51-6.

Hazleton, J., 'Crossing the Pond', *Television Business International*, October 2001, pp. 65-70.

Hazleton, J., 'Bought in the USA', *Television Business International*, April/May 2002a, pp. 40-4.

Hazleton, J., 'A Very Special Relationship', *Broadcast*, 18 January 2002b, pp. 16-17.

Hazleton, J., 'From Millionaire to Weakest Link?', *Broadcast International*, 12 April 2002c, p. 28.

Herfurth, Hans Wolfgang (Head, International Relations/Programme Purchase, WDR), Interview, Cologne, 22 February 2002.

Herman, E., and McChesney, R., *The Global Media: The New Missionaries of Global Capitalism* (London: Cassell, 1997).

Hesmondhalgh, D., *The Cultural Industries* (London: Sage, 2002).

HIT Entertainment plc, *Annual Report and Accounts 1996* (London: HIT, 1996).

HIT Entertainment plc, *Annual Report and Accounts 1997* (London: HIT, 1997).

HIT Entertainment plc, *Annual Report and Accounts 1998* (London: HIT, 1998).

HIT Entertainment plc, *Annual Report and Accounts 1999* (London: HIT, 1999).

HIT Entertainment plc, *Annual Report and Accounts 2001* (London: HIT, 2001).

HIT Entertainment plc, *Annual Report and Accounts 2002* (London: HIT, 2002).

HIT Entertainment plc, *Annual Report and Accounts 2003* (London: HIT, 2003).

Hobson, D., *Crossroads: Drama of a Soap Opera* (London: Methuen, 1982).

Hodgson, J., '"Pop Idol" Scores a $1bn Hit in US Market', *The Observer*, Business, 7 September 2003, p. 1.

Holmwood, L., 'Funny Business', *Broadcast*, 21 February 2003, p. 13.

Holt, J., 'Vertical Vision: Deregulation, Industrial Economy and Prime-time Design', in M. Jancovich and J. Lyons (eds), *Quality Popular Television* (London: BFI, 2003), pp. 12-31.

Homewood, Alison (Sales Director EMEIA-Europe, Middle East, India, Asia, BBC Worldwide), Interview, London, 15 November 2001.

Hong, J., 'Reconciliation Between Openness and Resistance. Media Globalization and New Policies of China's Television in the 1990s', in G. Wang, J. Servaes and A. Goonasekera (eds), *The New Communications Landscape* (London: Routledge, 2000), pp. 288-306.

Hong, J., and Hsu, Y-C., 'Asian NICs' Broadcast Media in the Era of Globalization. The Trend of Commercialization and its Impact, Implications and Limits', *Gazette*, vol. 61, no. 3-4, 1999, pp. 225-42.

Horsman, M., and Marshall, A., *After the Nation State* (London: HarperCollins, 1994).

Hoskins, C., Finn, A., and McFadyen, S., 'Television and Film in a Freer International Trade Environment: U. S. Dominance and Canadian Responses', in E. McAnany and K. Wilkinson (eds), *Mass Media and Free Trade* (Austin: University of Texas Press, 1996), pp. 63-91.

Hoskins, C., and McFadyen, S., 'The US Competitive Advantage in the Global Television Market: Is it Sustainable in the New Broadcasting Environment?', *Canadian Journal of Communication*, vol. 16, no. 2, 1991, pp. 1-12. Available at ⟨www. wlu. ca/～wwwpress/jrls/cjc/BackIssues/16. 2/hoskins. html⟩ (accessed December 2001).

Hoskins, C., McFadyen, S., and Finn, A., *Global Television and Film: An Introduction to the Economics of the Business* (Oxford: Oxford Univerity Press, 1997).

Hoskins, C. , McFadyen, S. , Finn, A. , and Jäckel, A. , 'Film and Television Co-production. Evidence from Canadian-European Experience', *European Journal of Communication*, vol. 10, no. 2, 1995, pp. 221-43.

Hoskins, C. , and Mirus, R. , 'Reasons for the US Dominance of the International Trade in Television Programmes', *Media, Culture and Society*, vol. 10, no. 4, 1988, pp. 499-515.

Hoskins, C. , Mirus, R. , and Rozeboom, W. , 'US Television Programs in the International Market: Unfair Pricing?', *Journal of Communication*, vol. 39, no. 2, 1989, pp. 55-75.

Howton, Judith (Head of Sales, Carlton International Media), Interview, London, 24 October 2001.

Hughes, P. , 'Looking to Create a Virtuous Circle', *Broadcast International*, 21 March 2003, p. 20.

Huhn, Manuela (Programme Acquisitions Executive, RTL Television), Interview, Cologne, 21 February 2002.

Huisman, Mignon (Head of Programme Acquisitions and Co-productions, KRO), Interview, Hilversum, 31 January 2002.

Iosifidis, P. , 'The Legal and Regulatory Context-National Approaches,' in P. Iosifides, J. Steemers and M. Wheeler (eds), *European Television Industries* (London: BFI, forthcoming 2005).

ITC (Independent Television Commission), *Communication Reform White Paper. ITC Response to Consultations on Proposals for Reform* (London: ITC, June 2000).

Available in PDF format at ⟨www. communicationswhitepaper. gov. uk/dti-dcms_comms-reform_submissions2. html⟩ (accessed December 2003).

ITC, *A Review of the UK Programme Supply Market* (London: ITC, 26 November 2002a). Available at ⟨www. itc. org. uk⟩ (accessed December 2002).

ITC, *Consultation on Media Ownership Rules. ITC Response* (London: ITC, 22 January 2002b). Available at ⟨www. culture. gov. uk/creative/media_ownership_replies. html⟩ (accessed December 2003).

Iwabuchi, K. , 'To Globalise, Regionalise or Localize Us, That in the Question. Japan's Response to Media Globalization', in G. Wang, J. Servaes and A. Goonasekera (eds), *The New Communications Landscape* (London: Routledge, 2000), pp. 142-59.

Jacka, E. , and Johnson, L. , 'Australia', in A. Smith (ed.), *Television: An*

*International History* (Oxford: Oxford University Press, 1998), 2nd edn, pp. 208-22.

Jarvik, L., *PBS: Behind the Screen* (Rocklin, CA: Forum, 1997).

Jarvis, Colin (Director of Programming and Operations, International Television, BBC Worldwide), Telephone Interview, 12 December 2001.

Jenkinson, D., 'US Series Don't Cut it in European Primetime', *C21 Media*, 9 October 2002. Available at 〈www. c21media. net/news/detail. asp? area =2&article=4429〉 (accessed December 2003).

Jeremy, D., 'Toy Sales are Go!', *Broadcast International*, 19 January 2001a, p. 16.

Jeremy, D., 'Drawing Lessons from Japan', *Broadcast International*, 30 March 2001b, pp. 4-5.

Jeremy, D., 'Clash of the Child Titans', *Broadcast International*, 12 April 2002, pp. 24-8.

Jezequel J-P., and Lange A., *Economy of European TV Fiction*, Executive Summary (Strasbourg: European Audiovisual Observatory, December 2000).

Johnson, Brown (Executive Vice President, Nick Junior, Nickelodeon), Interview, New York, 10 September 2001.

Johnson, C., 'Eastern Promise for BBC', *C21*, 9 October 2001. Available at 〈www. c21media. net/news/detail. asp? area = 2&article = 1705〉 (accessed December 2003).

Johnson, C., '4Kids Triumphs in Fox Block Bidding War', *C21*, 23 January 2002. Available at 〈www. c21media. net/news/detail. asp? area = 2&article = 2408〉 (accessed December 2003).

Joint Committee on the Draft Communications Bill, *Draft Communications Bill*, Volume 1 Report, 25 July 2002, HL Paper 169-Ⅰ, HC 876-Ⅰ (London: The Stationery Office, July 2002).

Julienne, Ann (Acquisitions and International Co-productions, France 5), Interview, Paris, 20 March 2002.

Jury, L., 'Made in Britain, Sold to America as the New *Friends*. But Can *Coupling* Survive a Critical Mauling?', *The Independent*, 27 September 2003, p. 3.

Kaiser, Dieter (Editor, Natural History, WDR), Interview, Cologne, 22 February 2002.

Kandel, Francis (Programming Manager, Planète), Interview, Paris, 22 March

2002.

Kapner, S., 'US TV Shows Losing Potency Around World', *New York Times*, 2 January 2003.

Karthigesu, R., 'Broadcasting Deregulation in Developing Asian Nations: An Examination of Nascent Tendencies using Malaysia as a Case Study', *Media, Culture and Society*, vol. 16, 1994, pp. 74-90.

Keane, M., 'Broadcasting Policy, Creative Compliance and the Myth of Civil Society in China', *Media, Culture and Society*, vol. 23, 2001, pp. 783-98.

Keighron, P., 'Independent Spirits', *Broadcast International*, 30 March 2001, p. 38.

Keighron, P., 'Piecing Together the Big Picture', *Broadcast International*, 12 April 200a, pp. 22-3.

Keighron, P., 'Deal of the Decade', *Broadcast*, 5 April 2002b, p. 15.

Keighron, P., 'Attack of the Clones', *Broadcast International*, 21 March 2003, pp. 13-18.

Kenny, J., 'Hong Kong Television. A Virtual Leader in Asia', *Television and New Media*, vol. 2, no. 3, 2001, pp. 281-94.

Kjellberg, Gudrun (Acquisitions Executive, Fiction, SVT), Interview, Stockholm, 25 April 2002.

Kuiper, Els (Programme Buyer, Youth , VPRO), Interview, Hilversum, 1 February 2002.

Kunz, Hildegard (Acquisitions, Bayerischer Rundfunk), Interview, Munich, 18 February 2002.

Kuzmyk, J., 'Drama: Speaking My Language', *C21* , 23 July 2002. Available at 〈www. c21media. net/features/detail. asp? area=2&article=3808〉 (accessed December 2003).

Kwak, K-S., 'The Context of the Regulation of Television Broadcasting in East Asia', *Gazette*, vol. 61, no. 3-4, 1999, pp. 255-73.

Labour Party, *Create the Future: A Strategy for Cultural Policy, Arts and the Creative Economy* (London: The Labour Party, 1997).

Lealand, G., *American Television Programmes on British Screens* (London: Broadcasting Research Unit Working Paper, 1984).

Lealand, G., 'New Zealand', in S. Cunningham and E. Jacka, *Australian Television and International Mediascapes* (Cambridge: Cambridge University Press, 1996), pp. 214-27.

Lee, J-K., 'The Asian Financial Crisis and the Tribulations of the South Korean Media', *Gazette*, vol. 64, no. 2, 2002, pp. 281-97.

Lee, P., 'The Absorption and Indigenization of Foreign Media Cultures. A Study on a Cultural Meeting Point of the East and West: Hong Kong', *Asian Journal of Communication*, vol. 1, no. 2, 1991, pp. 52-72.

Lee, P., 'Television and Global Culture', in G. Wang, J. Servaes and A. Goonasekera (eds), *The New Communications Landscape* (London: Routledge, 2000), pp. 188-98.

Lee, Paul (Chief Operating Officer, BBC America), Interview, Bethesda, 12 September 2002.

Lee, S-C., and Joe, S. K., 'Key Issues in the Korean Television Industry. Programmes and Market Structure', in D. French and M. Richards (eds), *Television in Contemporary Asia* (London: Sage, 2000), pp. 131-49.

Lehmann, Volker (Director Acquisitions, ZDF Enterprises), Interview, Mainz, 20 February 2002.

Leveaux, Sophie (Creative Director Service Acquisitions, TF1), Interview, Paris, 21 March 2002.

Lidén, Maria (Acquisitions Executive, Documentaries, TV4), Interview, Stockholm, 24 April 2002.

Liebes, T., and Katz, E., *The Export of Meaning: Cross Cultural Readings of Dallas* (Oxford: Polity Press, 1993), 2nd edn.

Lull, J., 'China Turned On(Revisited). Television, Reform and Resistance', in A. Sreberny-Mohammadi, D. Winseck, J. McKenna and O. Boyd-Barrett (eds), *Media in Global Context* (London: Arnold, 1997), pp. 259-68.

Lundberg, Jan (Acquisitions Executive, Documentaries, SVT), Interview, Stockholm, 23 April 2002.

Lyle, David, 'LA Confidential', *C21*, 15 March 2001. Available at 〈www.c21media.net/features/detail.asp? area=2&article=525〉 (accessed December 2003).

Macciocca, Luca (Acquisitions Executive, RaiSat), Telephone Interview, 10 June 2002.

Machill, M., 'Background to French Language Policy and its Impact on the Media', *European Journal of Communication*, vol. 12, no. 4, 1997, pp. 475-509.

McChesney, R., 'Media Convergence and Globalisation', in D. Thussu (ed.), *Electronic Empires* (London: Arnold, 1998), pp. 27-46.

McLuhan, M. , *The Gutenberg Galaxy* (New York: McGraw-Hill, 1962).

McQuail, D. , 'Western European Media: The Mixed Model Under Threat', in J. Downing, A. Mohammadi and A. Sreberny-Mohammadi (eds), *Questioning the Media* (London: Sage, 1995), pp. 147-64.

Maday, Charles (Senior Vice President, Historical Programming, the History Channel), Interview, New York, 18 September 2002.

Man Chan, J. , 'National Responses and Accessibility to STAR TV in Asia', in A. Sreberny-Mohammadi, D. Winseck, J. McKenna and O. Boyd-Barrett (eds), *Media in Global Context* (London: Arnold, 1997), pp. 94-106.

Man Chan, J. , 'No Culture is an Island. An Analysis of Media Protectionism and Media Openness', in G. Wang, J. , Servaes and A. Goonasekera (eds), *The New Communications Landscape* (London: Routledge, 2000), pp. 251-64.

Maraschi, Fabiana (Sales Manager, Videoshow), Interview, Rome, 14 June 2002.

Marel, Renata (Manager, Health and Nature Department, ZDF), Interview, Mainz, 20 February 2002.

Marlow, J. , 'A Stateside Story', *Broadcast International*, 5 October 2001, p. 8.

Marlow, J. , 'Harvesting the Fruits of Teamwork', *Broadcast International*, 4 October 2002, pp. 22-3.

Marlow, J. , 'Earning the Rights', *Broadcast*, 6 June 2003a, p. 23.

Marlow, J. , 'Show Me the Money', *Broadcast International*, 21 March 2003b, pp. 5-6.

Marlow, J. , 'Breaking Away from Cultural Roots', *Broadcast International*, 21 March 2003c, p. 19.

Mattelart, A. , Delcourt, X. , and Mattelart, M. , *International Image Markets* (London: Comedia, 1984).

Methven, Nicola, 'Carlton buys ITC Library for £90m', *Broadcast*, 22 January 1999, p. 14.

Miller, D. , 'The Consumption of Soap Opera: *The Young and the Restless* and Mass Consumption in Trinidad', in R. Allen (ed. ), *To Be Continued... Soap Opera Around the World* (London: Routledge, 1995), pp. 213-33.

Miller, J. , *Something Completely Different: British Television and American Culture* (Minneapolis: University of Minnesota Press, 2000).

Mills, P. , 'An International Audience?', *Media, Culture and Society*, vol. 7,

1985, pp. 487-501.

Misert, Tamara (Acquisitions Manager, Telecinco), Interview, Madrid, 26 June 2002.

Moran, A., *Copycat TV: Globalisation, Program Formats and Cultural Identity* (Luton: University of Luton Press, 1998).

Morley, K., and Robins, K., 'Spaces of Identity: Communications, Technologies and the Reconfiguration of Europe', *Screen*, vol. 30, no. 4, 1989, pp. 10-34.

Morley, K, and Robins, K., *Spaces of Identity: Global Media, Electronic Landscapes and Cultural Boundaries* (London: Routledge, 1995).

Morris, Mike (Marketing Director, Channel Four International), Interview, London, 4 July 2002.

Mozzetti, Francesco (Acquisitions Manager, Children's Programmes, Mediatrade, Gruppo Mediaset), Interview, Milan, 12 June 2002.

MPAA (Motion Picture Association of America), *2001 US Economic Review.* Available at 〈www.mpaa.org/useconomicreview/2001Economic/sld032.htm〉 (accessed 28 January 2003).

Mulder, Frank (Director of Programme Acquisitions and Sales, NOS), Interview, Hilversum, 31 January 2002.

Müller, Suzanne (Head of Children's Programmes, ZDF), Interview, Mainz, 20 February 2002.

Mullin, Rita (Director of Development, Discovery Health), email correspondence, 1 October 2002.

Murdock, G., and Golding, P., 'Digital Possibilities, Market Realities: The Contradictions of Communications Convergence', in L. Panitch and C. Leys (eds), *The Socialist Register* (London: Merlin Press, 2001), pp. 111-30.

Mutimer, T., 'Formats Must Tune into National Psyche', *C21*, 4 February 2002. Available at 〈www.c21media.net/news/detail.asp?area=2&article=2474〉 (accessed December 2003).

Nakamura, K., 'Japan's TV Broadcasting in a Digital Environment', *Telecommunications Policy*, vol. 23, no. 3-4, 1999, pp. 307-16.

Newhouse Calcaterra, Jill (Vice President of Marketing, Nelvana Communications Inc.) and Garrity, Colin (Manager of Marketing and Sales, Nelvana Communications Inc.), Interview, Los Angeles, 21 September 2001.

Nordenstreng, K., and Varis, T., *Television Traffic-a One-Way Street*

(Unesco, Reports and Papers on Mass Communications, 1974) ,no. 70.

Oliver, M. , 'Scenarios for Convergence and the Internet. Implications for Content and Content Providers', White Paper Special Papers, June 2000. Available at ⟨www. communicationswhitepaper. gov. uk/cwp _ Consultation/ scenarioscontent. pdf⟩ (accessed December 2003).

ONS (Office of National Statistics), 'UK Film and TV Industry 2001-Import and Export of Services', 24 October 2002. Available in PDF format at ⟨www. statistics. gov. uk/pdfdir/film1002. pdf⟩ (accessed November 2002).

ONS, 'International Service Transactions of the Film and Television Industries, 2002', 30 October 2003. Avilable in PDF format at ⟨www. statistics. gov. uk/pdfdir/film1003. pdf⟩(accessed June 2004).

O'Regan, T. , 'New and Declining Audiences: Contemporary Transformations in Hollywood's International Market', in E. Jacka (ed.), *Continental Shift* (Sydney: Local Consumption Publications, 1993), pp. 74-97.

O'Regan, T. , 'The International Circulation of British Television', in E. Buscombe (ed.), *British Television: A Reader* (Oxford: Clarendon Press, 2000), pp. 303-21,

O'Sullivan, T. , Dutton, B. , and Rayner, P. , *Studying the Media* (London: Arnold, 1998), 2nd edn.

PACT (Producers Alliance for Cinema and Television), *The Courage to Compete. Releasing Britain's Creative Potential* (London: PACT, 1998).

PACT, *Consultation on the Scope of the White Paper on Communications Reform* (London: PACT, June 2000).

PACT, *PACT Response to Draft Communications Bill* (London: PACT, August 2002a). Available in PDF format at ⟨www. communicationsbill. gov. uk/ responses_organisations. html⟩ (accessed December 2003).

PACT, *Pact Submission to the ITC Review of the Programme Supply Market* (London: PACT, October 2002b). Available in PDF format at ⟨www. itc. org. uk/uploads/PACT⟩ (accessed December 2002).

Pan, Z. , and Man Chan, J. , 'Building a Market-based Party Organ: Television and National Integration in China', in D. French and M. Richards (eds), *Television in Contemporary Asia* (London: Sage, 2000), pp. 233-63.

PBS (Public Broadcasting System), 'An Overview of PBS Funding. PBS 2001 Annual Report'. Available at ⟨www. pbs. org/insidepbs/annualreport/ fiscal. html⟩ (accessed 2 September 2002).

Peijnenburg, Frank (Head of Acquisitions, NPS), Interview, Hilversum, 31 January 2002.

Phillips, M. (Chairman of the British Television Distributors Association), 'Brit TV: The Global Challenge', Key Address to the BTDA Conference, 20 September 2000. Available at 〈www. btda. org. uk〉 (accessed October 2000).

Pieterse, J. N., 'Globalisation as Hybridization', in M. Featherstone, S. Lash and R. Robertson (eds), *Global Modernities* (London: Sage, 1995), pp. 45-68.

Pinna, Lorenzo (Acquisitions Manager, Rai Uno), Interview, Rome, 14 June 2002.

Plunkett, J., 'One Man's Light Entertainment' *C21*, 16 May 2002. Available at 〈www. c21media. net/features/detail. asp? area=2&article=3307〉 (accessed December 2003).

Plym-Forshell, Eugen (Acquisitions Executive Nature Documentaries SVT), Interview, Stockholm, 24 April 2002.

Poussier, Dominique (Head of Children's Programmes, TF1), Interview, Paris, 19 March 2002.

Price, D., 'Der Program mrechte market im digitalen Zeitalter', *Media Perspektiven* 7, 2002, pp. 319-33.

Pugnetti, Guido (Head of Acquisitions, Rai Cinema), Interview, Rome, 14 June 2002.

Ramos, Carlos Martinez (Fiction Series Acquisitions, TVE Televisíon Española), Interview, Madrid, 24 June 2002.

Ramos, Inés (Programmer), and Ortega, Carlos (Managing Director, Fox Kids España), Interview, Madrid, 25 June 2002.

RDF Media, *ITC Review of the Programme Supply Market. Written Submission from the RDF Group* (London: RDF, 12 October 2002a). Available in PDF format at 〈www. itc. org. uk/uploads/RDF_Media. pdf〉 (accessed December 2002).

RDF Media, *Financial Statements for the Year ended 31 January 2002* (London: RDF, 18 October 2002b).

RDF Media (Holdings) Ltd, *Consolidated Financial Statements for the Year ended* 31 *January 2003* (London: RDF, 1 July 2003).

Rea, W., 'Land of Opportunity', *Broadcast International*, 7 April 2000, pp. 7-8.

Reding, V., European Commissioner for Education and Culture, 'European

Voice Conference on "Television without Frontiers"', Brussels, 21 March 2002.

Redpath, Jayne (Vice President Sales, Granada International), Telephone Interview, March 2002.

Renaud, J-L., and Litman, B., 'Changing Dynamics of the Overseas Marketplace for TV Programming. The Rise of International Co-Production', *Telecommunications Policy*, September, 1985, pp. 245-61.

Richards, M., and French, D., 'Globalisation, Television and Asia', in D. French and M. Richards (eds), *Television in Contemporary Asia* (London: Sage, 2000), pp. 13-29.

Roberts, Patrick (Senior Programme Sales Executive, Channel Four International), Telephone Interview, 18 June 2003.

Robertson, R. 'Globalisation or Glocalisation?', *The Journal of International Communications*, vol. 1, no. 1, 1994, pp. 33-52.

Robertson, R., 'Glocalisation: Time-Space and Homogeneity-Heterogeneity', in M. Featherstone, S. Lash and R. Robertson (eds), *Global Modernities* (London: Sage, 1995), pp. 25-44.

Robertson, R., 'Mapping the Global Condition', in A. Sreberny-Mohammadi, D. Winseck, J. McKenna and O. Boyd-Barrett (eds), *Media in Global Context* (London: Arnold, 1997), pp. 2-10.

Rogers, E., and Antola, L., 'Telenovelas: A Latin American Success Story', *Journal of Communication*, vol. 35, no. 4, 1985, pp. 24-35.

Root, Antony (President, Granada Entertainment USA), Interview, Los Angeles, 20 September 2001.

Rose, D., 'Lords Deal "Blocks" Murdoch Five bid', *Broadcast*, 4 July 2003, p. 1.

Rouse, L., 'Are Imports on the Slide?', *Broadcast International*, 5 October 2001, pp. 38-9.

Rouse, L., 'The Future of Formats', *Broadcast*, 6 June 2003, pp. 26-7.

Roy, A., 'Why Indies are in the Money Again', *Broadcast*, 30 May 2003, pp. 14-15.

Salas, Sonia (Director of Odisea, Multicanal), Interview, Madrid, 25 June 2002.

Saló, Gloria (New Projects Manager, Telecinco), Interview, Madrid, 26 June 2002.

Schiff, Hans (UK Vice President, William Morris Agency, London),

Interview, London, 25 October 2001.

Schiller, H., *Mass Communications and American Empire* (Boulder: Westview, 1969), 2nd edn 1992.

Schiller, H., *Communications and Cultural Domination* (New York: ME Sharpe, 1976).

Schiller, H., 'Not Yet the Post-Imperialist Era', *Critical Studies in Mass Communication*, vol. 8, no. 1, 1991, pp. 13-28.

Schiller, H., 'Striving for Communication Dominance', in D. Thussu (ed.), *Electronic Empires* (London: Arnold, 1998), pp. 17-26.

Schlesinger, P., 'Trading in Fictions: What Do We Know about British Television Imports and Exports?', *European Journal of Communication*, vol. 1, 1986, pp. 263-87.

Schlesinger, P., 'On National Identity: Some Conceptions and Misconceptions Criticized', *Social Science Information*, vol. 26, no. 2, 1987, pp. 219-64.

Schosser, Suzanne (Programme Director, SuperRTL), Interview, Cologne, 21 February 2002.

Schwalbe, D., 'Back to the Baby-Boomers', *C21*, 10 January 2002. Available at 〈www.c21media.net/features/detail.asp?area=2&article=2306〉 (accessed December 2003).

Scott, M., 'A Vast Market Crammed with Eastern Promise', *Broadcast International*, 30 March 2001, pp. 34-5.

Segal, R., 'On How the Economic Climate is Persuading US networks to Keep Production in the Family', *Broadcast*, 18 January 2002, p. 14.

Seguin, D., 'The Survival of the Biggest', *Broadcast International*, 4 October 2002, pp. 28-31.

Sepstrup, P., *Transnationalization of Television in Western Europe* (London: John Libbey, 1990).

Seymour-Ure, C., *The British Press and Broadcasting since* 1945 (Oxford: Blackwell, 1991).

Shed Productions, *Submission to the ITC Programme Supply Review of the Market*, 14 October 2002. Available in PDF format at 〈www.itc.org.uk/uploads/Shed.pdf〉 (accessed December 2002).

Shell, Sally (Commercial Director, Wall to Wall Television), Interview, London, 20 August 2001.

Shelton, E., 'American Cream', *Broadcast*, 29 June 2001, p. 15.

Silj, A., *East of Dallas: The European Challenge to American Television* (London: BFI, 1988).

Silverstone, R., *Television and Everyday Life* (London: Routledge, 1994).

Silverstone, R., *Why Study the Media?* (London: Sage, 1999).

Sinclair, J., 'Culture and Trade: Some Theoretical and Practical Considerations', in G. McAnany and K. Wilkinson (eds), *Mass Media and Free Trade* (Austin: University of Texas Press, 1996), pp. 30-60.

Sinclair, J., and Cunningham, S., 'Go with the Flow: Diasporas and the Media', *Television and New Media*, vol. 1, no. 1, 2000, pp. 11-31.

Sinclair, J., Jacka, E., and Cunningham, S. (eds), *New Patterns in Global Television: Peripheral Vision* (Oxford: Oxford University Press, 1996).

Smith, A., 'Towards a Global Culture', in M. Featherstone (ed.), *Global Culture* (London: Sage, 1990), pp. 171-91.

Smith, C., *Review of the Future Funding of the BBC*, Statement to House of Commons by the Secretary of State for Culture, Media and Sport, 21 February 2000. Available in DCMS, Press Release, 21 February 2000, 'Government Announces BBC Licence Fee Rises by £3 million in Return for £1 Billion Savings and Extra Accountability in Digital Age'.

Smith, Paul (Chairman, Celador Group), Interview, London, 5 December 2001.

Smith, R., *The Other Face of Public TV: Censoring the American Dream* (New York: Algora Publishing, 2002).

Sofley, K., 'US Syndication Market in Crisis', *C21*, 1 January 2000a. Available at 〈www. c21media. net/features/detail. asp? area=2&article=471〉 (accessed December 2003).

Sofley, K., 'Formats: Pitching to the US networks', *C21*, 1 November 2000b. Available at 〈www. c21media. net/features/detail. asp? area=2&article=449〉 (accessed December 2003).

Sparks, C., 'Is There a Global Public Sphere?', in D. Thussu (ed.), *Electronic Empires* (London: Arnold, 1998), pp. 108-24.

Stephens, J., 'Stone Stanley', *C21*, 15 April 2001. Available at 〈www. c21media. net/features/detail. asp? area=2&article=517〉 (accessed December 2003).

Stewart, L., 'US Drama Strand Faces the Chop', *C21*, 14 July 2003a. Available at 〈www. c21media. net/news/detail. asp? area=1&article=7016〉

(accessed December 2003).

Stewart, L., 'US Viewers Get Double Dose of WNTW', *C21*, 3 March 2003b. Available at 〈www. c21media. net/news/detail. asp? area=2&article=5632〉 (accessed December 2003).

Straubhaar, J., 'Beyond Media Imperialism: Assymetrical Interdependence and Cultural Proximity', *Critical Studies in Mass Communication*, vol. 8, no 1, 1991, pp. 39-59.

Straubhaar, J., 'Distinguishing the Global, Regional and National Levels of World Television', in A. Sreberny-Mohammadi, D. Winseck, J. McKenna and O. Boyd-Barrett (eds), *Media in Global Context* (London: Arnold, 1997), pp. 284-98.

Straubhaar, J., 'Culture, Language and Social Class in the Globalization of Television', in G. Wang, J. Servaes and A. Goonasekera (eds), *The New Communications Landscape* (London: Routledge, 2000), pp. 199-224.

SVT, *Facts About Sveriges Television* (Stockholm: SVT, 2001).

Tambini, D., 'Convergence and UK Creative Industries: Flexible Strategy for Future Export Performance', Research Paper, Institute for Public Policy Research (IPPR), January 2000.

TBI (Television Business International), *Television Yearbook* 2003 (London: TBI, 2002).

Tettenborn, Sabine (Director of Co-productions, KirchMedia), Interview, Munich, 18 February 2002.

Thomas., A. O., 'Regulating Access to Transnational Satellite Television. Shifting Government Policies in Northeast Asia', *Gazette*, vol. 61, no. 3-4, 1999, pp. 243-54.

Thomas, A. O., 'Transborder Television for Greater China', in D. French and M. Richards (eds), *Television in Contemporary Asia* (London: Sage, 2000), pp. 91-109.

Thompson, J., *The Media and Modernity* (Cambridge: Polity Press, 1995).

Thussu, D., *International Communication: Continuity and Change* (London: Arnold, 2000).

Tiger Aspect Productions, 'Tiger Aspect Submission to the ITC Review of the Programme Supply Market', October 2002. Available in PDF format at 〈www. itc. org. uk/uploads/Tiger_Aspect. pdf〉 (accessed December 2002).

Tomlinson, J., *Cultural Imperialism: A Critical Introduction* (London:

Pinter Publishers, 1991).

Tomlinson, J., 'Internationalism, Globalization and Cultural Imperialism', in K. Thompson (ed.), *Media and Cultural Regulation* (London: Sage, 1997a), pp. 117-62.

Tomlinson, J., 'Cultural Globalization and Cultural Imperialism', in A. Mohammadi (ed.), *International Communication and Globalization* (London: Sage, 1997b), pp. 170-90.

Torrance, Caroline (Head of International Drama, Granada International), Interview, London, 30 October 2001.

Tracey, M., 'The Poisoned Chalice? International Television and the Idea of Dominance?', *Daedalus*, vol. 114, no. 4, fall, 1985, pp. 17-56.

Tracey, M., 'Popular Culture and the Economics of Global Television', *Intermedia*, vol. 16, no. 2, 1988, pp. 9-25.

Tracey, M., and Redal, W., 'The New Parochialism: The Triumph of The Populist in the Flow of International Television', *Canadian Journal of Communication*, vol. 20, 1995, pp. 343-65.

Tunstall, J., *The Media are American: Anglo-American Media in the World* (London: Constable, 1977).

Tunstall, J., and Machin, D., *The Anglo-American Media Connection* (Oxford: Oxford University Press, 1999).

TVNZ (Television New Zealand), *Annual Report* 2002 (Auckland: TVNZ, 2002).

Van den bussche, Peter (Director of Sales, Endemol Entertainment UK), Interview, London, 6 December 2001.

van der Heide, Caro (Head of Programme Acquisitions, VARA), Interview, Hilversum 31 January 2002.

van Diepen, Lisette (Acquisitions Manager, Endemol International), Interview, Hilversum, 1 February 2002.

Van Gompel, R., Van den Bulck, H., and Biltereyst, D., 'Media Systems, Policies and Industries in Transition', in C. Newbold, O. Boyd-Barrett and H. Van den Bulck (eds), *The Media Book* (London: Arnold, 2002).

Varela, Isabel (Head of Acquisitions, Documentaries, Canal Plus España), Interview, Madrid, 24 June 2002.

Varis, T., 'The International Flow of Television Programs', *Journal of Communication*, vol. 34, no. 1, winter, 1984, pp. 143-52.

Varis, T., *International Flow of Television Programmes* (Unesco: Reports and Papers on Mass Communication, 1985), no. 100.

Vaughan-Adams, L., 'Warning Hits Maker of "Robot Wars"', *The Independent*, 4 February 2003, p. 22.

Viljoen, D., *Art of the Deal* (London: Pact, 2002), 3rd edn.

Volkmer, I., *News in the Global Sphere* (Luton: University of Luton Press, 1999).

von Hennet, Thomas (Head of Documentaries, ProSieben), Interview, Munich, 19 February 2002.

Walker, S., 'Back to School', *Television Business International*, August/September 2002, pp. 20-3.

Wall to Wall (Holdings) Ltd, *Financial Statements for the Year Ended 30 June 2003* (London: Wall to Wall, 2003).

Wall to Wall Television, *Submission to the ITC Review of the Programme Supply Market*, 14 October 2002. Available in PDF format at ⟨www.itc.org.uk/uploads/Wall_to_Wall.pdf⟩ (accessed December 2002).

Waller, E., 'Formats: Getting it Right', *C21*, 1 November 2000. Available at ⟨www.c21media.net/features/detail.asp?area=2&article=450⟩ (accessed December 2003).

Waller, E., 'Fox Lines up Two UK dramats', *C21*, 30 October 2002a. Available at ⟨www.c21media.net/news/detail.asp?area=2&article=4604⟩ (accessed December 2003).

Waller, E., 'Endemol Format Delivers for TLC', *C21*, 10 May 2002b. Available at ⟨www.c21media.net/news/detail.asp?area=2&article=3254⟩ (accessed December 2003).

Waller, E., 'More US Format Deals for RDF', *C21*, 13 December 2002c. Available at ⟨www.c21media.net/news/detail.asp?area=2&article=4977⟩ (accessed December 2003).

Waller, E., 'CBS challenges ABC's Version of I'm a Celebrity', *C21*, 2 October 2002d. Available at ⟨www.c21media.net/news/detail.asp?area=2&article=4325⟩ (accessed December 2003).

Waller, E., 'US Networks Retire Top UK Formats', *C21*, 15 May 2002e. Available at ⟨www.c21media.net/news/detail.asp?area=2&article=3289⟩ (accessed December 2003).

Waller, E., 'Inspector Morse Goes over the Wall', *C21*, 20 December

2002f. Available at 〈www. c21media. net/news/detail. asp? area=2&article=5029〉(accessed December 2003).

Waller, E., 'Asian TV Veteran Slams "Degrading Western Formats"', *C21*, 25 March 2002g. Available at 〈www. c21media. net/news/detail. asp? area=2&article=2856〉(accessed December 2003).

Waller, E., 'Englishmen in LA', *C21*, 19 June 2003a. Available at 〈www. c21media. net/features/detail. asp? area=2&article=6776〉(accessed December 2003).

Waller, E., 'TLC Lines up Faking it for March', *C21*, 27 February 2003b. Available at 〈www. c21media. net/news/detail. asp? area=2&article=5588〉(accessed December 2003).

Waller, E., 'TLC Takes More UK Formats', *C21*, 10 March 2003c. Available at 〈www. c21media. net/news/detail. asp? area=2&article=5699〉(accessed December 2003).

Waller, E., 'TV Corp Issues Profits Warning', *C21*, 3 February 2003d.

Available at 〈www. c21media. net/news/detail. asp? area=2&article=5294〉(accessed December 2003).

Waller, E., 'US Deal for New Ragdoll Series', *C21*, 11 June 2003e. Available at 〈www. c21media. net/news/detail. asp? area=2&article=6659〉(accessed December 2003).

Waller, E., 'TVB Looks Beyond the Quiz', *C21*, 12 February 2003f. Available at 〈www. c21media. net/features/detail. asp? area=2&article=5439〉(accessed December 2003).

Waller, E., 'Nothing ventured...', *C21*, 20 August 2003g. Available at 〈www. c21media. net/features/detail. asp? area=2&article=7429〉(accessed December 2003).

Waterman, D., and Rogers, E., 'The Economics of Television Program Production and Trade in Far East Asia', *Journal of Communication*, vol. 44, no. 3, summer, 1994, pp. 89-111.

Weatherford, Jim (Director Asia Pacific, Nelvana International, Japan), Telephone Interview, 6 June 2003.

Wei, R., 'China's Television in the Era of Marketisation', in D. French and M. Richards (eds), *Television in Contemporary Asia* (London: Sage, 2000), pp. 325-47.

Wells, M., 'Anne Robinson's £1m Link with US', *The Guardian*, 10

February 2001.

Wells, M., 'Coming in from the Cold', *The Guardian* 2, 12 May 2002, pp. 6-7.

Wells, P., *Picture-Tube Imperialism? The Impact of US Television on Latin America* (Maryknoll, NY: Orbis Books, 1972).

Westcott, T., 'Tough Sell', *Television Business International*, September 2000, pp. 17-20.

Wildman, S., and Siwek, S., 'The Privatization of European Television: Effects On International Markets for Programs', *Columbia Journal of World Business*, fall, 1987, pp. 71-6.

Wildman, S., and Siwek, S., *International Trade in Films and Television Programs* (Cambridge, MA: Ballinger, 1988).

Willemsen, Yvonne (Project Manager, Teleac/NOT), Interview, Hilversum, 30 January 2002.

Williams, R., *Television: Technology and Cultural Form* (London: Fontana, 1974).

Willis, J., 'On Broadcasting: our Transatlantic Success Story', *The Guardian*, 31 May 1999.

Willis, John (Vice President, National Programming, WGBH), Interview, Boston, 11 September 2002.

Windhorst, Natalie (Programme Buyer, VPRO), Interview, Hilversum, 31 January 2002.

Winstone, K., 'Ellender Assumes the Mantle', 24 May 2002. Available at 〈www. c21media. net/features/detail. asp? area = 2&article = 3379〉 (accessed December 2003).

Winstone, K., 'Make or Break for Natpe', *Broadcast*, 17 January 2003, pp. 16-17.

# 致谢

没有一些组织和众多个人的协助，此书不可能完成，我对他们的帮助感激万分。感谢英国学院为我提供研究资金，使我得以在 2001 年 6 月到 9 月期间启动这个项目，在英国和美国进行了一系列的面对面访谈；感谢利华休姆信托基金①在 2001 年 10 月到 2002 年 9 月期间提供的研究经费，使我得以开展研究的核心工作，包括在美国、德国、法国、意大利、西班牙、荷兰和瑞典所进行的面对面访谈；我也十分感激人文研究董事会和德蒙福特大学资助我 2002 年和 2003 年休假做研究，使我得以完成该书的大部分写作任务，并在澳大利亚、新西兰和东亚做进一步的调查；还要感谢另外两个机构：英国电视发行商协会和英国电影学院。英国电视发行商协会允许我在 2002 年 11 月和 2003 年 1 月参加了在远东、日本和北美举办的三场研讨会。协会的许多成员公司在我获取信息和联系人员方面提供的支持难以计量。在英国电影学院，我要向出版部的前任社长安德鲁·洛科特表示诚挚的谢意，是他将这本书的任务委托给我，还有两位读者为此书的初稿提出了宝贵且富有洞察力的修改意见。感谢曼彻斯特大学的彼得·汉弗莱斯教授和伯恩茅斯大学的罗杰·劳顿教授，在该项工作初始阶段提出了宝贵的建议。还要感谢我的编辑，英国电影学院的索菲娅·孔滕托。

当然我还有必要对相关情况做一些交代：我对英国电视节目在海外市场的表现的了解源自我成为学者之前在 1990 年至 1993 年期间担任 HIT 娱乐有限公司调研经理的经历。因此，我非常感谢 HIT 的董事长彼得·沃顿先生，是他激发了我对 1990 年国际电视销售领域的兴趣；感谢我在 HIT 的同事，他们给我提了很多建议，并在联系人的姓名和背景信息方面给我提供了十分重要的帮助。

本书的大部分研究是基于对电视购片商和经理的采访，非常感谢他们在百忙之中抽出时间与我交谈。②

也要感谢德蒙福特大学的同事，特别是蒂姆·欧苏利文教授对我研究的支持。最后我要感谢我的丈夫科恩与我的两个儿子凯和芬，他们在过去的两年忍受和分享了我所有的喜怒哀乐。

---

① 英国南安普顿大学设立的一种奖学金。——译者注

② 作者列出了众致谢对象的名单，囿于篇幅，此处略去。——译者注